Objectif Cash

Objectif Cash

Gestion financière opérationnelle

David BRAULT
Michel SION

DUNOD

Réussir son Business Plan
M. Sion avec la collaboration de D. Brault, Dunod, 2007

Analyse financière des comptes consolidés
B. Bachy, M. Sion, Dunod, 2005

Gérer la trésorerie et la condition bancaire
M. Sion, Dunod, 4e édition 2006

ISBN 987 2 10 051406 9

Table des matières

Introduction

L'amélioration du flux de trésorerie opérationnel et la sécurisation de l'ensemble des financements constituent les objectifs du projet cash. Le flux de trésorerie opérationnel mesure la performance économique de l'entreprise et renforce son indépendance financière. Il est vital pour investir, pour se désendetter et pour rémunérer les actionnaires.

La « culture cash » concerne toutes les entreprises, pas uniquement celles en difficulté. Elle constitue le projet prioritaire du directeur financier pour les raisons suivantes :

- répondre aux exigences des actionnaires ;
- préserver l'indépendance financière de l'entreprise en croissance ;
- résoudre les difficultés éventuelles de trésorerie qui menacent la pérennité de l'entreprise et accaparent une part importante de son temps, de celui du trésorier ou du dirigeant. Le directeur financier libère ainsi du temps pour se consacrer à d'autres projets stratégiques pour l'avenir de l'entreprise.

Le projet cash est un processus « transversal » impliquant les différentes fonctions de l'entreprise dont le directeur financier est le pilote naturel. C'est pour lui un projet valorisant car il lui donne l'occasion de se faire connaître et reconnaître par plus de personnes dans l'entreprise. Il est amené à sortir de son bureau et aller au devant des opérationnels. La bataille du cash se gagne en bonne partie grâce aux opérationnels (commerciaux, chargés de relance, gestionnaires de stock...) qu'il convient de savoir mobiliser et faire travailler ensemble. Les améliorations les plus importantes sont en effet obtenues lorsque les opérationnels travaillent de façon transversale et non cloisonnée.

Un bon cadencement des actions dans le temps est une des clés de la réussite du projet. Une première période de 0 à 3 mois est consacrée au diagnostic et à la mise en œuvre des actions urgentes. Il convient dans cette phase d'identifier et corriger les lacunes éventuelles des outils de gestion :

- des prévisions de trésorerie inexistantes ou inexactes obligeant à naviguer à vue ;
- l'absence de comptabilité analytique empêchant de détecter et de traiter les foyers de perte.

Le directeur financier commence par agir dans le périmètre de sa fonction pour obtenir des améliorations rapides sur la trésorerie, créer un cercle vertueux et gagner en crédibilité.

Au cours d'une seconde période de 3 à 6 mois, la poursuite du plan cash passe nécessairement par une réflexion approfondie sur les marges. Cette phase est plus délicate car il s'agit d'intervenir auprès des autres fonctions de l'entreprise sans disposer d'une autorité hiérarchique. Le directeur financier doit alors faire preuve de beaucoup de pédagogie, obtenir les délégations nécessaires et faire valider les décisions les plus importantes par la direction générale. Il est essentiel pour lui de chiffrer les enjeux financiers des différentes actions préconisées pour fixer les priorités et emporter plus facilement l'adhésion des opérationnels. Il montre qu'il agit au service de l'entreprise, non pour renforcer un pouvoir personnel.

La pérennisation de la culture cash passe par la mise en place de nouveaux indicateurs de performance (notamment de flux de trésorerie), d'outils (prévisions de trésorerie, comptabilité analytique), de procédures (gestion du risque et du crédit client, sélection des projets d'investissement, achats…).

La gestion du risque et celle du crédit client occupent une place importante dans la culture cash car elles procurent souvent des améliorations rapides de la trésorerie. La fixation de limites de crédit bloquantes évite de prendre des risques disproportionnés. La création d'une procédure crédit conduit à réaliser des actions de relance et de prérelance systématiques, à effectuer une résolution rapide des litiges.

Ce livre traite de sujets très opérationnels et s'adresse tout d'abord aux directeurs financiers et aux contrôleurs de gestion qui reçoivent la mission de mettre en œuvre le plan cash. Il les guidera pour :

- prendre le problème par le « bon bout »,
- sortir de leur bureau et de leurs tableaux de chiffres,
- acquérir une légitimité dans l'entreprise sur ces sujets,
- impliquer les autres directions dans le processus, notamment les directions opérationnelles et la direction générale (pour arbitrer parfois),
- se fixer des objectifs réalistes et gradués dans le temps : des décisions de bon sens suivies d'actions à court terme... puis des décisions plus ambitieuses suivies, elles aussi, d'actions à moyen terme,
- mettre l'ensemble de ces actions à court et moyen terme dans un plan cohérent et passer à l'action.

Un questionnaire les aide à identifier des pistes d'amélioration sur leur comportement au quotidien, leurs outils, leurs priorités et à bâtir un plan d'actions réaliste. Il est assorti de constats chiffrés provenant de nombreuses missions réalisées sur le thème de la culture cash par la société « Objectif Cash ».

Ce livre s'adresse ensuite aux directions générales qui souhaitent participer activement à la création de la culture cash dans leurs entreprises. Nous aimerions que ce livre soit celui que les directeurs financiers aient plaisir à offrir à leur direction générale (et vice versa) afin de les sensibiliser aux enjeux, aux processus de mise en œuvre et surtout aux bénéfices attendus.

Il s'adresse enfin à tous les actionnaires y compris les actionnaires professionnels que sont les fonds d'investissements. Ils y trouveront quelques clés pour orienter les discussions et surtout influencer les décisions opérationnelles du management afin de maximiser le cash des entreprises dans lesquelles ils ont investi.

CHAPITRE 1

Présentation du projet « cash »

Nous commençons par définir la démarche, son contexte, les avantages pour l'entreprise, les acteurs du projet et les conditions de son succès.

Commencer par convaincre les personnes

Souvent, il convient de vaincre au préalable les réticences du directeur général ou du directeur financier à mettre en œuvre une culture cash qui risque de bousculer des habitudes. Ces personnes comprennent assez clairement les bénéfices pour l'entreprise qui résultent des actions à entreprendre. Leur « affect » oppose toutefois une résistance car les actions à entreprendre peuvent remettre en cause une situation leur paraissant confortable au sein de l'entreprise.

Le directeur financier peut préférer continuer à faire des analyses devant son tableur que de sortir de son bureau pour convaincre les opérationnels d'adopter de nouveaux réflexes ou de nouvelles façons de travailler. Le directeur général comprend l'intérêt de commissionner les commerciaux sur les encaissements au lieu de la prise de commandes ou d'arrêter de vendre à un grand nombre de petits clients avec qui la relation n'est pas rentable. Toutefois, il peut être réticent à affronter les commerciaux et préférer demeurer dans un statu quo confortable. Il convient donc de convaincre en montrant les conséquences négatives de l'inaction, en dramatisant au besoin la situation.

Lorsque la situation de trésorerie est tendue, l'inaction met bien entendu en péril la continuité d'exploitation même de l'entreprise.

Il est fréquent que le dirigeant, le directeur financier et le trésorier passent une part substantielle de leur temps à assurer la liquidité de l'entreprise : relancer les clients, négocier un moratoire avec les fournisseurs ou une augmentation temporaire des lignes de crédit à CT, accélérer la mobilisation des créances client, etc. Le directeur financier est dans un état de stress permanent et n'a plus le temps nécessaire de se consacrer à d'autres projets essentiels pour le futur de l'entreprise. L'absence de projets stratégiques au niveau de la direction financière rend l'entreprise peu attractive pour de nouveaux talents candidats à l'embauche.

En cas de défaillance, les dirigeants des entreprises peuvent être condamnés pénalement et civilement s'ils ne sont pas diligents dans la gestion du cash de l'entreprise. De plus en plus de créanciers appellent en responsabilité les dirigeants de droit ou de fait des entreprises ainsi que leurs administrateurs pour combler le passif de la société sur leurs biens propres. Les tribunaux de commerce ont parfois la main très lourde lorsque les dirigeants n'ont pas fait preuve de diligence dans la gestion de leur cash. Ces sanctions concernent en premier lieu les dirigeants (PDG, mandataires sociaux...), mais aussi de plus en plus les directeurs financiers qui sont investis dans la pratique d'un devoir d'alerte. Des assurances commencent à se développer dans ce domaine tant les contentieux sont nombreux... Elles ne dispensent pas de mettre en place des bonnes pratiques et surtout d'anticiper les crises.

Pour l'actionnaire, une mauvaise gestion des flux de trésorerie entraîne une surconsommation des ressources financières. Si une augmentation de capital est nécessaire, elle peut entraîner un risque de dilution voire une perte d'indépendance des actionnaires actuels. Le recours à de nouveaux financements externes présente des contraintes fortes :

- L'ouverture du capital à un fonds d'investissement soumet l'entreprise à des obligations multiples : préparation d'un business plan, nécessité de recourir à des audits et des conseils (toujours payés par l'entreprise et non par le fonds), diffusion d'informations confidentielles, organisation de nombreuses réunions (conseils d'administration, assemblées générales, comités d'audit...), relation avec les administrateurs, obligations de reporting... Une fois dans l'entreprise, le fonds d'investissement mettra de toute façon la pression sur l'amélioration de la trésorerie. Le dirigeant sera alors obligé de mettre en œuvre les actions qu'il n'avait pas voulu prendre initialement, et de façon plus drastique encore.
- L'introduction en Bourse engendre un coût et un temps non négligeable à consacrer à la communication financière. Elle fait naître des risques liés à la volatilité des marchés et à une tentative éventuelle d'OPA. Elle soumet l'entreprise à de nouvelles contraintes réglementaires (loi de Sécurité financière ou loi Sarbannes-Oxley), préparation de comptes semestriels ou trimestriels et au coût des audits...
- Le recours à l'endettement bancaire oblige l'entreprise à respecter des normes fixées sur des ratios, les « covenants ». Le non-respect d'un covenant peut provoquer la déchéance du terme ou une augmentation du taux. La banque demande des garanties, au niveau de l'entreprise ou du patrimoine du dirigeant, elle exige des contreparties (flux commerciaux), facture des frais de dossiers et met à la charge de l'entreprise des obligations de reporting.

Le point central de la culture cash est que tout le monde y a intérêt dans l'entreprise.

Pour les personnes en charge du projet cash (directeur administratif et financier, contrôleur de gestion, trésorier, responsable de l'administration des ventes), il est beaucoup plus valorisant de mettre en place un projet cash en relation avec les services opérationnels (même si parfois le sujet peut devenir conflictuel) que de ne traiter que de sujets techniques. C'est un moyen de progresser dans son métier, d'étendre son influence, d'être connu et reconnu par davantage de personnes à l'intérieur l'entreprise. L'amélioration de la trésorerie permet d'appréhender l'avenir avec plus de sérénité en dégageant des marges de manœuvre. Elle permet également de libérer du temps de la direction financière pour mener d'autres projets stratégiques pour l'entreprise qui, à leur tour, seront attractifs pour de nouveaux talents.

Pour le management, le cash est le plus petit dénominateur commun de l'entreprise. Dans une PME, tout le monde comprend aisément que l'entreprise a besoin d'argent pour investir, payer les fournisseurs et les salaires. En réussissant son projet cash, la direction démontre qu'elle a été capable de mobiliser tous les acteurs de l'entreprise dans la même direction. Elle peut envisager en toute sérénité d'autres projets transversaux bien plus complexes ou plus ambitieux ; par exemple la qualité, les systèmes d'information, le développement durable…

L'amélioration de la trésorerie opérationnelle évitera au directeur général de négocier avec les actionnaires un nouvel apport en capital, ce qui lui procurera une certaine paix avec eux. Parfois l'amélioration de la trésorerie opérationnelle ne suffit pas à couvrir tous les besoins de financement de l'entreprise. Elle permet néanmoins à l'entreprise et à ses dirigeants de gagner du temps et d'arriver dans les phases de négociation (recapitalisation notamment) beaucoup mieux préparée.

Pour l'actionnaire, cela limite son besoin de financement externe. Toute la trésorerie générée en interne par la mise en place d'un projet « culture cash » est autant de trésorerie quasi gratuite pour l'actionnaire.

Hormis les réticences du dirigeant ou du directeur financier à remettre en cause un statu quo confortable, deux obstacles surviennent assez fréquemment :

- l'optimisme éternel du dirigeant qui pense que la trésorerie va inévitablement se redresser grâce à l'augmentation du chiffre d'affaires, à l'augmentation des prix, au lancement de nouveaux produits, à l'embauche de commerciaux ou encore à la mise en place de synergies avec une société achetée. Cet optimisme plus ou moins sincère dissuade de traiter en profondeur les causes des difficultés de trésorerie ;
- l'argent facile obtenu sans efforts qui peut provenir de levées de fonds, d'un apport en comptes courants d'associés, d'un « cash pooling » groupe, de la mise en place d'un contrat d'affacturage ou de la titrisation de créances commerciales. Cet argent facile risque de causer un relâchement de l'effort visant à améliorer la trésorerie opérationnelle, retarder ou empêcher le traitement des causes des difficultés.

La culture cash, une priorité pour toutes les entreprises

La culture cash concerne toutes les entreprises quels que soient leur taille, leur mode de financement, leur mode de management ou de gouvernance : PME/PMI, filiales de grands groupes, sociétés cotées. Elle concerne également toutes les situations auxquelles les entreprises sont confrontées, qu'elles traversent ou non des difficultés de trésorerie.

Pour les entreprises traversant des difficultés de trésorerie, structurelles ou passagères il s'agit bien évidemment d'une démarche de survie. Consciemment ou inconsciemment, elles ont déjà mis en place des éléments de la démarche « culture cash ». Elles se battent tous les jours pour préserver leur trésorerie et obtiennent déjà des résultats. Dans ces entreprises, la problématique est moins de créer la culture cash, que de la formaliser et de la diffuser dans toutes les strates de l'entreprise (jusque sur les postes de travail). Il convient également d'identifier l'ensemble des causes de la dégradation de trésorerie et pas uniquement comme souvent de ne s'en tenir qu'aux éléments du besoin en fonds de roulement (BFR).

Les entreprises en forte croissance et à cycle de production long doivent financer l'augmentation de leur besoin en fonds de roulement. Elles s'efforcent de supprimer toute déperdition de trésorerie.

Dans les entreprises disposant de très bonnes marges et d'une trésorerie excédentaire, la culture cash procure fréquemment des améliorations très spectaculaires. N'ayant rien entrepris jusqu'à présent, elles ont de fortes marges d'amélioration. En outre, elles peuvent mettre en œuvre des moyens plus importants notamment en termes de ressources. L'absence de difficultés financières actuelles ne doit pas empêcher d'adopter des règles de bonne gestion mais également d'anticiper.

Dans les entreprises familiales, les actionnaires (également souvent dirigeants) veulent garder le contrôle majoritaire et donc ne pas être dilués. La culture cash devient une priorité lorsque l'entreprise a des investissements importants à financer. L'illustration ci-dessous est un exemple d'une entreprise ayant réussi à amorcer un revirement stratégique tout en préservant son indépendance financière.

Illustration

> Une entreprise occupe une position de leader sur le marché de l'édition et du traitement des chèques dont elle anticipe le déclin. Elle projette de se diversifier sur le marché du traitement des cartes bancaires afin de prendre le relais de son activité actuelle. Cette diversification va nécessiter d'importants investissements matériels et immatériels. Les actionnaires ne souhaitent pas faire entrer de nouveaux investisseurs au capital. La stratégie financière choisie consiste à maximiser les liquidités générées par l'exploitation pendant 5 ans afin de pouvoir autofinancer au maximum les investissements futurs. L'entreprise entreprend des investissements de productivité pour réduire les coûts de production, refuse de renouveler les contrats commerciaux ayant la plus faible marge et se focalise sur ceux à plus forte valeur ajoutée. Elle entreprend un plan de réduction du BFR (clients et stocks) et externalise des activités support ne se situant pas dans son cœur de métier.

L'entreprise sous LBO (*leveraged buy out*) doit maximiser sa trésorerie pour remonter régulièrement des dividendes vers la société holding lui permettant de rembourser la dette d'acquisition. Ce montage est réservé aux entreprises ayant une activité mature et une bonne profitabilité.

La génération de trésorerie constitue également une condition nécessaire pour procéder à des acquisitions d'entreprise. Des analyses récentes montrent que les opérations de fusion acquisition payées en cash se révèlent à terme bien plus profitables que celles payées par échange d'actions (souvent payées trop cher…). Quand on paye cash une entreprise, on a tendance à être beaucoup plus exigeant sur ce que l'on achète…

Le dirigeant ou l'investisseur ayant le projet de céder son entreprise souhaite en maximiser la valeur. La méthode d'évaluation par les « *discounted cash flows* » est de plus en plus utilisée. Elle repose sur les notions de valeur d'entreprise et de valeur des capitaux propres. La valeur d'entreprise est égale à la somme des flux de trésorerie disponibles prévisionnels actualisés[1] ou à un multiple du résultat opérationnel (pour une activité plus mature). La valeur des capitaux propres représente le prix à payer par l'investisseur. Elle est égale à la valeur d'entreprise déduction faite de l'endettement financier et augmentée des

1. Le flux de trésorerie disponible est défini au chapitre 5.

éventuels excédents de trésorerie. L'amélioration du flux de trésorerie d'exploitation contribue donc doublement à augmenter la valeur des capitaux propres, par l'augmentation de la valeur d'entreprise (flux prévisionnels) et par la réduction de l'endettement (dans le passé).

Les caractéristiques de la culture cash

Définition

Il n'existe pas de définition « normée » de la culture cash, celle-ci devant s'adapter au contexte spécifique de chaque entreprise. Nous pouvons toutefois mentionner des caractéristiques communes à toutes les démarches de culture cash. Elles visent à atteindre deux objectifs complémentaires :

- l'amélioration du flux de trésorerie généré par l'exploitation ;
- la sécurisation des financements, à LMT et à CT, le premier objectif contribuant bien entendu au second. L'amélioration du flux de trésorerie d'exploitation diminue tout d'abord le besoin de financement et améliore également la perception du risque par les banquiers (amélioration de la capacité de remboursement).

L'amélioration du flux de trésorerie généré par l'entreprise passe par une grande diversité d'actions réalisables à court ou moyen terme :

- amélioration de la gestion du BFR : actions sur les délais de paiement client et les délais de résolution des litiges, réduction des stocks et des encours…
- actions sur les marges et les coûts : centralisation des achats, mise en avant des produits à plus forte marge, sélection des clients à plus forte marge ;
- actions sur les capitaux investis : externalisation d'activités fortement consommatrices de capitaux et qui ne sont pas dans le cœur du métier, désinvestissement, opérations de lease-back.

Un plan d'actions cadencé dans le temps

Un bon cadencement des actions dans le temps est une des clés de la réussite du projet. La trésorerie se travaille tous les jours, contrairement à la comptabilité qui fonctionne selon un cycle mensuel. Il convient d'accélérer le temps tout en prenant en considération les facteurs d'inertie au sein de l'entreprise :

- les gens sont occupés ;
- ils ne veulent pas travailler sur des processus transversaux ;
- le dirigeant ne veut pas déléguer son autorité ;
- le directeur financier manque de crédibilité pour traiter de sujets non financiers ;
- parfois, les gens ont perdu confiance dans la capacité de redressement de l'entreprise.

Il faut donc se fixer des objectifs en deux temps.

Une première période de 0 à 3 mois est consacrée au diagnostic et à la mise en œuvre des actions urgentes ayant une incidence immédiate sur la trésorerie. Il convient, dans cette phase, d'identifier et de corriger les lacunes éventuelles du système d'information ou de gestion :

- des prévisions de trésorerie inexistantes ou inexactes obligeant à naviguer à vue ;
- l'absence de comptabilité analytique empêchant de détecter et de traiter des foyers de perte.

Le directeur financier commence par agir dans le périmètre de sa fonction en se fixant des objectifs réalistes, voire faciles à atteindre de façon à créer un cercle vertueux et gagner en crédibilité.

Au cours d'une seconde période de 3 à 6 mois, la poursuite du projet cash passe nécessairement par une réflexion approfondie sur la marge. Cette phase est plus délicate car il s'agit d'intervenir auprès des autres fonctions de l'entreprise sans avoir de pouvoir hiérarchique. Le directeur financier doit alors faire preuve de beaucoup de pédagogie, obtenir les délégations auprès de la direction générale et faire valider par elle les décisions ayant une incidence forte sur les autres fonctions.

Un projet dont le succès repose en grande partie sur la mobilisation des opérationnels

L'action des opérationnels est toujours décisive pour l'amélioration de la trésorerie ou de la marge : chargés de relance, magasiniers, administrateurs des ventes, techniciens de maintenance… La bataille du cash se gagne en bonne partie grâce à la motivation et à la compétence des sous-officiers ! L'amélioration de la trésorerie est le plus petit dénominateur commun à l'ensemble des opérationnels. Les différents acteurs ont des métiers très différents mais la contribution de leur performance sur la marge et la trésorerie est toujours mesurable. La plupart d'entre eux peuvent assez facilement identifier leur contribution à l'amélioration de la trésorerie ou de la marge (qui se traduit à son tour par une amélioration de la trésorerie).

Illustrations

• Un magasinier se voit fixer les objectifs suivants :
- rangement de l'entrepôt ;
- mesure et diminution progressive des écarts d'inventaire.

Ces actions contribuent à l'amélioration de la marge et de la trésorerie car :
- il y a moins de temps perdu à rechercher les marchandises ou les pièces en stock ;
- il n'est plus nécessaire de recommander les produits qui sont déjà en stock mais que l'on ne retrouve pas dans l'entrepôt…

• Un service administration des ventes a les objectifs suivants :
- mise en place d'une réunion hebdomadaire avec le service credit management, la comptabilité clients, le service commercial ;
- diminution du nombre de litiges et des avoirs de 20 %. L'importance des litiges, techniques ou administratifs, constitue souvent une cause de retard de paiement significative, purement imputable au fournisseur ;
- réduction du délai de traitement des litiges et d'émission des avoirs de 10 jours. Cette réduction contribue à la fois à la satisfaction client et à l'accélération des encaissements ;
- amélioration de la codification analytique des litiges et des avoirs ;
- réduction d'un mois de la transmission des dossiers au service contentieux.

La diffusion de la culture cash vise à mettre l'amélioration de la trésorerie comme priorité d'un plus grand nombre de personnes ou de services. Il convient de traduire sur chaque poste de travail cette préoccupation par le choix d'indicateurs de gestion compréhensibles par les opérationnels.

L'objectif de la démarche est de diffuser un état d'esprit et des bonnes pratiques qui, mises bout à bout, vont avoir un impact sur le cash : les petits ruisseaux forment les grandes rivières. C'est aussi une manière de responsabiliser plus de personnes et de faire confiance au bon sens des équipes opérationnelles sur le terrain. L'expérience démontre que les équipes sur le terrain (production, commercial, etc.) sont tout à fait capables de comprendre la notion de BFR si on leur explique de manière claire avec des exemples concrets.

Illustration

> Dans une société de maintenance de climatiseurs, les techniciens doivent déclarer tous les temps facturables au plus tard le lendemain de leur intervention en clientèle, même pour les interventions d'importance mineure. Le service facturation ne prend ainsi aucun retard et ne fait aucun oubli dans l'émission des factures.

Les bénéfices de la culture cash ne sont pas que financiers

Certes, la démarche cash est lancée pour des objectifs financiers :

- la sécurité : l'horizon de visibilité en terme de trésorerie se dégage peu à peu (ce n'est pas la même chose d'y voir clair à 1 mois ou à 3 mois) ;
- l'augmentation du flux de trésorerie généré par l'exploitation grâce à l'amélioration de la performance en termes de marge, de gestion du BFR, de négociation des conditions bancaires ;
- une meilleure valorisation de l'entreprise.

Les bénéfices « non financiers » sont également très importants.

Nous avons déjà mentionné que si la direction générale et la direction financière ne sont plus accaparées par la résolution des difficultés de trésorerie, elles disposent de plus de temps et d'attention pour lancer d'autres projets stratégiques pour l'avenir de l'entreprise ;

Pour les opérationnels, l'acquisition des réflexes contribuant à améliorer la trésorerie conduit tout simplement à vouloir bien faire son travail (prévenir les litiges ou les résoudre rapidement, ranger son entrepôt, faire des actions de relance rapides et précises, facturer les prestations dès qu'elles sont réalisées...). En agissant ainsi, ils découvrent que leur motivation n'est pas seulement d'améliorer la trésorerie mais également de se mettre au service de leurs clients (tant internes et qu'externes).

Illustration

> En intervenant rapidement pour réparer un matériel défectueux, un technicien de maintenance améliore la satisfaction du client, renforce la crédibilité de son entreprise et contribue à accélérer l'encaissement de la créance client.

Le projet cash est « transversal » car il repose sur l'amélioration des processus, tant de production qu'administratifs. Un processus est une succession d'opérations reliées entre elles et réalisées par des personnes de services différents qui a pour but de fournir un service à des clients internes ou externes. Il est par nature « transversal » car il met en relation des personnes de services différents dans une relation de fournisseur à client interne. Grâce à la prise de conscience de la relation d'« interdépendance » entre les différents acteurs d'un processus, le respect mutuel s'instaure. Chacun comprend mieux les contraintes et les priorités des autres services. Chacun contribue plus clairement à la performance globale.

Le DAF est le pilote naturel du projet

Le directeur administratif et financier est le pilote naturel du projet pour les raisons suivantes :

- les motivations d'un projet cash sont financières (amélioration de la trésorerie et de la marge) ;
- les indicateurs de mesure de la performance sont financiers et dépendent donc de lui ou de ses services ;

- dans l'entreprise de taille moyenne, l'actionnaire connaît et parle habituellement à deux personnes, le dirigeant et le directeur financier. Or, ce projet concerne tout autant le management de l'entreprise que l'actionnaire ;
- les leviers d'amélioration à court terme sont principalement du ressort de la direction financière.

Le DAF va devoir progressivement proposer des actions qui vont amener des changements dans les autres fonctions de l'entreprise sans pour autant disposer d'une autorité hiérarchique sur les autres fonctions. Le soutien sans faille de la direction générale lui est alors indispensable. Il doit en outre développer une autorité naturelle sur le sujet qui lui permette d'entraîner l'adhésion de l'ensemble des opérationnels.

Utiliser en priorité des indicateurs de flux de trésorerie

L'entreprise est amenée à passer d'indicateurs de performance portant exclusivement sur la marge à des indicateurs exprimés sous forme de flux de trésorerie.

L'utilisation d'indicateurs portant exclusivement sur la notion de marge présente des inconvénients.

Ils ne sont pas toujours directement comparables d'une entreprise à l'autre. Ainsi, les termes de « marge brute » ou de « marge nette » revêtent parfois des significations très différentes selon les entreprises en fonction de la nature des coûts qui en sont déduits.

Un résultat comptable ne traduit pas toujours la performance réelle car il repose pour partie sur des opinions : taux de provisionnement, durée d'amortissement (bien que celle-ci doive correspondre depuis 2005 à la durée d'utilité égale à la durée d'utilisation réellement prévue de l'immobilisation).

Ils ne sont pas toujours pertinents pour la culture cash. Ainsi, une modification du mix produit en faveur de produits à plus forte marge peut entraîner une dégradation de la trésorerie s'il s'agit de produits à BFR important.

Illustrations

> Une entreprise industrielle exécute des contrats à long terme dont la durée moyenne de réalisation est de 18 mois. Ils sont comptabilisés selon la méthode de l'avancement consistant à reconnaître la marge prévisionnelle sur la durée de réalisation au prorata des coûts réellement engagés. Cette méthode (rendue obligatoire par les normes comptables IFRS[a]) contribue à présenter un résultat satisfaisant. L'entreprise rencontre toutefois de sérieuses difficultés de trésorerie car les commerciaux ne négocient pas suffisamment d'acomptes.
>
> Pour obtenir des prix d'achat plus intéressants, une entreprise achète des composants représentant l'équivalent de deux années de consommation. Outre l'immobilisation de trésorerie qui en résulte, cette pratique fait courir le risque de passer en perte des composants devenus entre temps obsolètes.

a. IFRS : *International financial reporting stantards.*

À l'inverse les indicateurs de flux de trésorerie présentent les avantages suivants.

Ils sont directement comparables d'une entreprise à l'autre car un flux de trésorerie ne repose pas sur des opinions mais uniquement sur des faits. Les charges calculées reposant sur des opinions (durée d'amortissement, taux de provision) sont en effet éliminées. Ils constituent toutefois un indicateur plus « agrégé » que l'analyse détaillée de la marge (quand elle existe).

Les analystes financiers évaluent la performance de l'entreprise davantage à partir de la génération de flux de trésorerie que de son résultat comptable afin de la comparer à d'autres.

Ils répondent davantage à la préoccupation des actionnaires. La génération de trésorerie constitue la priorité pour l'investisseur ou la société mère qui doivent rembourser une dette d'acquisition, payer des dividendes, financer de nouvelles acquisitions.

Ils permettent aux banquiers un suivi suffisant de l'entreprise cliente comme le montre ce témoignage : « Jusqu'à 20 millions d'euros de CA, les banques n'ont pas de demandes particulières vis-à-vis des entreprises en terme de normes comptables. Nous privilégions la relation de confiance avec le management et le suivi des flux d'encaissements et de décaissements. Nous avons les outils pour cela... ».

En conclusion, le cash-flow permet de comparer rapidement deux entreprises entre elles et de donner une vision succincte mais concrète des performances.

Les constats les plus fréquents par catégorie d'entreprise

Nous pouvons faire quelques constats généraux par catégorie d'entreprise.

Les entreprises ayant des difficultés de trésorerie

Par la force des choses, ces entreprises pratiquent déjà la culture cash. Souvent, quelques personnes (directeur financier, chef comptable, trésorier…) agissent de façon réflexe mus par l' « instinct de survie ». Il convient de passer à une gestion participative impliquant le plus grand nombre d'opérationnels et documentée (décrite dans le cadre de procédures de crédit client, d'approvisionnements…) :

- d'impliquer plus d'acteurs dans l'analyse hebdomadaire de la balance âgée et des plans d'actions qui en découlent, dans l'élaboration et la fiabilisation de la prévision de trésorerie, dans la gestion anticipative et prévisionnelle de l'entreprise ;
- de communiquer autour des enjeux, des outils de mesure (nouveaux indicateurs : expliquer comment ils sont calculés et comment ils fonctionnent), mais aussi de communiquer autour des résultats attendus et obtenus ;
- de décrire les attentes de la direction, les bonnes pratiques, les processus clés ;
- de récompenser ;
- de sanctionner parfois certains comportements ;
- de formaliser les bonnes pratiques et de les diffuser dans l'entreprise.

L'entreprise n'a pas toujours identifié l'ensemble des causes de ses difficultés et ne peut par conséquent mettre en œuvre toutes les actions correctives.

Illustration

> Une PME spécialisée dans la fabrication d'enseignes pour magasins concentre ses efforts sur l'accélération de la facturation, afin de mobiliser plus rapidement les créances auprès du factor. Elle ne traite pas en profondeur les causes des nombreux litiges techniques qui obligent ensuite le factor à annuler les avances de trésorerie réalisées.

Les PME / PMI familiales

Elles rencontrent souvent deux difficultés : le manque de profitabilité et la sous-capitalisation. Elles se fixent souvent comme priorité de gestion la variabilisation des charges, par exemple par la sous-traitance au détriment d'une vision à moyen terme conduisant à investir. À terme, ce choix pénalise souvent les marges et donc la génération de trésorerie. Elles tendent à considérer toute dépense d'investissement uniquement comme un coût et de fait ne préparent pas assez l'avenir. La volonté de garder le contrôle dans la famille limite également la capacité à investir et à innover. Par contre dans les PME/PMI, le chef comptable et le directeur financier ont l'habitude de se battre pour le cash, notamment en sachant exploiter au maximum le crédit fournisseur.

Les entreprises issues d'une scission (spin-off)

Les opérations de scissions se sont multipliées en raison de la sortie d'activités ou de divisions de grands groupes. La nouvelle entité est généralement cédée aux anciens managers de la filiale ou à un fonds d'investissement. Elle négocie souvent sur une période de 6 à 12 mois un contrat de services auprès de son ancien groupe pour assurer le suivi de la comptabilité, de la trésorerie, des systèmes d'information… Les 12 mois arrivent très vite. Si l'entreprise ne s'est pas structurée entre temps (choix, paramétrage et mise en production d'un nouveau système d'information, recrutement d'un directeur financier), elle se retrouve sans pilotage. En outre, la qualité du service fourni par l'ancienne maison mère a tendance à se dégrader au fil des mois.

Les grands groupes

Deux dysfonctionnements se retrouvent fréquemment au sein des groupes.

Beaucoup d'entre eux centralisent la trésorerie en créant un *cash pooling* géré ou non par un centre de service partagé. Cette centralisation améliore le résultat financier du groupe en compensant les positions emprunteuses et excédentaires. Les entités opérationnelles risquent toutefois d'être déresponsabilisées sur la gestion de leur trésorerie notamment parce qu'elles ne gèrent plus les excédents et ne négocient plus les conditions avec leurs banquiers. Le meilleur moyen de continuer à les responsabiliser est de leur fixer des objectifs sur des indicateurs de flux de trésorerie (flux de trésorerie disponible, voir chapitre 5) et de gestion du BFR. Or, beaucoup de groupes donnent la priorité à des indicateurs de marge et ne mettent pas suffisamment en avant les indicateurs de flux.

Ils concentrent leurs efforts sur le crédit aux clients externes au groupe et oublient de réconcilier leurs créances et dettes inter-compagnies (les fameux intercos). Ces « intercos » portent sur des factures de marchandises, de refacturations de frais, de management fees, de royalties, etc. L'absence de documentation des transactions (bon de commande et de livraison), leur nature parfois immatérielle (royalties…) et les retards pris dans les rapprochements intra-groupe ralentissent la réconciliation de ces facturations. Ces factures en attente de paiement depuis plusieurs mois peuvent représenter des sommes très significatives et se transformer en litiges très difficiles à résoudre. Après un certain temps, la filiale n'a plus la trésorerie suffisante pour les payer. Ces situations se résolvent par des abandons de créances qui nécessitent souvent l'intervention de conseils juridiques et fiscaux en plus des commissaires aux comptes. C'est souvent une perte de temps considérable (sans grande valeur ajoutée) que de rétablir une situation « propre » sur le plan comptable. La solution consiste à imposer un délai de résolution rapide de ces réconciliations inter-compagnie, sans attendre la clôture comptable et à prévoir une procédure d'arbitrage au niveau du groupe.

L'apport des fonds d'investissement

Les fonds d'investissement mettent l'optimisation du flux de trésorerie opérationnel au cœur de leurs préoccupations car leur objectif premier est le remboursement de la dette d'acquisition. Ils ont développé des modes managériaux permettant de créer et de diffuser la culture cash plus facilement dans l'entreprise. Les modes de rémunération des managers dans les LBO permettent d'aligner les objectifs des managers avec ceux des actionnaires. Le fait, pour une partie du management, d'accéder au capital les motive à mettre en place une accélération de la remontée de trésorerie vers la holding. Le fait d'être actionnaire permet de partager des préoccupations avec le fonds d'investissement à un niveau différent du quotidien de l'entreprise, notamment de toujours garder à l'esprit le souci de valorisation de l'entreprise et de préparation de la sortie du LBO. Rappelons ici que la valeur des entreprises non cotées est le plus souvent déterminée à partir de multiples de l'Ebitda (excédent brut d'exploitation), déduction faite de la dette et augmentée des excédents de trésorerie. En conclusion, le dirigeant actionnaire performant sur les indicateurs de trésorerie augmente mécaniquement son patrimoine.

100$ par jour gagné sur
la moyenne du pays
~~[illegible]~~

60 jours ⇒ 6000$ boni

CHAPITRE 2

Construire son plan d'actions à court terme

Le plan d'actions à court terme a pour objectif de créer et de diffuser la culture cash au sein de l'entreprise. Nous avons vu au chapitre 1 qu'il y a autant de cultures cash que d'entreprises. Nous illustrons la nécessité de bâtir un plan d'actions au travers de trois cas complémentaires d'entreprises tirés de notre imagination mais reprenant des situations réelles.

Dans ces trois cas, vous êtes sollicité soit comme consultant, soit comme manager de transition, soit enfin à l'occasion de votre prise de fonction comme nouveau directeur financier pour aider à résoudre une situation complexe et exceptionnelle de la vie de ces entreprises. Votre démarche commence par l'élaboration d'un diagnostic puis d'un plan d'actions combinant la mise en œuvre de savoir-faire techniques et managériaux.

Pour chaque situation, il vous est demandé :

- de lister les éléments les plus importants du diagnostic ;
- de bâtir un plan des actions prioritaires à 6 mois, si possible cadencé dans le temps ;
- de préparer les messages clés à porter à la connaissance des actionnaires, par l'intermédiaire de la direction générale ou directement si la direction générale ne veut pas entendre vos arguments.

L'énoncé des cas est volontairement détaillé pour refléter la complexité des situations rencontrées dans les entreprises. Votre rôle consiste à sélectionner les informations réellement pertinentes pour la mise en œuvre de la culture cash afin d'éviter toute dispersion ou de partir sur de fausses pistes.

Nous reprendrons ces trois cas au chapitre 3 qui traite notamment de l'amélioration de la marge pour prolonger le plan d'actions au-delà des 6 premiers mois et l'inscrire de façon pérenne dans le fonctionnement de l'entreprise.

Énoncé du cas Electropower

La société : le groupe Electropower

Electropower conçoit, produit et commercialise des composants électroniques destinés aux marchés des télécommunications par fibre optique, ainsi qu'au secteur militaire, spatial, aéronautique et industriel.

Le groupe comprend la maison mère Electropower SA en France (basée à Créteil) et ses filiales, toutes détenues à 100 % au Canada, en Hollande et en Algérie.

Le chiffre d'affaires (CA), le résultat du groupe et les effectifs (actuellement 300 personnes environ) ont considérablement évolué au cours des récents exercices (impact de la création de la bulle Internet puis de son éclatement).

Le CA est passé de 130 M€ en 2003 à 47 M€ en 2004, puis 29 M€ en 2005 et 2006, pour remonter à 36 M€ en 2007.

La société est déficitaire depuis de nombreuses années mais les capitaux propres restent positifs et la structure du bilan saine du fait d'une augmentation de capital très significative réalisée en 2003.

Le CA de l'année 2007 est en progression par rapport à l'année 2006 en raison des succès d'Electropower dans sa diversification. Le CA du secteur industriel civil a progressé de +39 % et celui de la défense de + 31 %.

L'activité Télécom ne représente plus que la moitié environ des ventes (partant de 95 % en 2003).

L'objectif est d'atteindre rapidement une répartition 1/3 – 1/3 – 1/3 entre les activités dans l'attente d'une reprise des commandes dans le secteur des Télécom.

Le mois de mars 2008 a été un mois record en terme de ventes, la société a quasiment généré un free cash flow positif.

En extrapolant le résultat de mars 2008 sur 12 mois, le management de la société envisage d'atteindre prochainement un premier niveau d'équilibre comptable et financier (avec un CA autour de 45 à 50 M€ sur une base annuelle).

L'organisation de la direction administrative et financière (DAF)

La DAF est sous la responsabilité du Corporate CFO : Mr Arnaud Lecas, en poste depuis de très nombreuses années. Il est secondé en France par une chef comptable, en poste depuis 2003, qui assure l'intégralité de la comptabilité de la partie France et contrôle également la filiale algérienne.

La comptabilité analytique est gérée directement par le CFO à partir d'extractions de données comptables qui sont retraitées.

La prévision de trésorerie du groupe est préparée sur tableur par la chef comptable à partir des éléments tirés de la comptabilité de la France et de l'Algérie gérées de Créteil, d'extractions de la gestion commerciale pour les ventes futures et du budget annuel établi une fois par an (pour ce qui concerne les charges fixes et les investissements).

Les éléments provenant de la filiale canadienne qui représente 40 % environ du CA du groupe et de la filiale hollandaise (5 % du CA du Groupe) sont intégrés par elle dans cette prévision. Compte tenu de l'éloignement, elle a moins de visibilité et de maîtrise sur les chiffres des filiales canadiennes et hollandaises.

La prévision de la trésorerie est établie selon cette méthodologie depuis quelques mois seulement avec un horizon de 6 mois. Jusqu'à présent, la société disposait d'une trésorerie suffisante et la problématique de la prévision de trésorerie se posait moins.

La problématique

Les fondamentaux du bilan (capitaux propres, immobilisations, BFR, trésorerie) sont sains, mais l'accumulation des pertes au cours des années précédentes a considérablement diminué la trésorerie. Une augmentation du capital est envisagée par le management et par les actionnaires. En fonction des hypothèses retenues, le montant se situerait dans une fourchette définie pour l'instant de façon assez large (entre 4 et 8 M€). Le management et les actionnaires sont unanimes pour exiger un complément d'analyse et de sécurisation de la prévision de trésorerie. De plus, ils ont appris que certains actifs d'un groupe concurrent (Altrabell) à Lannion seraient à vendre pour un montant de 1,5 à 2 M€. Ces actifs permettraient de céder l'activité de la Hollande et de recentrer l'activité du groupe sur trois pays au lieu de quatre.

C'est dans ce contexte que le groupe Electropower a fait appel à vous.

Que faites-vous ?

Commentaires sur le cas Electropower

Éléments pour élaborer le diagnostic

➤ À propos de l'entreprise

La société a subi des changements très significatifs dans son activité depuis quelques années (taille du CA, recentrage stratégique).

Nous pouvons constater que la gestion du cash ne semble pas avoir été la préoccupation numéro 1 du fait de l'importance de la levée de fonds en 2003 (le danger de l'argent facile). Le management a certainement eu beaucoup d'autres choses à faire… Il a donc des « circonstances atténuantes ».

Les actionnaires semblent assez loin du sujet (peu regardants).

On ne sait pas s'ils ont participé au recentrage stratégique impulsé par le management ni même s'ils ont été tenus au courant. Trois secteurs d'activités pour 36 millions de CA, n'est-ce pas trop ? N'y a-t-il pas des doublons ? Est-on certain d'être performants et d'avoir un avenir dans les trois activités ? De même, 300 personnes pour 36 millions de CA, n'est-ce pas trop ?

➤ À propos de la direction financière

Le directeur financier ne paraît pas impliqué dans l'élaboration de la prévision de trésorerie. Il délègue largement ce travail à sa chef comptable. Le cas ne dit pas s'il la supervise et la contrôle.

Les outils utilisés pour la prévision de trésorerie sont pauvres : un tableur avec tous les risques d'erreurs que les tableurs comportent. Les données du budget de trésorerie sont-elles alimentées de façon homogène ?

Les filiales canadienne (40 % du CA) et hollandaise (5 % du CA) semblent disposer d'une très large autonomie. Ne fait-on pas trop confiance à la filiale canadienne qui représente une part significative du CA du groupe ?

➤ À propos des chiffres eux-mêmes

Le management extrapole un point d'équilibre comptable et financier sur 12 mois à partir des chiffres du mois de mars 2008 qui semblent exceptionnels. Compte tenu de la faiblesse des outils utilisés, du niveau d'autonomie des filiales et de l'organisation de la direction financière, est-ce bien raisonnable ? Ne doit-on pas approfondir les chiffres de mars, vérifier la solidité des ventes sur une période plus longue et vérifier que toutes les charges sont comptabilisées ou abonnées ? Quelle fiabilité attribuer à cet arrêté intermédiaire ? Notamment, les stocks ont-ils été contrôlés ?

➤ À propos du contexte particulier que traverse l'entreprise

La question principale est de savoir de combien de temps on dispose pour renseigner les actionnaires ? Un mois, deux mois ? Y a-t-il urgence ? A-t-on le temps de soumettre un nouveau business plan élaboré dans les règles de l'art ?

A priori, les actionnaires sont prêts à remettre de l'argent mais très certainement en une seule fois. Il ne s'agit pas de se tromper, de fixer un montant et de revenir ensuite auprès d'eux pour redemander de l'argent. Compte tenu du coût (conseils d'administration, assemblées générales, etc.) et des délais pour organiser une augmentation de capital, on pourrait alors se retrouver dans une situation d'urgence...

L'acquisition d'actifs à Lannion puis la cession de la filiale hollandaise ne créent-t-elles pas des risques de dispersion ? L'entreprise ne doit-elle pas concentrer à court terme toutes ses forces et ses ressources sur son « *core business* » (cœur de métier) et l'élaboration de son projet à moyen terme plutôt que de se disperser ?

Éléments pour construire le plan d'actions

➤ À très court terme (1 mois)

- Définir précisément avec les actionnaires de combien de temps on dispose pour analyser les besoins de trésorerie.
- Définir avec les actionnaires le calendrier de l'augmentation de capital. Assigner les tâches. Qui assure le secrétariat juridique ?
- Analyser en détail les flux d'encaissements et de décaissements sur les 12 derniers mois. Y a-t-il des événements exceptionnels qui « polluent » l'analyse ?
- Analyser en détail le « work flow » : la remontée des informations financières et opérationnelles vers les feuilles du tableur de la chef comptable, notamment le lien entre la supply chain (stocks, PRI, commandes, etc.) avec les flux d'encaissements et de décaissements dans la prévision de trésorerie.
- Effectuer une analyse critique fouillée de l'arrêté intermédiaire de mars 2008. Contient-il des éléments exceptionnels ? Toutes les charges, abonnements sont-ils comptabilisés ? Les procédures de « cut off » ont-elles été respectées ? Les stocks et encours correctement inventoriés ? valorisés ?
- Vérifier la fiabilité des prévisions de vente pour les prochains mois par centre de profit en contrôlant le carnet de commandes, en interviewant chacun des patrons de BU et surtout chacun des responsables commerciaux pour sonder leur sensibilité à propos des chiffres, des tendances, des affaires/marchés en cours de négociation, etc.
- Commencer à envisager des sources alternatives de financement. Le portefeuille clients est *a priori* constitué exclusivement de grands

comptes. Pourquoi ne pas utiliser l'affacturage plutôt que de « diluer » les actionnaires ?

- Commencer à poser la question des effectifs par rapport à la taille du chiffre d'affaires…

➤ À moyen terme (2 à 3 mois)

- Faire comprendre au DAF que la prévision de trésorerie est *sa priorité* et que compte tenu des enjeux, ce travail n'est pas délégable.
- Faire comprendre au management et aux actionnaires, si les constats effectués au cours du premier mois ne sont pas satisfaisants, qu'il y a peut-être du travail pour 2 ou 3 personnes sur le projet cash :
  - Une personne qui challenge le management sur sa stratégie industrielle, les marges par activité, par filiale, par produit, par affaire, par client, et qui challenge les frais de structure (effectifs). Une revue des portefeuilles clients et produits semble également s'imposer. De même, les frais de personnel doivent être classés en deux catégories : frais fixes et frais variables.
  - Une personne qui challenge l'organisation logistique du groupe (supply chain) et qui mette en évidence les doublons dans les postes de travail, les gammes de produits, les bases articles ou les raisons qui ralentissent éventuellement le « *Time to Market* ». Peut-être y a-t-il à créer une fonction logistique centralisée au siège ? Peut-être faut-il recruter immédiatement un patron de la supply chain (logistique) ?
  - Une personne qui enrichisse le business plan au fur et à mesure de l'obtention des informations, prépare plusieurs scenarii d'activité et fasse le lien entre les flux comptables et les flux financiers (en prenant soin de différencier les flux inter-sociétés des flux externes). Cette personne aura également à lancer les négociations pour trouver des nouvelles sources de financement des opérations.

L'énoncé du cas ne le dit pas, mais il y a également des questions évidentes à se poser rapidement sur :

- le niveau des stocks / les inventaires physiques,
- les achats,
- la DSO (*Days of Sales Outstanding*) / la balance âgée.

Quelqu'un dans l'organisation de la DAF s'en préoccupe-t-il régulièrement ? Y a-t-il des repères ? Des données de référence que l'on puisse partager entre BU ou entre filiales et surtout partager avec les opérationnels afin de mettre en place des plans d'actions correctifs si cela s'avère nécessaire ?

Il semble que le confort de l'augmentation de capital sur laquelle l'entreprise a vécu depuis 3 à 4 ans n'a pas généré des comportements d'agressivité à propos du cash, ni des réflexes que des actionnaires financiers « normalement constitués » seraient en droit d'attendre dans ce type de situation.

➤ À plus long terme (6 mois et plus)

Un tableur n'est pas l'outil forcément le plus approprié pour partager des données complexes provenant de différentes sources/origines et pour piloter la trésorerie d'un groupe industriel multi-sites engagé dans une compétition mondiale sur trois marchés différents (avec chacun sa propre dynamique, sa propre logique de fonctionnement et ses propres indicateurs de la performance). Un outil plus intégré semble nécessaire, notamment pour automatiser les liens avec les soldes comptables classés par échéances, le carnet de commandes, les ventes futures, les achats, la gestion des stocks, et aussi pour consolider les prévisions de trésorerie provenant des différentes filiales.

De plus, qu'arriverait-il si la chef comptable ou le DAF venaient à quitter l'entreprise ? Un minimum de documentation des processus, de partage de la connaissance autour des outils de modélisation et de prévision des flux financiers, semble indispensable.

Messages à faire passer aux actionnaires

Le problème semble avoir été mal posé car l'évaluation du besoin en capital a été faite avant d'effectuer l'analyse complète des besoins de financement.

Le besoin, après analyse détaillée, pourrait tout aussi bien se révéler être :

- de zéro si effectivement le business plan est solide, que la profitabilité va arriver rapidement et que les créances sont mobilisables ;

- de 12 M€, voire plus, si l'extrapolation des résultats de mars 2008 est « fantaisiste » et que le projet d'acquisition des actifs de Lannion crée une nouvelle opportunité de dispersion des efforts du management, etc.

Il convient de bien positionner dès le départ l'action à mener sur le cash. Il s'agit tout autant d'une action sur le management de l'entreprise qu'une mission d'assistance à la direction financière. Il est tout à fait possible qu'une personne seule n'y suffise pas et que la solution passe par la constitution d'une équipe projet, une véritable « *task force* » pluridisciplinaire. Tout va dépendre de l'attitude du management et de sa capacité à se mobiliser rapidement sur un projet transversal urgent.

La qualité du diagnostic « sans concession » des premiers jours va permettre de créer l' « électrochoc » indispensable au sursaut.

Un projet de cette ampleur sur le cash ne pourra être mené à bien sans une communication claire du management et des actionnaires :

- sur les enjeux / les délais impartis,
- sur les contours de la mission,
- sur le positionnement de la mission par rapport aux équipes en place. Qui fait quoi ? Qui rapporte à qui ?

Il conviendra donc que, très rapidement après le diagnostic, un plan d'actions soit formalisé et communiqué aux équipes opérationnelles. En outre, celles-ci seront régulièrement informées au fur et à mesure des résultats obtenus ou des difficultés rencontrées.

La « bataille du cash » ne se gagnera pas uniquement au siège. Les progrès à réaliser sont à obtenir à tous les niveaux de l'entreprise et surtout sur le terrain (*a priori* constitué d'ingénieurs et de techniciens).

Les actionnaires devront vraisemblablement être plus exigeants vis-à-vis du management que par le passé. Ils devront notamment :

- faire passer des messages plus clairs sur leurs propres exigences en terme de rentabilité (retour sur investissement) ;
- exiger que le PDG, le DAF, les membres du comité de direction (Codir) soient très impliqués et moteurs sur le projet cash (pas uniquement dans l'élaboration mais aussi dans son exécution) ;
- exiger que les tableaux d'analyse sur les cash flows et la position de trésorerie sortent plus fréquemment et dans des délais plus courts ;

- exiger que les résultats soient analysés et commentés régulièrement ;
- vérifier/contrôler que ces exigences nouvelles sont déclinées dans toute l'organisation (pas seulement au niveau du comité de direction) ;
- récompenser les efforts et surtout les résultats obtenus (sanctionner éventuellement les comportements non conformes aux nouvelles exigences).

La communication est une des conditions de la réussite du projet cash. Il ne s'agit pas de démotiver tout le monde par un discours trop alarmiste. Il s'agit au contraire d'être précis et d'expliquer en des termes simples et compréhensibles par des non financiers (ici des ingénieurs et des techniciens) les nouveaux enjeux et les nouveaux objectifs.

Rien de vraiment impossible.

Énoncé du cas Béarn Chimie Top

La société Béarn Chimie Top

La société Béarn Chimie Top est basée à Orthez dans le Béarn. Elle a été créée en 1975. À l'époque, elle faisait partie du groupe Chimax et appartenait à la division Loula, devenu groupe Loula lorsque la division a été vendue à une grande banque nationale. Loula a ensuite été revendu à un fonds d'investissement, la société Valorix. Début Février 2008, le fonds d'investissement a cédé le contrôle de Béarn Chimie Top à un second fonds d'investissement, la société TRIPlus dans le cadre d'un LBO (*leveraged buy out*). L'ancien PDG en a profité pour prendre sa retraite. L'ancien directeur commercial promu directeur général en 2007 fait partie du LBO et détient à titre personnel 5 % du capital. Il a été nommé PDG à l'occasion de la reprise par le fonds TRIPlus.

La société est spécialisée dans l'extraction de composants organiques à partir de déchets végétaux ou ménagers. À partir d'un même processus industriel, la société extrait plusieurs sous-produits et un certain nombre de produits dérivés (10 à 12 au total) commercialisés sous la forme de produits solides ou liquides auprès de l'industrie énergétique (recherche sur les biocarburants), chimique (peintures et vernis), agroalimentaire (compléments alimentaires), textile (fibres utilisées dans l'aéronautique), etc.

La société gère un nombre limité de clients et de fournisseurs.

Les principaux postes de dépenses, outre l'acide chlorhydrique et la soude, sont l'énergie, les salaires et charges sociales et les dotations aux amortissements (calculées sur un total d'immobilisations brutes de 30 M€ environ).

La société a réalisé en 2007 un chiffre d'affaires (CA) de 35 M€ à comparer à un CA de 34 M€ en 2006.

Le CA est réparti sur un ensemble de 120 clients environ avec peu de risques de défaillance (grands comptes).

La société est profitable puisqu'elle a réalisé en 2007 :

- une marge brute égale à 85 % du CA environ,
- un Ebitda égal à 25 % du CA environ,
- un EBIT égal à 13 % du CA environ.

En 2008, les prévisions de résultat exprimées en pourcentage du CA ont été diminuées de 2 % par rapport à 2007 (11 % au lieu de 13 %) du fait de l'augmentation du prix des matières premières (produits chimiques).

La production est de 480 tonnes par an environ à comparer à une capacité de 800 tonnes, compte tenu des installations actuelles de Béarn Chimie Top.

Le processus industriel dure 6 à 7 jours environ. Les encours sont très limités (150 k€ environ).

Le service administration et finance

Jusque très récemment (la sortie du groupe Loula), la comptabilité était tenue localement mais la direction financière était assurée au niveau du groupe Loula (notamment la paye, la trésorerie, mais aussi la production et le contrôle des états financiers, des déclarations fiscales et sociales, etc.).

Le processus de cession, engagé depuis le début de l'année 2007 a eu pour conséquence la création d'un poste de DAF (directeur administratif et financier). Un recrutement a été lancé par le vendeur. Le poste a été pourvu quelques jours avant le closing (fin janvier 2008).

Monsieur Robert, qui a la charge de créer la fonction DAF, a eu pour premières missions :

- de veiller à la préparation de plusieurs clôtures (31/12/07, 31/02/08, 31/03/08),
- de créer la holding financière BCT,
- de participer aux négociations de la dette senior,
- de mettre en place l'intégration fiscale, etc.

Il est secondé par une petite équipe relativement autonome sur le plan de la production comptable et de la préparation du reporting mensuel composée d'une responsable expérimentée et de deux aides-comptables.

Parmi les projets en cours de Monsieur Robert, on peut noter la mise en place d'un certain nombre d'outils de pilotage :

- trésorerie / prévision de trésorerie,
- intégration fiscale,
- immobilisations,
- paye,
- consolidation.

Le calendrier de mise en production de ces outils s'étale de fin octobre 2008 à fin mars 2009.

L'objectif est de rendre rapidement BCT autonome par rapport au groupe Loula basé à Lorient (actuellement, l'entreprise bénéficie encore du support de son ancienne maison mère sur certains sujets).

À noter que la comptabilité est tenue sur CALME 500 (avec utilisation du module GESCOM sur la partie Clients mais pas encore sur la partie Fournisseurs). Un des projets pour 2009 est de migrer sur un autre système (la gamme 500 n'étant plus maintenue) et de mettre en place une comptabilité d'engagements.

Par ailleurs, la société ne dispose pas d'une GPAO, considérant que le processus de production est simple (un seul processus pour toutes les fabrications). Les services de production ont développé un certain nombre de feuilles sur tableur pour l'ordonnancement et le suivi des fabrications.

La société gère une comptabilité par type de produits. Cette comptabilité analytique est plus utilisée pour valoriser les produits finis en stock que pour calculer les prix de revient et les prix de ventes. Ces derniers répondent en effet à des logiques de marchés, souvent mondiaux (10 % des ventes sont notamment réalisées en Corée en dollars, d'où la mise en place de couvertures de change).

Le contrôle de gestion et le contrôle budgétaire étaient exercés jusqu'à la reprise récente directement au niveau du groupe Loula. Un des enjeux de la création du poste de DAF chez BCT est d'approfondir le contenu des chiffres, notamment en participant activement au processus budgétaire pour l'année 2009.

Par exemple, le budget préparé par le PDG sur Excel présente un niveau de détail beaucoup moins fin que le niveau de détail du reporting mensuel. Les résultats préliminaires pour le premier trimestre 2008 montrent une baisse significative de la marge brute qui ne serait plus de 85 % mais de 70 à 75 %. Les actionnaires sont très inquiets car la première échéance de remboursement de la dette d'acquisition est prévue pour le 30 juin 2008. De plus, le nouveau PDG vient d'annoncer la perte du principal client français.

C'est dans ce contexte (prise de fonctions du nouveau DAF + dernières nouvelles communiquées aux actionnaires financiers) que les actionnaires de la société BCT (la société TRIPlus) ont fait appel à vous.

Ils vous font part de deux informations confidentielles qu'ils vous demandent de garder pour vous :

- le directeur financier, Monsieur Robert, malgré son embauche récente, continuerait sa recherche d'emploi ;
- le PDG travaillerait seul sur un dossier d'acquisition d'un concurrent en Espagne sans en avoir parlé à son conseil d'administration.

Que faites-vous ?

Commentaires sur le cas Béarn Chimie Top

Éléments pour le diagnostic

➤ À propos de l'entreprise

La société est très profitable et vraisemblablement les nouveaux actionnaires l'ont payé cher.

La baisse soudaine (en à peine deux mois) de la profitabilité crée une gêne légitime chez les actionnaires. Il convient de crever l'abcès rapidement en déterminant l'origine de cette baisse. Cette baisse est-elle structurelle ou passagère ? Aurait-elle pu être détectée ou anticipée au moment des due diligences ?

Les informations que les actionnaires vous ont communiquées en « off » sur le nouveau PDG et le nouveau DAF accentuent ce climat de suspicion ou de méfiance :

- soit les actionnaires ne savent pas exactement ce qu'ils viennent d'acheter et la priorité n° 1 consiste à le leur expliquer rapidement avec, à l'appui, des données objectives et détaillées ;
- soit les actionnaires le savent mais ont tendance à « paniquer » et la priorité n° 1 consiste à créer un climat de confiance et de sérénité propice à un travail de qualité.

➤ À propos du contexte particulier que traverse l'entreprise

D'un côté, il y a urgence (une échéance de dette senior au 30 juin).

D'un autre côté, il y a une dégradation significative de la profitabilité mais qui ne remet pas pour l'instant en cause la pérennité de l'entreprise (avec une marge brute à 70 à 75 %, l'entreprise reste profitable ou au pire se situe à l'équilibre). Sous réserve que la dégradation de la marge soit confirmée par une revue détaillée de l'arrêté comptable à fin mars, il ne s'agira vraisemblablement que de renégocier un étalement de la dette senior, pas forcément de remettre en cause tout le montage du LBO.

Éléments pour le plan d'actions

➤ À très court terme (2 à 3 semaines)

- Poser la question de confiance au DAF : fait-il partie de l'équipe qui va se mobiliser pour redresser la situation ?
- Approfondir dans le détail l'arrêté de mars 2008. Vérifier s'il n'y a pas une erreur dans les comptes tant la dégradation de la rentabilité est significative et soudaine (2 mois). Vérifier notamment si la dégradation est liée à des éléments structurels ou exceptionnels (problèmes de « *cut off* » notamment). En fonction des réponses à ces questions,

commencer à documenter un dossier pour éventuellement faire jouer la garantie de passif vis-à-vis des précédents actionnaires.

- De plus, s'il y a un « manque de maîtrise » dans l'arrêté comptable au niveau des marges, il y a également intérêt à regarder plus en détail les comptes clients (les stocks ne semblent pas un enjeu). Y a-t-il des retards significatifs ? Faut-il prendre des mesures pour relancer certains clients ? Faut-il comptabiliser des provisions pour dépréciation ?
- Relire en détail le contrat de prêt avec la banque qui a financé l'acquisition (« covenants »). Quelles sont exactement les obligations d'information vis-à-vis d'elle ? Que doit-on lui communiquer et à quelle échéance ? Il faudra vraisemblablement l'informer de la situation si elle est avérée mais *a priori*, à ce stade, c'est plutôt aux actionnaires à le faire en « off ».
- Mettre en place un calendrier de réunions formelles et informelles avec le PDG, les actionnaires (ou leur représentant) et le DAF pour faire régulièrement le point sur la situation et les travaux en cours (*a priori* un point hebdomadaire s'impose).
- Lancer le nouveau PDG et l'ensemble du service commercial sur un plan de redressement des ventes. Comment concrètement ils vont compenser :
  - la perte du principal client en France,
  - la perte de marge sur l'ensemble du portefeuille. Quelles actions ont déjà été lancées ?
- En profiter pour analyser avec eux le carnet de commandes, ainsi que les commandes en cours de négociation (non encore saisies dans le carnet de commandes) et la concurrence. Poser des questions et les challenger sur les prix. Peut-on les augmenter ? Selon quels délais ? Sur quels clients/produits en priorité ?
- Afin de sécuriser l'échéance au 30 juin 2008, commencer à prendre des contacts pour mobiliser rapidement toute ou partie des créances (affacturage notamment). Compte tenu des délais très courts et afin d'éviter de se disperser, il est préférable d'avoir recours à un courtier spécialisé qui effectuera la mise en concurrence des différents prestataires pour le compte de l'entreprise.

➤ **À court terme (1 mois à 6 semaines)**

- Constituer les dossiers pour la société d'affacturage retenue après l'appel d'offres.
- Soumettre un nouveau business plan intégrant des données validées :
  - en terme de marge,
  - en terme de CA.
- Le projet d'acquisition d'un concurrent en Espagne peut justifier la réouverture d'une négociation avec le banquier de la dette senior qui préférera financer une acquisition que de procéder à un rééchelonnement de la dette. En revanche, une acquisition (qui plus est dans un pays étranger) ne s'effectue pas en quelques semaines. De plus, si l'acquisition d'un concurrent peut permettre de créer rapidement des synergies commerciales, *a priori* compte tenu des surcapacités du site d'Orthez, il y aura peu de synergies industrielles à trouver rapidement. Sauf à faire produire et livrer d'Orthez des commandes que la future filiale espagnole n'est pas capable immédiatement de produire elle-même.

Messages à faire passer aux actionnaires

D'une manière générale, on ne traite pas dans l'urgence de problématiques de trésorerie avec :

- un PDG qui travaille tout seul dans son coin (projet d'acquisition en Espagne),
- un directeur financier qui cherche du travail ailleurs.

Une des priorités du plan d'actions sera de connaître les raisons pour lesquelles le nouveau directeur financier cherche déjà à partir (peut-être a-t-il découvert quelque chose ?) et de créer rapidement les conditions d'un vrai dialogue entre :

- les actionnaires,
- le PDG et les équipes commerciales,
- le directeur financier,

afin de pouvoir ensuite résoudre les difficultés en toute transparence et surtout *en équipe.*

Si des éléments exceptionnels ou structurels ont permis en à peine deux mois de dégrader significativement la rentabilité de l'entreprise, il est peut-être utile de reprendre les dossiers élaborés au cours de l'audit d'acquisition, voire de rencontrer rapidement l'équipe qui a procédé à l'audit pour faire un point plus précis avec elle (notamment sur les stocks, le respect des procédures de *cut off*). De même, il sera vraisemblablement utile pour la suite de savoir si la perte du principal client français était connue ou prévisible au moment de l'audit. Et si oui, de comprendre pour quelle raison le client a été perdu et pourquoi les nouveaux actionnaires ne l'ont pas su plus tôt.

De plus, un des enjeux des prochaines semaines va être :

- de vérifier que les causes qui ont entraîné la perte de ce client ne vont pas entraîner par contre coup la perte d'autres clients (risque d'effet domino) ;
- de mesurer l'impact de la perte de ce client sur le compte d'exploitation et sur le carnet de commandes (impact immédiat ou après un délai de prévenance) ;
- de mesurer les impacts dans le temps sur la trésorerie à court et moyen terme. La perte brutale de chiffre d'affaires a, en général dans les activités consommatrices de BFR, un impact positif sur la trésorerie. En revanche, dans une activité très profitable, la perte de chiffre d'affaires entraîne irrémédiablement une diminution de la trésorerie.

L'acquisition d'un concurrent est peut-être une très bonne décision sur le plan stratégique. En revanche, à très court terme, ce peut être un facteur de dispersion. La priorité du moment est plutôt de rétablir une crédibilité vis-à-vis des actionnaires sur le *core business* tant en termes de solidité du chiffre d'affaires que des marges puis de retourner voir les banquiers avec des explications concrètes et un business plan plus solide que la première fois.

Enfin, si la situation paraît difficile, elle n'est pas désespérée. Mieux vaut souvent crever l'abcès dans les 100 premiers jours suivant l'acquisition, tout remettre à plat rapidement et repartir sur de bonnes bases, que de découvrir chaque mois de nouvelles choses dans un contexte de crise larvée où personne n'ose trancher.

Énoncé du cas Gazmax

La société Gazmax

La société Gazmax est une des premières entreprises indépendantes dans le domaine de la production et de l'exploration énergétique tant en termes de production, de réserves que de résultat net consolidé.

Le contexte

La société Gazmax est une PME de taille significative qui enregistre un vif développement sous l'impulsion de son président et premier actionnaire (il détient 35 % du capital avec sa holding familiale). Celui-ci a procédé depuis quelques années avec succès à un recentrage de son activité dans le domaine du gaz.

Un permis d'exploitation a notamment été acquis au Libéria. Ce gisement s'avère très important et constitue aujourd'hui la première source de revenus du groupe.

Le chiffre d'affaires consolidé du groupe a évolué de la façon suivante au cours des trois dernières années :

- 2005 : 15 M€ ;
- 2006 : 32 M€ ;
- 2007 : 67 M€ (comptes non audités) ;

avec pour conséquence une évolution du résultat net part du groupe comme suit :

- 2005 : 0,4 M€ ;
- 2006 : 13 M€ ;
- 2007 : 28 M€ (comptes non audités).

L'activité est très profitable. La trésorerie nette consolidée du groupe au 31/12/2007 s'élevait à 25 M€ environ. L'année 2008 s'annonce excellente puisque le chiffre d'affaires consolidé du groupe devrait se situer entre 120 et 150 M€. Cette prévision n'intègre pas encore l'acquisition de Major Leader, gisements matures exploités au Venezuela et au Guatemala.

La problématique

La croissance quasi « exponentielle » de la société, l'acquisition de gisements au Venezuela et au Guatemala (qui va avoir pour conséquence la multiplication par deux de la taille des actifs du groupe) engendre aujourd'hui des besoins indispensables de mieux contrôler, consolider et intégrer les opérations, notamment en ce qui concerne la mise sous contrôle de la société Major Leader dont le management est exclusivement local même si le siège administratif est situé à Amsterdam.

La société a pris un certain retard sur le plan de ses outils de pilotage.

Exemples (non exhaustifs) :

- comptes au 31/12/07 non finalisés (aucune idée précise du résultat à ce jour),
- pas de culture budgétaire,
- pas de culture de reporting mensuel,
- aucune analyse d'écarts réel/budget,
- pas de mise à jour fiable d'une prévision d'atterrissage au 31/12/08,
- pas de vision claire sur l'état de la trésorerie au 31/03/08 ni sur la prévision à fin d'exercice,
- pas ou peu de procédures,
- pas de vision claire sur les provisions à passer (état des lieux à faire) dans les comptes annuels (31/12/07) et dans les comptes management (31/03/08).

Le management reconnaît devoir mieux organiser les processus administratifs et financiers pour améliorer la visibilité sur les opérations. Le directeur général vient de quitter le groupe très récemment et un nouveau directeur général, issu du secteur de l'énergie, est en cours de recrutement. Le directeur administratif et financier (en poste depuis à peine 6 mois et le troisième depuis 2 ans) va partir également sous deux semaines. Cette information n'a pas encore été communiquée en interne afin de ne pas déstabiliser les équipes dont le niveau est jugé comme faible pour mener à bien tous les chantiers ou transformations nécessaires (en plus de la gestion du quotidien).

L'équipe de direction financière comprend :

- une directrice des comptabilités, jugée par le management comme de bon niveau. Elle est en poste depuis 1 an et est assistée de 3 collaborateurs. Le service a du mal à assurer la consolidation (pourtant un enjeu pour le groupe compte tenu que le siège consolide actuellement une dizaine de sociétés dont seulement deux ou trois significatives auxquelles il faudra ajouter prochainement trois ou quatre nouvelles entités avec l'intégration de Major Leader) ;

- un responsable du contrôle de gestion, en intérim et dont le contrat se termine le 30/06. Il est assisté d'un collaborateur ;
- le DAF (qui s'en va) qui, assisté d'un stagiaire, suivait lui-même en direct la trésorerie, la relation avec les banques (pour le financement des investissements...) et assurait la communication avec le conseil d'administration et les représentants des actionnaires.

C'est dans ce contexte que le Groupe Gazmax a fait appel à vous.

Un rendez-vous est prévu avec les auditeurs la semaine prochaine. Ils souhaitent connaître les modalités de financement de l'acquisition de Major Leader. Des déclarations du PDG de Gazmax, parues dans la presse, ont fait état d'un prix d'achat proche de 100 millions d'euros. À cette occasion, le PDG a annoncé le prochain passage de l'entreprise aux normes IFRS et des diversifications dans le domaine de l'éolien.

Que faites-vous ?

Commentaires sur le cas Gazmax

Éléments pour le diagnostic

➤ À propos de l'entreprise

Il semble qu'il y a d'un côté le dirigeant (le PDG, premier actionnaire, sans aucun doute un visionnaire au style très charismatique) très loin devant et, de l'autre, les « troupes », le reste de l'équipe de management *très loin derrière.*

L'énoncé du cas ne le dit pas, mais les autres actionnaires appartiennent vraisemblablement à la communauté financière (des personnes moins impliquées dans l'entreprise tant sur le plan opérationnel et sur le plan émotionnel). Ils pourront certainement faire bénéficier celle-ci de leur expérience (benchmark) tant en matière de gestion financière que de gouvernance. On souhaite d'ailleurs à beaucoup d'investisseurs de posséder dans leur portefeuille une telle « pépite » (ou *success story*) avec un tel rythme de croissance et un tel niveau de profitabilité. Raison de plus pour s'en préoccuper et intervenir le cas échéant pour faire valoir leur point de vue d'actionnaire.

Les départs successifs du directeur général et du directeur financier ne sont peut-être pas liés entre eux (le cas ne dit pas s'ils quittent l'entreprise pour rejoindre le même concurrent par exemple). En revanche, il paraît très important de savoir rapidement pourquoi ils partent. Peut-être leurs départs sont-ils liés à la même cause ? La personnalité du dirigeant ? Son incapacité à déléguer ? Le fait qu'il ait tendance à prendre seul les décisions, à mettre tout le monde devant le fait accompli, à procéder par effets d'annonces, etc.

➤ À propos de la direction financière

Elle est au niveau « zéro » de son organisation. Seule la directrice des comptabilités semble constituer un point de stabilité sur lequel s'appuyer. Il faudra rapidement la rassurer sur son avenir et la motiver en conséquence.

Une telle « désorganisation » est-elle la conséquence de négligences répétées, de l'inexpérience du Dirigeant, de son incompréhension des enjeux, de l'absence d'anticipation ou enfin tout simplement de sa volonté de garder le pouvoir ?

Sans aucun doute, toutes ces raisons sont liées entre elles.

Sans aucun doute, le dirigeant avait intérêt dans son mode de fonctionnement actuel à avoir à ses côtés une direction financière faible (voire atrophiée). Qui ne joue pas son rôle de contre-pouvoir !

➤ À propos des chiffres et du contexte

L'acquisition de Major Leader semble être un dossier suivi exclusivement par le PDG (vraisemblablement assisté de conseils extérieurs). Le directeur financier n'a pas été impliqué.

L'annonce au marché du prochain passage aux normes IFRS semble signifier que le dirigeant a l'intention de procéder plus ou moins rapidement à une introduction en Bourse. La diversification dans l'éolien confirme ce point (recherche d'une valorisation avantageuse).

Éléments pour le plan d'actions

➤ À très court terme (1 à 2 semaines)

Le rendez-vous avec les auditeurs est prévu dans une semaine. Compte tenu de la masse des choses à faire ou à préparer d'ici-là, il n'est pas inutile de les appeler pour gagner un peu de temps en se ménageant la possibilité de décaler ce rendez-vous de quelques jours. De plus, c'est l'occasion de préciser l'ordre du jour détaillé de cette réunion. Compte tenu du contexte, ils comprendront et accepteront. Il est indispensable de faire une bonne première impression aux auditeurs à l'occasion de ce premier rendez-vous et si possible de s'en faire des alliés. Il arrive parfois que, même dans des sociétés profitables, les commissaires aux comptes déclenchent une procédure d'alerte s'ils ont l'impression que l'entreprise n'a pas de pilote ou s'ils ne comprennent pas où elle va sur le plan financier.

Organiser un rendez-vous avec le PDG actionnaire pour faire le point sur tous les dossiers en cours et préciser ses attentes à propos de la direction financière semble la priorité n° 1. À l'occasion de ce premier rendez-vous de travail (auquel il serait intéressant d'inviter un ou deux représentants des actionnaires financiers, par exemple le président du comité d'audit et son adjoint), il serait utile :

- de préparer un point précis sur la trésorerie à date (il semble qu'il n'ait pas encore été fait) ;
- d'alerter le président sur la faiblesse des équipes finance, leur fragilité, et de dégager des marges de manœuvre pour les renforcer ponctuellement dans l'attente d'un état des lieux plus précis ;
- de récupérer les dossiers de l'acquisition de Major Leader afin de pouvoir les analyser ;
- de récupérer les coordonnées des banquiers, des auditeurs ayant procédé aux due diligences et ceux des responsables financiers de Major Leader afin de disposer d'interlocuteurs pour toute question concernant l'acquisition ou son financement ;
- de mettre en place un calendrier de réunions de travail hebdomadaires pour les prochaines semaines avec si possible le PDG, la direction financière, le président du comité d'audit, le nouveau DG quand il arrivera, etc. ;.

- de demander au président d'annoncer par une note écrite à l'ensemble du personnel (ou au moins à l'encadrement) votre arrivée comme nouveau DAF, votre rôle, les enjeux de votre mission dans le contexte nouveau que traverse l'entreprise.

Une fois les copies du dossier Major Leader récupéré à la DAF, il faut approfondir le diagnostic dans deux directions :

- cartographie humaine du service, de ses liens avec les autres services de l'entreprise et de l'entreprise dans sa globalité,
- analyse des chiffres eux-mêmes, des flux financiers et des processus de remontée de cash (sans oublier de faire un point précis sur l'endettement du groupe).

Il convient de profiter des quelques jours de présence de l'ancien DAF pour faire le point sur les dossiers en cours, le classement, le rangement, l'organisation des fichiers, tableurs, et notamment ceux concernant le suivi de la trésorerie… et organiser la passation (tout ce qui concerne la relation avec les banquiers qui financent les investissements est prioritaire).

Au même titre qu'il faut planifier des réunions de travail hebdomadaires avec le PDG et les représentants des actionnaires, il est indispensable également de mettre en place une réunion de service hebdomadaire avec l'équipe finance et des réunions d'avancement avec les chefs de service (comptabilité et contrôle de gestion).

➤ À court terme (3 à 4 semaines)

Le rendez-vous avec les auditeurs a eu lieu et s'est bien passé puis que vous l'aviez préparé. L'ensemble des sujets en cours a été discuté avec eux. Un planning de travail pour la finalisation de la clôture a été élaboré.

Sur la base des informations recueillies ou validées au cours des premières semaines, il est maintenant possible de confirmer la position de trésorerie à date (ainsi que le niveau exact de l'endettement du groupe) et de produire chaque semaine une première version, encore assez grossière de la prévision de la trésorerie à 6 mois.

Une première visite à Amsterdam, au siège de Major Leader, est en cours d'organisation. Si leur équipe financière est mieux structurée que celle de Gazmax, il sera possible d'y trouver quelques ressources pour le siège et/ou échanger rapidement sur les bonnes pratiques à mettre en place dans le nouveau groupe. L'installation d'un format de prévision de trésorerie sur tableur, format qui soit commun à Major Leader et à Gazmax, paraît une priorité incontournable.

De même, l'homogénéisation des standards comptables (qui peut prendre plus de temps et nécessitera sans doute la revue détaillée des plans de comptes), la mise en cohérence des systèmes de gestion et des formats de reporting mensuels sont à prévoir dans un futur proche. Tous ces sujets nécessiteront la validation probable des auditeurs mais aussi leur support.

Enfin et surtout, après 3 à 4 semaines, on sait maintenant si le PDG a pris ou non le rythme des réunions hebdomadaires avec son directeur financier, son comité d'audit (qu'il soit officiel ou officieux). C'est le moment de lui communiquer votre vision pour le département finance à l'horizon 12 à 24 mois et surtout votre plan d'actions qui en découle à plus court terme (3 à 6 mois).

Ce plan d'actions devra prendre en compte les nouveaux facteurs de risques qui viennent s'ajouter aux anciens (volatilité des cours de l'énergie, du dollar, méconnaissance opérationnelle de la société achetée, inertie au changement, éloignement, problèmes de langue, difficulté à se comprendre, etc.) :

- croissance exponentielle de l'activité *core business* actuellement non parfaitement maîtrisée (équipe et procédures très légères),
- acquisition transnationale qui double la taille des actifs et, à terme, le chiffre d'affaires,
- annonces faites au marché : passage aux normes IFRS, IPO ?

Ce plan d'actions devra permettre de repositionner la direction financière dans l'organisation (responsabilités, rôle, point de contrôle obligé...) et de renforcer de manière très significative l'organisation du département finance, par exemple, en favorisant les échanges entre le siège et Amsterdam. Envoyer quelqu'un de Paris sur place et prendre à Paris quelqu'un de l'ancienne équipe Major Leader pourrait être une solution favorisant la communication.

Mais surtout il renforcera l'ensemble du dispositif à tous les niveaux :

Contrôle de Gestion / Budget / Planning :

- créer un pôle dont le rôle serait d'affiner la prévision de CA, d'établir plusieurs hypothèses de production, de cours des matières premières, de variation du cours du dollar et de valider très en amont la première ligne du business plan : la ligne des revenus ;

- créer un second pôle indépendant du premier dont le rôle serait d'analyser dans le détail les coûts de production, les investissements, de les challenger, d'élaborer des prévisions budgétaires qui vont servir de base aux prévisions de trésorerie – voir ci dessous.

Comptabilité / Consolidation : renforcer l'équipe comptable ponctuellement puis structurellement afin d'accélérer la production comptable, de la fiabiliser, de l'homogénéiser avec Major Leader et de préparer le passage aux normes IFRS.

Trésorerie : dans un groupe qui va rapidement franchir la barre des 300, voire des 500 M€ de CA, l'optimisation des flux va devenir un enjeu prioritaire. La création d'un poste de trésorier opérationnel va s'imposer rapidement afin d'anticiper les besoins de financement (investissements), de les négocier, de monter les dossiers, de gérer les liquidités, de mettre en place les couvertures de change, de taux, de gérer le niveau d'endettement, les « covenants » bancaires liés à l'acquisition, de mettre à jour les prévisions de trésorerie, d'alerter, etc.

Messages à faire passer aux actionnaires financiers

Il y a un très grand paradoxe. Une entreprise affichant de très belles performances (on ne connaît pas son niveau d'endettement), mais qui n'arrive pas à conserver ses cadres (DG, DAF...) et qui soit aussi peu structurée (le responsable du contrôle de gestion est un intérimaire !).

A priori, le directeur financier ne pourra s'en sortir seul. Il y a donc un « deal » ou un « pacte » à faire entre les actionnaires, le DRH, etc. pour sécuriser le nouveau directeur financier dans sa prise de fonction :

- soit on confie au DAF une mission d'état des lieux, de diagnostic et d'élaboration d'un plan d'actions et dans 6 à 8 mois (encore une fois), on le remplace et on trouve quelqu'un d'autre pour mettre en œuvre le plan d'actions (sous réserve que le nouveau soit d'accord avec le plan d'actions de son prédécesseur et ne veuille pas le modifier) ;
- soit on décide une fois pour toutes que le nouveau DAF est le bon. Dans ce cas, sa feuille de route est la suivante.

1 – Le nouveau DAF effectue (et on lui fait confiance) l'état des lieux détaillé en ce qui concerne :

- la cartographie de l'environnement humain de son service (sur qui il peut ou on ne peut pas s'appuyer pour mettre en œuvre le changement dans cette entreprise),
- les documents, les processus, les analyses chiffrées (ce qui existe et ce qui manque),
- le rétroplanning de ce qu'il y a à faire pour les auditeurs, les banquiers (dossier de financement) mais surtout pour l'intégration de l'acquisition.

2 – Le nouveau DAF met en place puis met à jour, à l'attention des organes de gouvernance de l'entreprise, un reporting simplifié précisant les fondamentaux financiers de l'entreprise et quelques chiffres clés :

- actifs,
- passifs,
- endettement (par échéance),
- trésorerie (à date et la prévision mise à jour à fin d'exercice et à 12 mois),
- risques/opportunités,
- calendrier des dates clés :
  - sortie des reportings mensuels,
  - conseils d'administration / AG / comités d'audit,
  - réunions avec les banques, les auditeurs, etc.,
- objectifs partagés :
  - avec le conseil d'administration,
  - avec le comité de direction,
- ses priorités d'actions,
- quelques commentaires ou points de vigilance (renforcement des contrôles internes notamment).

3 – Les organes de gouvernance le soutiennent dans son action, notamment en lui octroyant les moyens de consolider la structure humaine du département finance et en renforçant son autorité person-

nelle dans l'entreprise (prise de pouvoirs du DAF ?) par une communication appropriée précisant :

- ses compétences, ses zones de responsabilités,
- son positionnement sur certains projets transversaux,
- le suivi et l'optimisation du Cash,
- l'intégration de Major Leader (ou tout au moins sa mise sous contrôle sur le plan financier),
- l'animation du processus budgétaire et de la nouvelle prévision à fin d'exercice,
- la maîtrise des dépenses,
- ses moyens (ressources, budgets de conseils, investissements dans les systèmes d'information de gestion…),
- son indépendance par rapport au PDG.

C'est seulement à ce prix que la direction financière pourra faire face à tous ses défis et transformer les menaces en opportunités. Par exemple, un premier chantier va consister à transformer la méfiance des auditeurs en un appui solide.

Synthèse tirée de l'expérience du terrain

Nous présentons ici une synthèse tirée de l'expérience allant au-delà des trois cas étudiés précédemment portant sur le diagnostic de la situation d'origine, l'élaboration d'un plan d'actions à 6 mois et les messages à communiquer aux actionnaires. En synthèse de ce chapitre, nous présentons 15 points clé qui sont autant de bonnes pratiques pour construire son plan d'actions et l'imposer dans l'entreprise.

Le diagnostic initial

Nous présentons ici les principaux constats issus d'une centaine de missions réalisées par le cabinet Objectif CASH portant sur la mise en œuvre de la culture cash. Les premiers constats portent sur la trésorerie :

➤ L'absence de chiffres fiables

L'entreprise qui ne maîtrise pas ses chiffres ne connaît ni sa position de trésorerie à date, ni sa trésorerie prévisionnelle, ni ses marges ni son résultat :

- Plus de 50 % des entreprises ne disposent pas de prévision de trésorerie au-delà du 10 du mois suivant.
- Quand cette prévision de trésorerie existe, dans plus de 50 % des cas elle est fausse soit parce qu'elle n'est pas réconciliée avec la comptabilité, soit parce que la comptabilité n'est pas à jour.
- Dans plus de 50 % des entreprises, les chiffres analysés ou préparés par le service contrôle de gestion et ceux analysés ou préparés par le service trésorerie ne sont pas réconciliés entre eux.
- Les entreprises ayant une activité saisonnière appréhendent souvent difficilement les rythmes d'encaissements et de décaissements et les fluctuations de trésorerie qui en découlent. L'absence de suivi les empêche de se rendre compte que la trésorerie passe par des pics et aussi des creux ; les pics donnant parfois une fausse impression de richesse. Elles ont alors tendance à financer certains investissements par la trésorerie courante. Rappelons que les investissements à risques élevés (par exemple les acquisitions d'entreprises) doivent être financés par les capitaux propres ou l'endettement à moyen ou long terme. Les crédits de trésorerie ne sont là que pour financer le cycle d'exploitation.

➤ Des problèmes de marge

Il s'agit à la fois de problèmes de performance (coûts trop élevés, produits de faible qualité…), de marge (prix insuffisant, concurrents plus performants et moins chers) et d'absence d'outils ou d'équipes fiables pour mesurer la marge.

- Plus de 50 % des entreprises ayant des problèmes de trésorerie ont également des problèmes de performance ou de marges (phénomènes simultanés et de cause à effet).
- 90 % des entreprises qui ont déposé leur bilan ne disposaient pas d'une comptabilité analytique réconciliée mensuellement avec la comptabilité générale (et donc ne connaissaient pas leurs marges précisément ni leurs foyers de perte).

Beaucoup d'entreprises perdent de l'argent pour des raisons très variées (changements des conditions de marché, arrivée d'un concurrent, départ d'un commercial ou perte d'un client, augmentation des prix d'achats non répercutée aux clients, dépenses de structures non maîtrisées, clients ne payant pas, etc.). Encore faut-il être capable de s'en rendre compte suffisamment tôt. Souvent, les pertes réalisées sur certaines activités sont masquées par des activités profitables, ce qui empêche d'agir pour corriger les foyers de pertes non identifiés.

Souvent les entreprises ne savent pas exactement où elles gagnent et perdent de l'argent (absence d'outils fiables, manque de personnel à la comptabilité ou au contrôle de gestion). Parfois elles le savent et leurs dirigeants refusent d'en tenir compte pensant que demain sera meilleur et qu'en conséquence il est inutile de réagir ou d'alerter.

Peu d'entreprises effectuent des clôtures comptables mensuelles (réconciliées avec la comptabilité analytique) leur permettant d'analyser en détail l'évolution de leurs marges par activités, par produits, etc. et de lancer quasi immédiatement des plans d'actions correctifs.

Au contraire, de nombreuses entreprises clôturent leurs comptes seulement une à deux fois par an. Entre deux clôtures comptables, trois systèmes de « contrôle financier » ou de gestion coexistent, fonctionnent en parallèle en étant rarement réconciliés entre eux :

- la trésorerie qui donne une image synthétique (très agrégée) quasi immédiate de la situation financière de l'entreprise ;
- le contrôle de gestion / le reporting ou le tableau de bord mensuel, souvent élaboré sur tableur à partir de taux de marges historiques (tirés du business plan ou du budget) et non réconciliés avec les taux de marges réels (ceux tirés de la comptabilité) ;
- la comptabilité générale / analytique, qui a toujours raison mais qui parfois a le tort d'avoir raison trop tard. Dans certaines entreprises ou dans certains secteurs d'activité, la comptabilité sort 3 à 4 mois après la clôture...

Le management a tendance à « croire » le reporting mensuel préparé par le contrôle de gestion. Souvent d'ailleurs le reporting mensuel ou les tableaux de bord sont préparés directement par le management afin de mieux maîtriser (verrouiller) la communication vis-à-vis de l'actionnaire. Le chef comptable croit ses chiffres, sa comptabilité. C'est lui qui a raison mais souvent il a raison trop tard. L'actionnaire professionnel (expérimenté car il connaît beaucoup de cas d'entreprises dans des secteurs d'activités les plus divers) a tendance à ne croire que ce qu'il voit c'est-à-dire *la trésorerie*. Le consultant indépendant qui arrive dans une entreprise et qui a pour mission d'établir un diagnostic va devoir se confronter à ces trois logiques. Chaque logique fonctionnant avec ses propres outils mais aussi avec ses propres systèmes de croyance…

➤ L'incapacité à agir sur les causes

Il convient de prendre conscience que les difficultés de trésorerie sont souvent la conséquence d'autres problèmes, souvent plus graves et beaucoup plus longs à résoudre : profitabilité, organisation, qualité, performance administrative, management, gouvernance :

- 80 % des dirigeants d'entreprises ont tendance à penser que les problèmes de trésorerie qu'ils rencontrent vont se résoudre par eux-mêmes. C'est la fameuse « sortie par le haut ». Au début, une tension de trésorerie est toujours qualifiée de « passagère » par le dirigeant. Une simple migraine… Il n'ose pas s'avouer que le mal est plus structurel, que la migraine ne passe pas et qu'il faut vivre avec, voire qu'elle tend à empirer.
- Les tensions que les entreprises rencontrent parfois (trésorerie tendue, absence de données chiffrées, perte de confiance de l'actionnaire ou du banquier) sont toujours des symptômes. Il convient à la fois de soigner les symptômes, d'en réduire les effets et surtout d'en rechercher les causes pour mieux les traiter. Dans les périodes de crise, le directeur général a tendance à surprotéger l'équipe commerciale ; le directeur financier a tendance à rester dans son bureau. Personne n'a envie de remettre en cause la situation actuelle qui peut paraître confortable même si l'on entrevoit l'origine des difficultés.

➤ Le manque de communication, facteur aggravant

L'expérience démontre trop souvent que les catastrophes arrivent lorsque :

- l'on n'avait pas anticipé la crise de trésorerie : absence de prévision de trésorerie, méconnaissance de l'historique des flux d'encaissements et de décaissements, saisonnalité des ventes ou des achats non maîtrisée, trésorerie qualifiée de non modélisable, etc. ;

- le management n'avait pas voulu en parler avec ses actionnaires ou en a parlé mais trop tard.

Souvent, d'ailleurs, les deux raisons se cumulent :

- aucune anticipation ;
- peu de dialogue avec les actionnaires.

L'absence de dialogue « vrai » avec les actionnaires trouve sa source :

- soit dans des causes « futiles » : problèmes de personnes, suspicions réciproques, enjeux de pouvoirs, volonté des actionnaires de s'immiscer dans la gestion ou du management de ne pas jouer la totale transparence…
- soit dans des causes plus sérieuses : le management (qui peut être également actionnaire) suspecte l'actionnaire financier de vouloir profiter de la crise de trésorerie pour le « diluer » à l'occasion d'une augmentation de capital et prendre progressivement plus de pouvoir. Dans ce cas, le management aura des raisons légitimes pour essayer de gagner du temps et trouver par lui-même des solutions alternatives de financement. L'expérience démontre que le management qui voudrait masquer ou minimiser aux yeux de ses actionnaires une tension de trésorerie commet une grave erreur susceptible d'empirer la situation, voire de précipiter la défaillance. Le dirigeant doit également être conscient du risque de sanctions pénales et civiles qu'il pourrait encourir si l'entreprise venait à ne plus faire face à ses engagements.

Il existe une variante des situations précédentes rencontrée très fréquemment dans la pratique. Le directeur financier a anticipé la crise de trésorerie, souvent chiffré les besoins et identifié les moyens pour la résoudre. Étant sous la coupe hiérarchique à 100 % du dirigeant, il n'a pas de contact avec les actionnaires, ne peut ou ne veut pas les prévenir car il craint pour son poste… N'étant pas prévenus, les actionnaires ne peuvent rien faire. En revanche, si la situation se dégrade, ils pourront reprocher au management (DAF compris), le moment venu, leurs manquements dans l'anticipation et leur manque de transparence dans la communication.

C'est dès l'apparition des premières difficultés de trésorerie qu'il convient de parler de la culture cash en élargissant le cercle des personnes avec qui en parler. Il n'y a en effet rien d'« honteux » pour une entreprise à traverser une période de tension de trésorerie, c'est le lot de toutes les entreprises à un moment de leur existence.

Avec qui élaborer et partager le diagnostic ?

- avec le comité de direction : à plusieurs, il est plus facile de trouver des solutions ;
- avec les actionnaires, sans pour autant les effrayer. Plus de 50 % des actionnaires font confiance au management et ne posent jamais de questions sur le cash (ni au dirigeant ni au directeur financier) ;
- avec les banquiers sans les effrayer non plus ;
- avec des spécialistes (consultants externes) sans en consulter un trop grand nombre afin de maintenir un maximum de confidentialité autour des problèmes rencontrés.

Nous présentons ici une synthèse de ce diagnostic initial : « Les 7 péchés capitaux / difficultés rencontrées le plus fréquemment dans les entreprises à propos de la trésorerie ».

Ces 7 difficultés rencontrées le plus fréquemment sont autant de mauvaises pratiques à combattre ou à proscrire. Une personne seule (le directeur financier ou le contrôleur financier) ne suffit pas pour les résoudre. C'est toute l'entreprise qui doit se mobiliser, du PDG au magasinier…

Ces difficultés sont classées dans l'ordre *décroissant* de leur fréquence (panel de plus de 100 entreprises).

Les sept difficultés de trésorerie les plus courantes

1. Perte de contrôle / absence de visibilité sur la trésorerie à court terme

Les indicateurs les plus fréquents sont les suivants :

- absence de prévisions d'exploitation mensualisées,
- défaut de contrôle des équipes commerciales,
- carnet de commandes non formalisé, non documenté ou non exploitable par la direction financière,
- absence de prévision de trésorerie,
- absence de balance âgée pointée,

☞

- absence de circulation de la balance âgée dans l'entreprise,
- absence de relation de la direction financière avec la direction commerciale,
- comptabilité en retard (manque de ressources ou systèmes d'information et de gestion défaillants),
- absence d'autorité de la personne en charge de faire rentrer le cash,
- responsabilité diffuse sur la rentrée du cash : tout le monde est un peu responsable mais personne ne l'est vraiment…

2. Perte de contrôle (suite) / entreprise qui ne sait pas si elle gagne ou si elle perd de l'argent ou qui ne sait pas exactement où elle gagne et où elle perd de l'argent

Les indicateurs les plus fréquents sont les suivants :

- comptabilité en retard (manque de ressources ou systèmes d'information et de gestion défaillants),
- absence de comptabilité analytique détaillée réconciliée avec la comptabilité générale,
- absence de contrôle de gestion ou manque de ressources,
- absence de culture de reporting mensuel ou reporting mensuel n'intégrant pas d'indicateurs sur le cash ou sur les comptes de bilan,
- foyers de pertes non identifiés (les + et les – se compensent).

3. Très / trop grande confiance du management dans son business plan (élevé quasiment au statut de « dogme »)

Les indicateurs les plus fréquents sont les suivants :

- certitude absolue du dirigeant que demain sera meilleur,
- pilotage par le rétroviseur (demain ne peut être qu'identique à hier),
- absence de remise en cause (le comité de direction n'a aucun pouvoir),
- absence de veille sur les clients, les fournisseurs, les concurrents, le secteur, le marché,
- direction financière mal positionnée dans l'entreprise (ne joue pas son rôle de contre-pouvoir vis-à-vis de la direction générale),
- forte rotation des équipes de direction financière,
- absence de culture projet,
- fonctionnement en silos, organigrammes ayant la forme de râteaux, aucune approche transversale ou par processus…

☞

4. Croissance externe / acquisitions mal maîtrisées

Les indicateurs les plus fréquents sont les suivants :

- acquisitions trop nombreuses (pas de politique sélective),
- acquisitions en dehors du cœur de métier (dispersion stratégique) ou à l'international (ou les deux),
- due diligences inexistantes ou trop légères,
- due diligences non maîtrisées par la direction financière,
- arbitrages systématiquement effectués au profit de la croissance externe et au détriment de la croissance organique,
- allocation des ressources (internes/externes) effectuée selon des critères non objectifs,
- trop grand recours à des consultants externes,
- problèmes de confidentialité non respectée,
- trop grande liberté ou confiance laissée aux dirigeants des entreprises rachetées.

5. Investissements LT/MT financés par la trésorerie opérationnelle

Les indicateurs les plus fréquents sont les suivants :

- faible niveau de l'endettement,
- endettement trop élevé,
- absence de mise en concurrence des banquiers,
- relation avec les banquiers ou avec les actionnaires très dégradée (perte de confiance),
- faible crédibilité de la production chiffrée,
- besoins d'investissements mal anticipés, non chiffrés ou mal cadencés dans le temps (absence de suivi détaillé des Capex / absence de procédures d'engagement des dépenses d'investissements),
- trop de projets financés en même temps (pas de politique de sélection des investissements),
- forte rotation des équipes de direction financière.

6. Saisonnalité des activités (ventes, achats et production) non maîtrisée

Les indicateurs les plus fréquents sont les suivants :

- absence de prévisions d'exploitations mensualisées,
- absence de carnet de commandes,
- équipes commerciales non contrôlées,

☞

- BFR non modélisé,
- forte rotation des équipes de direction financière,
- direction financière surchargée de travail, absence de recul, travail sur les détails au détriment de la compréhension des grands agrégats et de la production de synthèses compréhensibles par le management et les opérationnels,
- départ de personnes clé à la direction financière (celles qui détiennent la mémoire de la société et de ses chiffres),
- direction financière mal positionnée, incapable d'alerter,
- historique des encaissements et des décaissements mal maîtrisé,
- Capex non suivis dans les détails,
- défaut de contrôle interne sur les stocks (entrepôts sales ou mal rangés, inventaires physiques bâclés, écarts significatifs entre l'inventaire physique et l'inventaire permanent, vols, disparitions non expliquées de matériels ou de marchandises...).

7. **Effets pervers de certains financements qui donnent à un moment donné une impression de richesse**

Les indicateurs les plus fréquents sont les suivants :

- affacturage mal négocié, mal maîtrisé,
- levée de fonds très importante (impression que l'on a du temps devant soi pour régler les problèmes),
- trop forte confiance dans le *cash pooling*, les conventions de trésorerie intra-groupe ou le support du groupe (argent facile),
- négligence dans le suivi comptable et l'apurement des transactions inter-compagnies,
- absence de remise en question (la signature du groupe nous protège),
- pilotage « par le rétroviseur » : tendance à penser « on s'en sortira toujours ».

Le plan d'actions

Ce plan d'actions a pour but d'améliorer rapidement la trésorerie opérationnelle. La construction du plan d'actions doit prendre en compte deux facteurs :

- **C'est un travail d'équipe.** Il convient donc de prendre en compte les caractéristiques psychologiques (habitudes de fonctionnement, systèmes de valeur ou systèmes de référence) des différents intervenants : actionnaires, dirigeants / management, comptables, contrôleurs de gestion dans l'élaboration du plan d'actions. Il s'agit de ne heurter personne, de prendre en considération le point de vue de chacun mais de rester ferme sur les fondamentaux.

- **L'actionnaire doit être impliqué.** Il détient souvent la clé (avances en compte courant, augmentation de capital...). Pour qu'il ne soit ni surpris ni pris au dépourvu, les besoins de financement doivent être définis suffisamment à l'avance.

➤ Le plan d'actions à très court terme (1 à 2 mois)

Les objectifs de ce plan sont :

- de recréer des marges de manœuvre au niveau de la trésorerie et de gagner du temps pour analyser les causes des difficultés qui ne commenceront à être traitées qu'à moyen terme (après 3 ou 4 mois). Il convient en effet de ne pas réaliser un diagnostic prématuré qui peut être inapproprié au plan pratique (par exemple, vouloir retarder le paiement des fournisseurs de 60 à 90 jours peut entraîner leur perte de confiance) ;
- d'enlever un peu de stress autour des équipes de direction financière ;
- d'asseoir la légitimité de la direction financière ;
- de gagner du temps pour analyser précisément les causes de la dégradation de la trésorerie et agir sur celles-ci.

Il se concentre en priorité sur des actions procurant des résultats rapides et qui relèvent pour la plupart du périmètre de la direction financière :

- opération « coup de poing » sur les comptes clients : relances, résolution des litiges avec les clients, émission d'avoirs, mise au contentieux ;
- mobilisation de créances (Dailly, affacturage...) ;
- négociation avec les fournisseurs, l'URSSAF ;
- opération « coup de poing » sur les stocks...

Ces actions ne provoquent généralement pas de conflit avec les autres directions.

Au cours de cette période, les analyses élaborées sur tableur suffisent pour construire et mettre à jour la prévision de trésorerie (il n'y a souvent pas d'autre choix).

Aucune des actions à très court terme ne vient buter sur les deux « excuses » classiques utilisées par les directions financières pour ne pas agir :

- les systèmes d'information ne fonctionnent pas,
- la direction commerciale ne communique pas les informations dont on a besoin pour élaborer le prévisionnel.

➤ Le plan d'actions à moyen terme (initié dans les 3 à 4 mois)

La figure 2.1 illustre l'articulation entre le plan d'actions à court terme (1 à 2 mois) et à moyen terme (3 à 4 mois). L'objectif consiste à agir à court terme sur la trésorerie (culture cash) et ensuite à agir sur les marges (performance et valeur ajoutée durable).

1. Diagnostic opérationnel indépendant portant sur l'étendue des dommages et sur les causes.
2. Analyse de la trésorerie / Mise en place de la prévision de trésorerie.
3. Opération « coup de poing » sur les stocks et/ou sur les comptes clients.
4. Rédaction de procédures sur le credit management, le recouvrement, les réapprovisionnements, les conditions générales de vente.... Formation des équipes permanentes de l'entreprise (opérationnels et financiers).
5. Renégociation et mise en place de financements à très court terme / Affacturage.
6. Formation des équipes permanentes (suite) / Recrutements complémentaires si nécessaire.
7. Approfondissement du diagnostic sur les causes de dégradation de la trésorerie et des marges. Analyse de la pertinence des indicateurs de performance existants ou proposition de nouveaux indicateurs / Zoom sur le contrôle de gestion.
8. Plans d'actions détaillés sur les marges (arrêt d'activités déficitaires, arrêt des ventes aux petits clients, augmentation des prix...). Présentation de ces plans aux actionnaires.

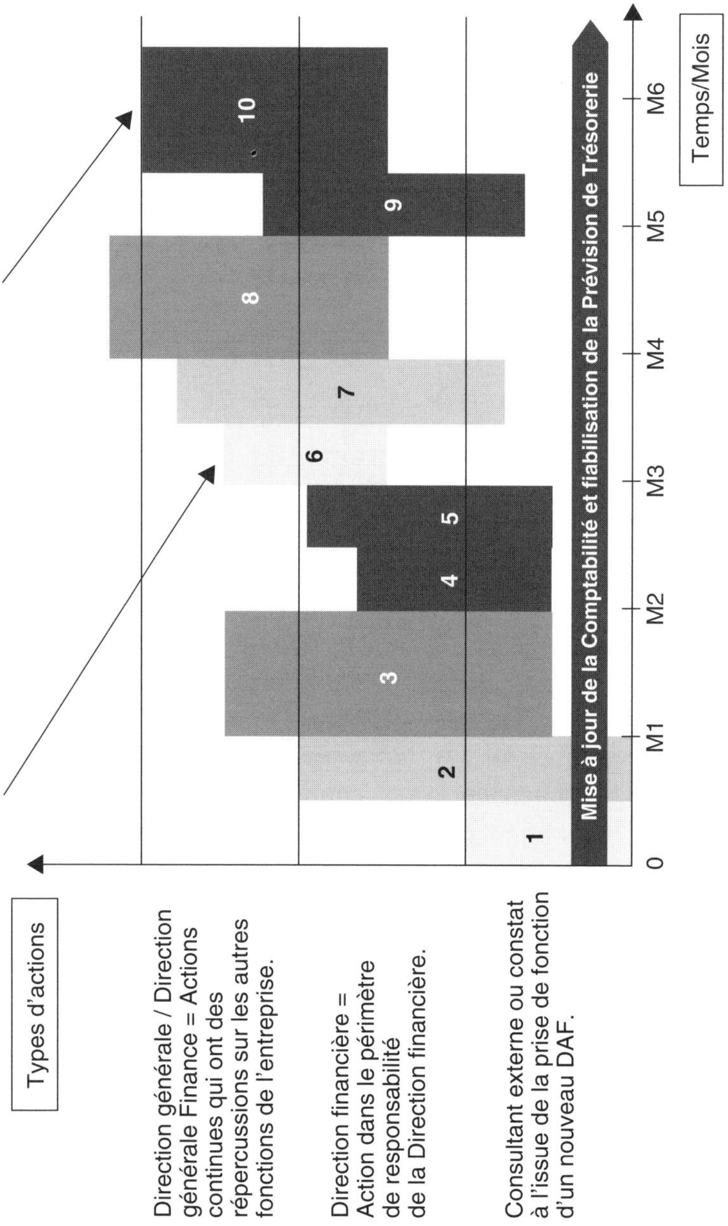

Figure 2.1 – De la culture cash à la culture de la performance et de la valeur ajoutée durable

9. Traduction des nouveaux indicateurs de performance dans les systèmes d'information de gestion (SIG).
10. Automatisation de la production des nouveaux indicateurs / Prise d'autonomie des équipes permanentes de l'entreprise dans la mise en œuvre des plans d'actions et leur mise à jour.

Les actions initiées dans la période de 3 à 4 mois ont pour but d'améliorer la marge de façon durable. Par exemple, éliminer les petits clients ou augmenter les prix sont des décisions que l'on prend une fois pour toutes. Il s'agit de décisions à caractère temporaire qui sont ensuite pérennisées si elles permettent d'obtenir les résultats attendus. Par contre d'autres actions doivent être recherchées en l'absence de résultats.

Le diagnostic initial peut être réalisé soit par un cabinet conseil, soit par le nouveau directeur financier à l'occasion de sa prise de fonction. Il est plus rarement fait par un directeur financier en fonction depuis longtemps qui risque de ne pas avoir la prise de recul nécessaire, sauf s'il y est encouragé par l'arrivée d'un nouveau management ou d'un nouvel actionnaire.

Après avoir pris conscience de la crise de liquidité ou du risque de dilution, toute l'entreprise se mobilise (le dirigeant compris) pour agir sur le cash flow. Il existe en général au démarrage du projet un consensus sur les actions à prendre. Ensuite quand les résultats arrivent et que la pression sur la trésorerie diminue, tout le monde a intérêt dans l'entreprise à reprendre son « train-train » quotidien.

Le passage de la culture cash à la culture de la performance durable est plus compliqué car plus contraignant pour l'entreprise et souvent plus « politique » : arrêt d'activités déficitaires, changement de la structure de prix ayant des incidences sur la rémunération des commerciaux, modification du train de vie de l'entreprise… Il est alors nécessaire d'impliquer les autres directions et d'emporter leur adhésion. Le temps gagné et la pression ôtée des épaules des équipes de direction financière grâce aux premières améliorations de la trésorerie a permis d'effectuer quelques analyses de fond sur les causes des difficultés de trésorerie. La mise en place du plan à 3 ou 4 mois ne doit donc pas tarder afin d'exploiter les marges de manœuvres dégagées dans la phase court terme pour régler les problèmes de fond (et ainsi éviter de retomber dans les travers du passé). Ces analyses concernent en général des sujets hautement politiques dans les entreprises. Notamment le contrôle de gestion qui est un sujet politique dans l'entreprise ou au minimum un enjeu de pouvoir.

Cet ouvrage n'est pas un ouvrage sur le contrôle de gestion (aussi nous serons brefs), mais il est utile de rappeler que l'amélioration durable de la trésorerie passe nécessairement par l'analyse détaillée des marges. Or, chacun sait, pour l'avoir expérimenté lui-même en entreprise, que lorsque l'on remet en cause le contrôle de gestion, on se fait deux « ennemis objectifs » :

- la personne qui a choisi dans le passé les indicateurs de gestion ou celle qui en a hérité sans les « challenger »,
- la personne qui a traduit ces indicateurs dans les systèmes d'information.

En outre, on en vient parfois à démontrer exactement le contraire de ce que le Dirigeant ou le management a pu dire à ses actionnaires depuis des mois à propos de la profitabilité de telle ou telle activité.

L'enjeu, c'est de pouvoir analyser la rentabilité des opérations sous différents axes. Si par exemple, historiquement la rentabilité est analysée sous l'angle « familles de produits / produits », il est vraisemblable qu'en croisant cette analyse avec une analyse sous l'axe :

- clients ou catégorie de clients ;
- destination géographique des ventes / par pays, région,
- origine des commandes / par pays, par région,
- commercial / par équipe / par personne,
- réseau de distribution,

l'analyse de la rentabilité donnera alors des résultats différents et certaines personnes se sentiront peut-être mal à l'aise...

Vouloir à moyen terme reconstituer des marges de manœuvre dans la trésorerie, c'est aussi et surtout aborder les vrais problèmes de rentabilité et les traiter par des plans d'actions appropriés et surtout concrets.

Ces plans d'actions peuvent consister par exemple en :

- la fermeture ou la cession d'un site, d'une usine, d'une filiale,
- le redimensionnement d'une activité (à la baisse ou à la hausse),
- l'augmentation des prix de ventes,

- l'externalisation de certaines activités,
- l'acquisition d'un concurrent,
- l'application de règles de type « 80/20 » dans la base articles ou dans la base clients,
- des simplifications dans l'organisation ou dans les processus,
- une meilleure maîtrise des frais généraux et des dépenses en général,
- des décalages dans le temps de certaines dépenses (embauches, investissements, campagnes publicitaires...).

Car quand on a bien fait son travail à court terme sur :

- les comptes clients,
- les stocks,
- les financements à court terme,

l'amélioration de la trésorerie passe uniquement par l'amélioration de la marge.

En général, il est inutile d'agir sur les comptes fournisseurs (retarder les paiements). Les entreprises savent utiliser naturellement le « retard fournisseurs » comme mode de financement dans les phases de tension de trésorerie. Franchir la limite dans ce domaine peut créer de très forts désagréments (arrêt des livraisons, perte d'un fournisseur stratégique...). Ce mode de financement est donc à manier avec une très grande prudence. En revanche, cette prudence ne dispense pas dans le plan de prévoir une analyse sur le nombre de fournisseurs et d'en éliminer certains ... Mieux vaut orienter les efforts de l'équipe comptable sur la relance des clients qu'à la gestion d'une multitude de fournisseurs.

Donc, le plan d'actions à horizon 3 à 4 mois ne doit pas faire l'impasse sur cet aspect fondamental :

Amélioration des marges = Amélioration de la trésorerie

Si l'entreprise n'est pas profitable, ou l'est faiblement, on aura beau multiplier les efforts sur la trésorerie, améliorer le BFR par quelques artifices, la trésorerie retombera dans ses travers à plus ou moins court terme et tout le monde sera déçu, les actionnaires, les premiers.

Quinze points clés à rappeler pour construire son plan d'actions et surtout l'imposer dans l'entreprise

1. Le bon moment pour mettre en place la culture cash dans une entreprise correspond toujours à une phase de changement (changement d'actionnaires, changement de management, changement réglementaire, changement de périmètre...) ou une phase de rupture (crise de trésorerie, forte croissance). La prise de fonction par le nouveau directeur financier est également un moment propice.

2. La création de la culture cash est avant tout un travail d'équipe (direction générale, actionnaires, DAF, comité de direction, trésorerie, contrôle de gestion, administration des ventes, service commercial, service achats...). C'est donc toute l'entreprise qui doit se mobiliser, pas uniquement la direction financière.

3. L'implication du dirigeant (DG, PDG...) est fondamentale. Il s'agit d'un projet transversal. Le contrôleur financier ou le DAF n'ont pas naturellement autorité sur les autres directions de l'entreprise. Ils doivent s'imposer par leur compétence et obtenir un soutien sans faille de la direction générale sur certains arbitrages, notamment ceux impactant le fonctionnement des équipes commerciales. Celles-ci sont habituellement méfiantes vis-à-vis des actions ou des décisions pouvant avoir une incidence sur leur mode de rémunération.

4. Les actionnaires doivent être impliqués et s'ils ne le sont pas ils doivent exiger de l'être (par des questions au management notamment). Ils ne peuvent être mis devant le fait accompli de devoir réinvestir alors qu'ils n'avaient pas prévu de le faire (risque de dilution) ou de constater trop tard que la partie est perdue (crise de trésorerie, cessation des paiements qui entraîne nécessairement pour l'actionnaire le besoin de se protéger – frais de conseils extérieurs – en plus des risques pour son image).

5. Le bon rythme pour créer la culture cash et la diffuser dans l'entreprise est la semaine. Les réunions de suivi du projet doivent être planifiées selon un rythme hebdomadaire. Il convient de rédiger des comptes rendus de ces réunions, de les diffuser dans l'entreprise (en indiquant précisément qui fait quoi). Entre deux réunions hebdomadaires, il n'est pas inutile parfois de rappeler les actions à entreprendre.

6. Pas de pilotage de la trésorerie sans prévision de trésorerie. Pas de prévision de trésorerie qui soit fiable sans une comptabilité à jour. Donc souvent la priorité numéro 1 consiste à rattraper le retard en

☞

comptabilité. Un des aspects généralement mal maîtrisé dans la prévision de trésorerie concerne les investissements (Capex pour *capital expenditures*). Décaler de quelques semaines certaines grosses dépenses (publicité, promotion, embauche) ou certains achats de machines, etc. peut avoir un impact significatif sur le niveau de trésorerie. L'expérience démontre que si l'entreprise a besoin d'investir, elle n'utilise jamais toutes ses lignes d'investissement aux dates initialement prévues pour des raisons d'inertie au changement, de charge de travail des équipes. Acheter une nouvelle machine ou un nouveau logiciel, l'installer dans l'usine ou le mettre en production nécessite que les équipes en charge soient disponibles et pas occupées à d'autres tâches. L'analyse des lignes de Capex ou des budgets de publicité permet souvent de dégager un peu de flexibilité...

7. Toute trésorerie est modélisable, au moins en grandes masses. Une entreprise dont les dirigeants soutiendraient que leur activité n'est pas modélisable mois par mois (au début) puis semaine après semaine (ensuite) ni sur le plan de l'exploitation ni sur le plan des variations du BFR est à risque.

8. La ligne la plus importante de la prévision de trésorerie est la ligne « chiffre d'affaires ». C'est sur cette ligne que doivent porter principalement les efforts de modélisation. Quitte à faire plusieurs hypothèses. C'est sur ces hypothèses que le contrôleur financier ou le directeur financier doit apprendre à challenger (poliment mais fermement) les opérationnels. Le reste (les coûts des ventes, les coûts fixes) découle souvent plus ou moins mécaniquement du CA...

9. Un tableur suffit pour élaborer une première version de la prévision de trésorerie. Ensuite, dans un second temps on peut envisager d'investir dans des logiciels du marché, créer des interfaces avec les systèmes existants, automatiser les processus, etc.

10. Se méfier des entreprises ou secteurs d'activité ayant un BFR négatif. Cette ressource n'est pas pérenne et diminuera en cas de baisse de volume d'activité ou de réduction du crédit fournisseur. La situation est encore plus périlleuse lorsque le BFR est négatif uniquement grâce à des retards de paiement fournisseur. Les fournisseurs peuvent à tout moment se montrer moins tolérants et la sanction arrive alors rapidement.

11. Gérer une crise ou une impasse de trésorerie (non anticipée) constitue en général un travail à temps plein pendant plusieurs semaines pour plusieurs personnes dans l'entreprise (au minimum le chef d'entreprise, le directeur financier, le chef comptable, le trésorier...).

☞

Rassurer les banquiers, les fournisseurs, les actionnaires prend du temps (en outre, cet exercice n'est jamais une science exacte). Ces périodes en général très intenses ne laissent aucune flexibilité pour mener d'autres projets en parallèle (systèmes d'information, acquisitions, etc.).

12. L'amélioration de la trésorerie par la mise en place de la culture cash et du pilotage par la prévision de trésorerie sont les priorités du contrôleur financier ou du directeur financier. Tout le reste (systèmes d'information, acquisitions...) est moins important.

13. Le plan d'actions doit être équilibré (et donc discuté entre les différentes composantes de l'entreprise : service achats, service commercial, etc.). Il ne s'agit pas de réussir à un endroit en déplaçant ailleurs le problème. Par exemple, allonger le crédit fournisseurs a un effet immédiat sur la trésorerie mais risque à terme de dégrader irrémédiablement les relations avec eux.

14. Le plan d'actions doit prévoir de récompenser les personnes qui jouent le jeu du « cash » dans l'entreprise. Les personnes ne modifient pas leurs comportements facilement (inertie au changement). La direction générale doit être à l'écoute du terrain : prête à relever une performance (et donc à l'encourager et à la récompenser) mais parfois aussi prête à sanctionner les comportements bloquant la mise en place du changement.

15. À chaque jour suffit sa peine. La réussite du plan d'actions est souvent constituée d'une multitude de petites décisions opérationnelles qui mises bout à bout vont faire que globalement l'entreprise progresse.

Les petits ruisseaux font les grandes rivières... Chaque jour est l'occasion de constater une petite victoire (encaissement d'une créance échue, amélioration de la prévision de trésorerie, tenue d'une réunion avec un banquier, etc.). On ne réussit pas tout ni à chaque fois ni à tous les coups. L'objectif est de mettre l'entreprise dans une dynamique de succès quand à la maîtrise de son cash. Par contre si au bout de 3 ou 4 mois il n'y a aucun résultat tangible, il ne faut pas hésiter à reconsidérer la question : soit changer d'approche, soit changer de plan ou encore changer de pilote du projet. Agir 3 ou 4 mois sur le cash en se donnant les moyens en terme de priorités, de ressources et ne pas constater de résultat tangible sur le cash est anormal. Cela signifie que la cause réelle des difficultés n'a pas été identifiée. Dans ce cas, il faut alerter rapidement le management et les actionnaires et proposer un changement de plan d'actions.

CHAPITRE 3

Le plan d'actions à moyen terme et sa pérennisation

Le plan d'actions à moyen terme

La partie à moyen terme du projet s'étale entre le troisième et le sixième mois à partir du lancement du projet. Son démarrage suppose que l'on ait bien identifié les causes des difficultés de trésorerie et que l'on ait déjà obtenu des premiers résultats sur la trésorerie et sur la mobilisation des équipes autour du projet.

Une fois les premières mesures d'urgence prises pour recouvrer des créances échues ou liquider les sur-stocks (voir chapitre 2), la mise en œuvre de la culture cash passe nécessairement par une réflexion approfondie sur la marge. Nous ne traitons dans le premier paragraphe que des actions urgentes sur la marge à mener dans un délai court (en général quelques semaines ; rarement plus de quelques mois). Nous ne faisons pas un livre exhaustif sur le contrôle de gestion. Les actions à plus long terme sont quant à elles décrites dans le paragraphe suivant consacré à la pérennisation du plan d'actions.

À titre d'illustration, les trois cas évoqués au chapitre précédent, permettent de faire les constats suivants :

Electropower :

- une entreprise qui a perdu beaucoup d'argent et n'a pas encore fait la démonstration qu'elle en gagne ;
- une entreprise de la taille d'une PME mais qui gère en pratique la complexité d'un grand groupe international : plusieurs pays, plusieurs activités, plusieurs devises… ;
- une entreprise apparemment non contrôlée : ni par le directeur financier, ni par les actionnaires. Ceux-ci sont très peu présents, posent très peu de questions, font confiance, ne challengent pas le management sur ses orientations ou ses décisions.

Béarn Chimie Top :

- une entreprise venant de changer d'actionnaires ;
- des données comptables non maîtrisées et une profitabilité qui se dégrade ;
- la perte non anticipée de clients importants ;
- un problème d'intégrité des données voire peut-être des personnes (le PDG et le directeur financier).

Gazmax :

- une entreprise en forte croissance ;
- une entreprise très profitable ;
- une absence de contrôle des opérations plus ou moins organisée par le PDG (forte rotation des équipes de direction : DG et directeur financier) ;
- le recours fréquent à des cabinets externes pour mener des opérations d'envergure (acquisition, financement). Le PDG ne fait pas confiance à l'interne sans que l'on sache réellement pourquoi ;
- une sorte de « fuite en avant » ou tout au moins un décalage très important entre le PDG visionnaire et conquérant qui poursuit une stratégie de développement tous azimuts et le management en charge de l'exécution opérationnelle (totalement dépassé !).

Ces situations se rencontrent très fréquemment dans la pratique.

Vouloir ou devoir agir dans des délais très courts sur la marge pour dégager rapidement des liquidités passe toujours par les types d'actions suivants :

- simplifier,

- dire les faits,
- décliner la stratégie en plans d'actions opérationnels,
- respecter des règles très strictes en termes de confidentialité.

Il s'agit avant tout de concentrer pendant quelques semaines ou quelques mois tous les efforts de l'entreprise sur des actions visant à exclusivement à :

- augmenter la trésorerie,
- redresser la profitabilité de l'entreprise notamment en réduisant les coûts.

Simplifier

C'est une évidence mais dans des situations tendues en terme de trésorerie, il est souvent indispensable pour agir sur les marges de procéder à des simplifications :

- de processus,
- de priorités,
- d'organisation ou d'organigrammes (en privilégiant les circuits courts de décisions),
- de descriptifs de postes...

Le cas Electropower se prête tout à fait à ce type d'actions.

Avant de devoir arrêter une activité sur les trois (décision à réfléchir mûrement), une étape intermédiaire à court terme pourrait être pour le PDG de réunir son comité de direction et de demander à chacun de ses cadres de revenir la semaine suivante avec :

- une proposition de simplification de l'organisation de leur département ou de leurs processus,
- **une application concrète de la règle des 80/20** (règle intangible selon laquelle par exemple 20 % des produits ou 20 % des clients concourent à 80 % du chiffre d'affaires, etc.) **visant à éliminer ou à reporter à plus tard tout ce qui ne contribue pas fortement à la marge.**

On pourrait ainsi grâce à cette règle rationaliser :

- la base articles ou la base produits,

- la base fournisseurs,
- la base clients,
- la performance des équipes commerciales (en la mesurant par exemple par activités ou par zones géographiques),
- la contribution des équipes R&D aux profits actuels et futurs…

Dire les faits

Dire les faits dans une entreprise qui traverse une phase de rupture est très souvent salutaire. Cette démarche va bien au-delà de la simple transparence. Beaucoup d'équipes de direction ne sont que des chambres d'enregistrement des décisions du PDG (actionnaire ou non). Le PDG décide seul sur la base de ses intuitions. Les cadres exécutent sans rien dire mais n'en pensent pas moins. C'est une forme d'omerta qui paralyse la prise de décision efficace dans l'entreprise.

Énoncer les faits est bien différent de dire « sa vérité ». Les faits sont toujours mesurables de façon objective. Quand on veut dire la vérité à quelqu'un, on a tendance à lui dire « ses » vérités, à mêler les faits et les jugements de valeurs ou encore à mêler les faits et les rancœurs. Cela peut être contre-productif voire destructeur… Dire les faits pour trouver ensemble des solutions et des compromis qui soient acceptables et utiles à tous passe souvent par un changement radical des modes managériaux de l'entreprise.

Cela implique deux changements radicaux :

- que le PDG accepte de perdre un peu de son autorité en se mettant à l'écoute du terrain et accepte de déléguer ;
- que chacun des membres du comité de direction accepte d'expliquer ses contraintes, les projets sur lesquels il travaille, et accepte de remettre en cause ses priorités à court terme pour travailler sur les priorités de l'entreprise (celles définies d'un commun accord avec tous les responsables de l'entreprise).

Mettre en place des réunions de travail hebdomadaires entre le PDG, le ou les représentants des actionnaires, le directeur financier et l'ensemble du comité de direction est la priorité numéro 1 des trois cas cités ci-dessus. Veiller à ce que la parole de chaque service soit libérée et écoutée à l'occasion de ces réunions est la priorité numéro 2. Le rôle du PDG dans ce cas va être amené à évoluer. Au lieu de vouloir tout faire lui-même, de vouloir se mêler de tout ou de vouloir tout contrôler, son nouveau rôle (s'il l'accepte) consiste plutôt à :

- donner l'impulsion sur les projets,
- allouer les ressources en fonction des projets,
- arbitrer entre les services quand il y a des conflits de priorités ou d'agendas,
- veiller à la qualité des analyses et actions qu'il a demandées et au respect des délais.

Décliner la stratégie en plans d'actions opérationnels

Une entreprise peut très bien avoir la meilleure stratégie de son secteur, si elle n'a ni le cash pour la mener à bien ni les hommes et les femmes motivés pour la mettre en œuvre, elle échouera. La société Gazmax en est un exemple.

La stratégie doit être déclinée en plans d'actions opérationnels compréhensibles par tous : le comité de direction, les cadres, l'ensemble du personnel. Cinq à six plans d'actions suffisent. Chacun des plans d'actions doit avoir ses propres indicateurs de performance. « *What gets measured gets done* » comme disent les Américains : le simple fait de mettre en place un indicateur chiffré améliore de fait la performance. Il doit être possible à tout moment de mesurer où et comment chaque plan d'actions opérationnel se situe par rapport au plan prévisionnel initial.

Illustration

Dans les activités de réseaux de distribution, des plans d'actions détaillés sont fréquemment lancés par le management. Un indicateur facilement mesurable est associé à chaque plan d'actions, par exemple :

- CA par magasin,
- CA par M2, par employé ou par équivalent temps plein,
- Marge par rayon, par M2, par employé,
- % de la masse salariale rapporté au CA…

> Si l'entreprise dispose par exemple de 20 agences régionales, il est facile de sortir toutes les semaines ou tous les mois un classement des 20 agences au regard de chaque plan d'actions (méthode des TOP 10, TOP 20 ou TOP 100).
> Ensuite, il est assez simple pour le management :
> – de convoquer chaque mois les responsables des 5 dernières agences et de leur demander d'expliciter leurs plans d'actions correctifs pour le ou les mois suivants ;
> – ou mieux encore de réunir les 5 premiers et les 5 derniers et de demander aux 5 premiers d'expliquer aux 5 derniers leurs bonnes pratiques.

Le management ne doit pas hésiter à publier, soit sur l'intranet de l'entreprise, soit dans ses locaux, les résultats de chacun des plans d'actions concourant à la stratégie globale de l'entreprise.

Respecter des règles très strictes en terme de confidentialité

Agir sur la marge dans le cadre de la mise en place de la culture cash passe aussi par un constat. C'est avant tout l'interne de l'entreprise qui doit être mobilisé. Des consultants externes peuvent aider ou accompagner les projets mais le plus souvent le sursaut provient de l'interne. En outre, toutes les actions sur le cash et sur la marge doivent être engagées dans un contexte de forte confidentialité car la publicité faite aux difficultés de trésorerie fragilise l'entreprise : méfiance des clients, retrait des banquiers et des fournisseurs, retrait de l'agrément de l'assurance crédit et des factors, rumeurs lancées par les concurrents...

Plus on mobilise de personnes en interne et moins on a besoin ce consultants externes, moins également on prend de risque sur le plan de la confidentialité. Des informations sur la modélisation du BFR, sur la répartition du chiffre d'affaires ou des marges par clients, par zones géographiques, par produits ou par familles de produits sont en général extrêmement confidentielles. Dans un processus de vente de l'entreprise, ce sont les informations fournies en dernier, en général seulement aux deux ou trois candidats acquéreurs retenus comme sérieux et ayant signé des engagements de confidentialité. On limite ainsi le risque de voir ces informations tomber dans les mains soit de concurrents, soit de prédateurs mal intentionnés.

Il est donc indispensable pour mener à bien ce type d'action sur les marges :

- de préférer mobiliser l'interne plutôt que de faire venir des consultants ou des ressources externes en trop grand nombre ;
- de bien choisir ses prestataires externes si on ne peut s'en passer en vérifiant notamment que l'on n'a pas un risque de retrouver sous quelques semaines ou quelques mois ces mêmes consultants contre soi dans une opération de M&A (fusion acquisition) ;
- de faire signer systématiquement des engagements de confidentialité et d'exclusivité (si dans son secteur d'activité on craint que telle ou telle entreprise concurrente bénéficie à terme par l'intermédiaire du cabinet de conseil de la connaissance du secteur et des bonnes pratiques mises en place à l'occasion de la mission).

La pérennisation du plan d'actions à moyen terme

Nous présentons ici plusieurs types d'actions qui dépassent le cadre des 6 premiers mois du projet cash et qui viendront le pérenniser dans l'entreprise.

Actions à moyen terme pour pérenniser le projet cash

- Modification du mode de rémunération des commerciaux. Commissionner les commerciaux sur la marge encaissée contribue efficacement à les motiver à les faire participer à l'effort de recouvrement.
- Rationalisation ou diminution du nombre de clients. L'identification des petits clients, des clients à faible marge ou des mauvais payeurs conduit à ne plus travailler avec eux ou à travailler avec eux sous une forme différente (en passant par des grossistes, en demandant un paiement au comptant ou par prélèvement, etc.).
- Rationalisation du nombre de produits par rapport au potentiel de chiffre d'affaires. Cela conduit à diminuer le nombre de produits ou à homogénéiser la base articles. Contrairement à ce que disent

☞

parfois les commerciaux, les clients sont rarement attachés à un produit en particulier qu'ils avaient l'habitude d'acheter jusqu'à présent. Il appartient aux commerciaux de montrer les bons produits de substitution représentant des volumes importants pour l'entreprise. Cela simplifie la gestion des stocks, diminue le montant des stocks, accélère la rotation, diminue la taille de l'entrepôt, diminue les coûts de catalogue ou de mise en avant des produits, simplifie la formation des commerciaux sur les produits.

- Suppression d'activités déficitaires ou sur lesquelles l'entreprise n'a pas de réel avantage concurrentiel. On constate fréquemment que les PME se dispersent sur trop d'activités (produits, services, lieux géographiques...). Une des lois de la stratégie d'entreprise est que l'on ne peut être performant que sur un nombre limité d'activités (souvent deux ou trois). L'entreprise pourra conduire un diagnostic stratégique conduisant à positionner ses domaines d'activités sur une matrice attraits/atouts.
- Fermeture et regroupement de sites de production accompagnée de reclassements de personnel. Lorsque l'entreprise s'est développée par rachats successifs, elle peut avoir un nombre de sites de production trop important. Ces regroupements réduisent les coûts de fonctionnement. Les reclassements évitent de supporter des coûts de recrutement ou de formation.
- Formation des équipes : elle permet d'acquérir les savoir-faire nouveaux et de créer du lien entre les professionnels de chaque fonction.
- Externalisation d'activités liées à la production ou à la distribution qui ne sont pas dans le cœur de métier et qui sont consommatrices de capitaux (transport, maintenance, imprimerie, R&D...).
- Externalisation d'activités de support nécessitant l'intervention d'experts dont la présence continue dans l'entreprise n'apporte pas de valeur ajoutée (informatique, recouvrement amiable à l'export, contentieux, processus de consolidation, secrétariat juridique, fiscalité, formation, recrutement, communication).
- Création d'un centre de services partagés pour la comptabilité (tenue comptable, encaissements clients, paiements des fournisseurs, contrôle et paiement des notes de frais), l'administration des ventes. Elle permet de mieux professionnaliser les tâches et procure des économies d'échelle.

☞

- Restructuration juridique (fusions internes au groupe) visant à simplifier l'organigramme et supprimer les complexités administratives (tenue des assemblées et conseils d'administration), réduction des obligations comptables, fiscales.
- Rationalisation des actifs détenus par l'entreprise en cédant les actifs non indispensables à l'exploitation.
- Opération de lease-back qui fait rentrer de la trésorerie immédiatement grâce à la cession d'une immobilisation à un établissement financier qui le loue ensuite à l'entreprise.
- Mise en place d'une procédure de sélection des investissements impliquant des calculs de rentabilité et une analyse des risques (voir chapitre 10). Une telle procédure vise à introduire davantage de rationalité financière dans les choix d'investissement.
- Centralisation des achats. En contrepartie de volumes plus importants, elle permet négocier de meilleurs prix. Elle conduit souvent à diminuer le nombre de fournisseurs avec pour conséquence une diminution du coût de la fonction achats.
- Analyse des tâches : la description des processus de production et de support conduit à la redéfinition des descriptifs de poste dans un but de professionnalisation. Exemple : avant la mise en place du projet, plusieurs personnes s'occupent de la gestion de trésorerie, sans qu'il s'agisse de leur tâche prioritaire. Après la mise en place du projet, les tâches sont mieux définies, il y aura une ou deux personnes dont ce sera la responsabilité principale.
- Changement de personnes à des postes de direction qui n'ont plus les compétences nécessaires à la pérennisation de la culture cash ou de marge. La période de mise en place de la culture cash vise à résoudre les difficultés de trésorerie à court terme. C'est rarement le moment approprié pour se séparer de personnes clé dans l'organisation, il y a d'autres priorités à gérer. En revanche, lorsque l'horizon s'éclaircit, il est normal de se poser des questions sur la contribution des personnes. Ainsi un directeur financier qui ne serait pas assez présent sur le terrain ou qui manquerait d'autorité se mettrait lui-même en risque par rapport aux nouvelles attentes de l'entreprise.
- Mise en place d'un nouveau système d'information ou d'outils décisionnels (tableaux de bord opérationnels). Il est nécessaire d'analyser rapidement la performance exprimée par les nouveaux indicateurs et de partager cette information avec un plus grand nombre de personnes dans l'entreprise.

☞

- Mise en place d'un grand plan d'économies sur les frais généraux. Il est normal par exemple tous les deux ans de se poser des questions sur le train de vie de l'entreprise : surface et emplacement des locaux, voitures de fonction, habitudes de voyage et de séminaires, degré d'équipement en ordinateurs et téléphones portables, recours à des consultants ou prestataires externes, budget publicitaire, opérations de sponsoring.
- Mise en place d'une gestion de production assistée par ordinateur (GPAO) permettant de réduire les stocks de matières premières et les encours de production en déclenchant les approvisionnements et la production au bon moment.
- Mise sous contrôle des temps passés à la production par la mise en place d'un suivi des heures plus détaillé (*time sheet*). Beaucoup de personnes ont des fonctions mixtes (recherche et développement, suivi de production, développement de produits sur mesure en théorie facturables aux clients). La mise en place de ces feuilles de temps permet de faire la chasse aux temps non facturés aux clients et d'être plus précis sur les objectifs assignés par la hiérarchie.

Le choix du mode de management du projet

Le management et les actionnaires ont en général à leur disposition deux modes opératoires distincts pour résoudre leurs difficultés de cash et de marge :

- le mode « management » qui consiste à imposer une pression continue sur le terrain et sur les opérations. Le directeur général s'implique directement de façon hiérarchique dans le projet. Sa rémunération et sa carrière au sein de l'entreprise dépendent souvent de la réussite du projet. Il fixe des objectifs, contrôle lui-même les résultats, récompense et sanctionne.
- le mode « gestion de projets », plus souple, qui consiste à imposer une pression « discontinue » sur le terrain et sur les opérations. Le directeur général confie le projet à une équipe de consultants, internes ou externes, qui vont plus se focaliser sur les processus transversaux (création ou amélioration des procédures) que sur les résultats

(les conseilleurs ne sont pas les payeurs). Le directeur général s'implique donc plus mollement.

Plus de 100 missions sur le thème de la culture cash conduites par le cabinet Objectif Cash permettent de faire le constat suivant (figure 3.1) :

- 80 % des résultats obtenus au cours des 6 premiers mois sur la marge et la trésorerie proviennent d'actions initiées et contrôlées selon le mode « management ». Ces résultats ne sont obtenus que si la direction générale a une véritable motivation à la réussite du projet cash.
- Seulement 20 % des résultats obtenus proviennent d'actions menées selon le mode « gestion de projet ».

Si l'entreprise en a le temps et les moyens, elle a intérêt à combiner les deux modes opératoires car ils sont complémentaires. Au-delà des 6 premiers mois, les actions menées selon le mode « management » doivent impérativement être relayées par des actions structurantes visant à normaliser les modes de fonctionnement. Une entreprise ayant connu des difficultés ne pourra se dispenser d'élaborer puis de respecter un minimum de procédures.

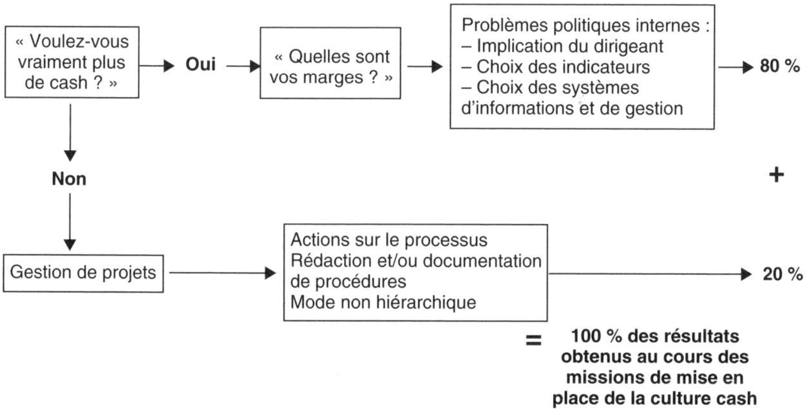

Figure 3.1 – Importance du choix du mode opératoire

L'implication du dirigeant est donc primordiale pour :

- créer la culture cash et la diffuser dans l'entreprise ;
- créer et diffuser de nouvelles exigences dans l'entreprise ;
- enrichir le reporting et les indicateurs de performance ;

- motiver les hommes à partir de ces nouveaux indicateurs ;
- gérer l'entreprise au quotidien : en n'oubliant pas d'aborder la question des délais de paiement dans les négociations avec les fournisseurs et les clients ;
- contrôler *a posteriori* qu'on a bien fait ce qui avait été décidé (bouclage).

Nous verrons au chapitre suivant que le directeur financier est le pilote naturel des plans d'actions à court et moyen terme. Il incombe alors aux actionnaires de l'aider en imposant au besoin au dirigeant le mode « management ». L'implication du directeur général n'entrave pas l'action du directeur financier mais lui permet au contraire d'influer sur les autres fonctions de l'entreprise.

L'indispensable appui des actionnaires au directeur financier

Tenter de résoudre des problématiques de trésorerie c'est prendre conscience progressivement que toutes les causes sont liées entre elles. L'actionnaire financier ne vit pas au quotidien dans l'entreprise. Il lui est parfois difficile de détecter rapidement des pertes, l'absence de culture de reporting, de balance âgée, de prévision de trésorerie, de suivi du carnet de commandes, etc. Ces données ne sont pas toujours communiquées par le vendeur ou ses conseils lors de l'acquisition ou le sont de manière très parcellaire.

Il est en revanche plus facile de détecter rapidement de l'extérieur :

- une forte rotation du personnel à la direction financière,
- un organigramme ayant la forme d'un râteau (peu de délégation et peu de fonctionnement transversal),
- un business plan non mensualisé.

Les difficultés de trésorerie (crise de trésorerie, sous-performance...) révèlent souvent des problèmes de management, par exemple (liste non exhaustive) :

- management charismatique, voire despotique qui refuse de déléguer et ne se remet pas en cause ;

- incapacité à recruter ou à conserver des personnes de valeur à cause du style de management des dirigeants, de problèmes de rémunération ou de statuts, de problèmes liés à la localisation géographique de l'entreprise, etc. ;
- fonctionnement hiérarchique au détriment du fonctionnement transversal ;
- faible communication entre les équipes opérationnelles et les fonctions support ;
- absence d'esprit d'équipe ou d'entraide dans le comité de direction ;
- direction financière 100 % dépendante de la direction générale ;
- inertie au changement au sein de l'entreprise ;
- **et surtout, défaut de contrôle des équipes commerciales.**

L'actionnaire ne doit pas « mettre la pression » uniquement sur le directeur financier et son équipe pour établir une prévision de trésorerie mensualisée ou le rendre seul responsable de la dégradation de la trésorerie si, dans les faits, les commerciaux :

- n'initient pas de prévisions de chiffres d'affaires,
- ne veulent jamais s'engager sur des budgets ou s'engagent uniquement sur les montants déjà acquis,
- ne veulent pas rendre des comptes sur leurs activités,
- ne veulent pas effectuer de comptes rendus de leurs visites en clientèle, ni sur les contrats en cours de négociation,
- ne saisissent pas leurs commandes dans le carnet de commandes,
- ne négocient jamais les conditions de paiement avec les clients,
- ne participent pas à l'effort de relance ou de recouvrement,
- ne veulent pas être contraints par une politique stricte de credit management…

Pourtant la première ligne de toute prévision de trésorerie concerne le chiffre d'affaires TTC.

Le directeur financier ne peut pas « établir » les prévisions de chiffre d'affaires si les commerciaux refusent de fournir les données de base.

De même, le directeur financier ne peut pas mener à bien sa mission si :

- le management a tendance à se disperser ;

- les investissements ou les acquisitions sont sélectionnés selon des critères non objectifs ;
- le recrutement, la motivation et la promotion des personnes clé de l'entreprise sont effectués selon des critères non objectifs ;

  le management le met systématiquement devant le fait accompli ;
- le management refuse d'investir dans les fonctions support (équipes comptables, de contrôle de gestion, contrôle interne, systèmes d'information…).

Toute mise en place de la culture cash passe à un moment par plus :

- de contrôle ;
- de mesure des performances ;
- de procédures ;
- de communication ;
- de fonctionnement transversal ;
- de délégation d'autorité ;
- de sélectivité dans les orientations, les choix, les décisions, les priorités d'actions ;
- d'objectivité des informations communiquées aux actionnaires.

Ce sont autant de contraintes supplémentaires. Sur tous ces points, seul ou livré à lui-même, le directeur financier ne peut rien. Les actionnaires doivent donc être prêts à imposer certains changements à la direction générale.

CHAPITRE 4

Le rôle central du directeur financier dans la création de la valeur ajoutée durable

Le rôle central du directeur financier

Le directeur financier est le pilote naturel du projet « cash » car la motivation première de ce plan est financière et que la mesure des progrès accomplis porte sur des indicateurs financiers. Il a également vocation à accompagner la pérennisation du projet à plus long terme, notamment pour les actions qui ont des incidences sur les autres fonctions de l'entreprise. C'est pour lui et son équipe un projet valorisant qui le met en rapport avec les services opérationnels (même si parfois le sujet peut devenir conflictuel). C'est un moyen de progresser dans son métier, de gagner en crédibilité dans l'entreprise, d'être connu et reconnu par plus de personnes dans l'entreprise. Ainsi, un trésorier de grande entreprise dont le rôle se limiterait à la gestion de la dette et des excédents serait très peu visible dans l'entreprise. La supervision du credit management lui permet de se faire connaître d'un plus grand nombre de personnes dans l'entreprise.

Pour réussir dans cette mission, il convient d'appliquer quelques principes clés.

Se former et former ses équipes aux techniques de gestion des flux financier

Beaucoup de directeurs financiers sont issus de la comptabilité, du contrôle de gestion ou de l'audit. Ils maîtrisent souvent insuffisamment les techniques financières qui sont pourtant au cœur de leur métier :

- la gestion de trésorerie quotidienne ;
- l'élaboration de prévisions de trésorerie (budget annuel et prévision glissante à plusieurs semaines) ;
- la relation bancaire dans son ensemble ;
- la gestion du risque et du crédit client ;
- la maîtrise des calculs de rentabilité d'investissement ;
- les prévisions financières à LMT englobant le plan de financement.

Sortir de son bureau et aller au devant des opérationnels

Pour mener à bien le diagnostic et le plan d'actions, le directeur financier doit sortir du périmètre classique de sa fonction, sortir de son bureau et de ses tableaux de chiffres. La culture cash est un projet transversal qui met le directeur financier en prise directe avec les opérationnels en charge des principaux flux ou processus : achats, gestion de stock et ventes. Il doit être suffisamment convaincu, avoir suffisamment d'autorité et de légitimité afin d'impliquer les opérationnels sur lesquels il n'a pas d'autorité hiérarchique. Il ne pourra se rendre compte des difficultés rencontrées qu'au contact des opérationnels sur le terrain et élaborer en partie au moins les solutions avec eux.

Illustration

> Pour raccourcir le délai moyen d'encaissement des créances client, le DAF peut :
> - gagner 8 à 10 jours de délai d'encaissement en se contentant d'agir à l'intérieur du périmètre de sa fonction : actions sur les délais de remise à l'encaissement, amélioration de la qualité et des délais de lettrage des encaissements, mise en place d'une pré-relance avant l'échéance des factures ;

– gagner 15 à 20 jours de délai d'encaissement en sortant de son bureau et en abordant le problème plus globalement en impliquant le service commercial (parfois aussi la direction générale) : demande d'acomptes à la commande, mise en place d'une procédure de credit management (établissement de limites de crédit par client), accélération du délai de traitement des commandes, de l'émission et de l'envoi des factures, mise en place de règlements par prélèvement automatique, accélération du délai de résolution des litiges, du délai d'émission des avoirs, etc. Il peut également initier une discussion sur les conditions générales de vente, notamment, les délais de paiement contractuels par catégorie de clients et les moyens de paiement. Ces paramètres sont toutefois fréquemment soumis à des usages de marché qu'il est difficile de modifier si l'on n'a pas une vision précise du comportement de la concurrence.

Ces deux modes d'actions sont bien évidemment complémentaires, leurs bénéfices devant se cumuler.

Sensibiliser de façon constante sa direction générale à la culture cash

Beaucoup de dirigeants ont une faible culture financière, ils sont souvent issus des fonctions commerciales ou de production. Le directeur financier doit profiter de sa relation proche avec la direction générale pour la sensibiliser à la nécessité d'un projet cash, quitte à dramatiser la situation en montrant les conséquences de l'inaction. Ce travail pédagogique est facilité lorsqu'il y a une crise de trésorerie. Dans les autres cas, l'utilité de la démarche peut être plus difficile à appréhender par le dirigeant. Le directeur financier doit alors trouver le bon argument susceptible de motiver la direction à agir. Il doit faire preuve de persévérance dans ses explications et ne pas hésiter à revenir sans cesse sur le sujet.

Illustration

Une société d'emballages de fruits et légumes s'est constituée par rapprochement de plusieurs entreprises. Les administrateurs sont les anciens dirigeants des entités fusionnées. L'activité est lourdement déficitaire, en raison notamment du trop grand nombre de sites de production. Toutefois, pour des raisons sentimentales ou d'amour propre, aucun des administrateurs n'accepte la fermeture de son ancien site. Il a fallu plusieurs mois au directeur financier pour les convaincre que les pertes accumulées acheminaient progressivement l'entreprise au dépôt de bilan.

Se concentrer sur un nombre limité de dossiers

L'implication du directeur financier est une condition de succès du plan cash. Il doit pour cela avoir un nombre limité de priorités, quitte à les renégocier avec sa direction ou les actionnaires. Il évite ainsi de s'éparpiller dans son travail et aura en outre une communication plus ciblée avec les opérationnels.

Obtenir les délégations nécessaires

La direction générale confie souvent au directeur financier une mission ou une responsabilité sur le cash sans lui en donner tous les moyens managériaux. Il doit se débrouiller seul. Le directeur général attend qu'il prenne lui-même le pouvoir… ce qui dans certaines situations est très difficile parce qu'il va se heurter aux autres directions opérationnelles. La bonne solution consiste à prévenir les conflits éventuels en revenant auprès du directeur général pour obtenir le niveau de délégation approprié à chaque sous-projet.

Illustrations

Une procédure de crédit client prévoit que toute validation de commande pour un client ayant trois factures impayées relève de l'autorité de la direction financière.

Toute commande de marchandises ou prestations spécifiques au-delà de 50 k€ doit faire l'objet d'un visa de la direction financière, visa délivré après imputation sur une ligne budgétaire.

Tout stock qui n'a pas tourné depuis un an doit faire l'objet d'une proposition de liquidation par le service commercial qui doit être visée par le directeur financier.

Ce type de procédure a vocation à évoluer dans le temps et peut n'être que temporaire (pendant la période nécessaire pour traiter l'urgence et revenir à un fonctionnement normal). Il ne s'agit pas pour le directeur financier d'en faire un enjeu de pouvoir personnel mais simplement de disposer des moyens pour mener à bien sa mission.

Faire valider préalablement les décisions importantes par la direction générale

Sur des sujets fondamentaux, il est préférable que la direction générale prenne formellement la décision sur la recommandation du directeur financier : la modification des délais de paiement contractuels, la modification du mode de rémunération des commerciaux, la mise en œuvre d'une nouvelle politique de crédit (plafonds de crédit bloquants), la suppression des petits clients...

Montrer que l'on agit dans l'intérêt supérieur de l'entreprise

Le projet cash est un processus transversal impliquant les différentes fonctions de l'entreprise dont le directeur financier est le pilote naturel. Pour éviter tout rejet de la part des autres directions, il doit montrer qu'il n'en fait pas un enjeu de pouvoir personnel. Le chiffrage des enjeux financiers aide à faire des constats objectifs. Il contribue à aider les gens à se prendre en charge ou à accroître leurs responsabilités, à gagner en autonomie ce qui n'exclue pas de contrôler par des indicateurs de performance adaptés.

Chaque personne doit se sentir impliquée et valorisée par le simple fait que les indicateurs démontrent qu'elle contribue positivement à l'atteinte des résultats globaux de l'entreprise.

De plus le directeur financier a besoin des opérationnels au cours de la phase de diagnostic pour détecter des pistes d'amélioration. Une fois le comité de direction sensibilisé à la nécessité de mettre en œuvre le plan cash, le directeur financier doit encourager la mise en commun d'informations.

Chiffrer les enjeux financiers (sur la marge ou la trésorerie) des actions envisagées

Ce chiffrage permet tout d'abord de sortir des seules idées reçues ou du comportement purement intuitif. Il permet également de hiérarchiser son plan d'actions en commençant par les montants les plus significatifs. Finalement, il constitue le moyen le plus efficace pour entraîner l'adhésion des opérationnels et montre que le directeur financier agit dans l'intérêt supérieur de l'entreprise.

Illustration

> Les conditions générales de vente d'une entreprise fabriquant du matériel de production prévoient le paiement d'un acompte de 30 % à la commande. Le responsable crédit n'a pas réussi jusqu'à présent à obtenir cet acompte d'un client important, la direction commerciale étant peu empressée de l'aider dans ses efforts. S'agissant d'un client important, elle pensait que la relation commerciale avec lui était nécessairement profitable.
>
> Afin de combattre cette idée reçue, le responsable crédit chiffre les enjeux financiers du non-paiement de l'acompte. Le client réalise un chiffre d'affaires de 2,5 millions d'euros par an, le délai de livraison et le délai de paiement négocié avec ce client sont tous les deux de 60 jours. Le manque à gagner en trésorerie est de :
>
> $$2{,}5 \text{ M€} \times [60 \text{ jours} + 60 \text{ jours}] / 360 = 833 \text{ k€}$$
>
> Le coût financier qui en résulte (compte tenu d'un taux de financement de 5 %) est de :
>
> $$833 \text{ k€} \times 5\ \% = 41{,}7 \text{ k€}$$
>
> Ce constat financier a suffi à motiver le directeur commercial à accompagner le responsable crédit chez le client pour l'aider à négocier l'acompte.

La figure 4.1 liste les différentes actions identifiées pour redresser la trésorerie sur l'année de la mise en œuvre du plan cash. Elle indique, pour chaque action, un enjeu chiffré d'amélioration de la marge ou de la trésorerie. Toute réduction de charge a une répercussion immédiate sur la position de trésorerie de fin d'année et bénéficie également si elle est pérenne aux années suivantes. Elle doit être présenté de manière objective en montrant les avantages autant que les inconvénients de chaque action. Si les risques ne peuvent être chiffrés, il convient de les mentionner (exemples : risque de grève suite à une restructuration, perte d'un client ne voulant pas payer d'acompte…).

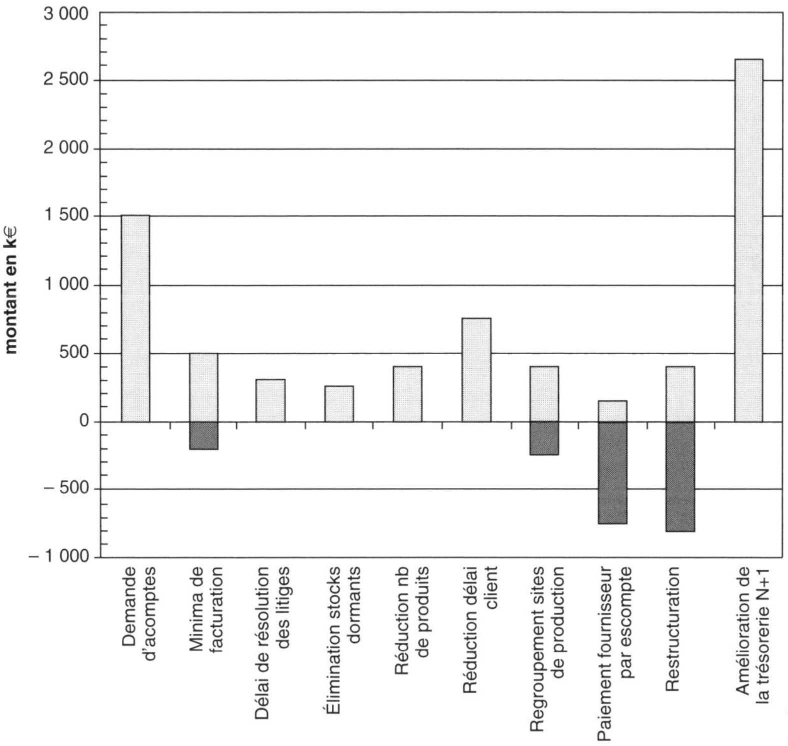

Figure 4.1 – Les leviers d'amélioration de la trésorerie

Action 1. Demande d'acomptes sur les commandes de 100 k€ et plus. Enjeu sur la trésorerie : 1 500 k€.

Action 2. Mise en place de minima de commandes ou facturation forfaitaire de port. Enjeu sur la marge : 500 k€ (augmentation du panier moyen). Risque de perte de petits clients du fait des minima de commande : –200 k€.

Action 3. Accélération de deux semaines du délai de résolution des litiges. Enjeu sur la trésorerie : 300 k€.

Action 4. Liquidation des stocks dormants. Enjeu sur la trésorerie : 250 k€.

Action 5. Réduction du nombre de produits au catalogue. Enjeu sur la trésorerie (réduction du stock) et sur le résultat : 400 k€.

Action 6. Réduction du délai moyen d'encaissement grâce à l'affectation d'un salarié aux actions de relance pré et post échéance. Enjeu sur la trésorerie : 750 k€.

Action 7. Regroupement de deux sites permettant de réduire les encours de production. Enjeu sur la trésorerie : 400 k€. Les économies annuelles de coûts de structure sont de 350 k€. Les frais de déménagement et paiement du loyer jusqu'à la fin du bail représentent un coût de 600 k€. L'incidence sur le résultat de N+1 est donc de –250 k€.

Action 8. Paiement de certains fournisseurs à la commande. Incidence négative sur la trésorerie : –700 k€. Incidence positive sur la marge (escompte de règlement) : 105 k€.

Le montant des achats payés par anticipation est de 4 200 k€ et la réduction du délai de paiement de 60 jours. Le taux d'escompte moyen est de 2,5 %.

Action 9. Licenciement du personnel d'une activité déficitaire. Incidences sur le résultat : coûts de restructuration 800 k€ (première année), suppression de la perte de l'activité (chaque année) : 400 k€.

Le directeur financier définit ensuite ses priorités en fonction de l'importance des enjeux financiers et des difficultés éventuelles de mise en œuvre des différentes actions. Ces difficultés peuvent être d'ordre technique ou politique (enjeux de pouvoir au sein de l'entreprise).

La mise en œuvre du plan cash va amener le directeur financier à se repositionner personnellement et à repositionner l'action de son service dans l'entreprise. Si le directeur général ou l'actionnaire estiment qu'il ne parvient pas à remplir de façon satisfaisante sa mission, ils seront amenés à prendre des décisions :

- changer ses priorités (en lui demandant d'arrêter ou de différer d'autres projets jugés moins prioritaires) ;
- lui adjoindre des consultants spécialisés pour l'aider les premiers mois ou pour sécuriser le processus ;
- changer de directeur financier si celui-ci manque d'autorité naturelle ou s'il n'a pas un profil assez « terrain » pour aller discuter efficacement avec les opérationnels et s'imposer.

Questionnaire d'auto-évaluation

Pour éviter d'en arriver à une telle extrémité, le directeur financier a plutôt intérêt à anticiper et à définir ses priorités en se posant les bonnes questions. Les cinquante questions clé ci-dessous lui permettent de passer en revue l'ensemble de ses missions sous l'angle de la création de la valeur ajoutée durable : action sur la trésorerie à très court terme et sur les marges ensuite. Elles lui permettent également de s'auto-évaluer par rapport aux résultats d'une enquête menée récemment par le cabinet Objectif Cash auprès de plus d'une centaine d'entreprises qui se répartissent ainsi :

- 50 % des entreprises sont des PME / PMI détenues par des fonds d'investissement (majoritaires ou minoritaires) ;
- 50 % des entreprises sont des filiales de groupes internationaux ;
- 90 % de ces entreprises ont des chiffres d'affaires compris entre 30 et 400 millions d'euros.

Chacune de ces questions conduit à une bonne pratique qui contribue de près ou de loin à l'amélioration de la visibilité sur la trésorerie, de la marge ou des outils de pilotage. Elles peuvent également constituer des pistes d'amélioration visant à rationnaliser l'action du directeur financier, à contribuer à son positionnement dans l'entreprise dans le but de créer de la valeur ajoutée durable.

Les questions sont regroupées en sept rubriques :

1. Comptabilité / reporting / contrôle de gestion
2. Trésorerie & cash flow management / défaillance des entreprises
3. Recouvrement /gestion du poste clients
4. Expérience professionnelle des directeurs financiers
5. Positionnement de la direction financière dans l'entreprise / management général de la direction financière / relation de la direction financière avec les actionnaires
6. Réactivité / orientation business / visibilité des directions financières sur le terrain
7. Gestion de projets

Elles abordent également les nouvelles attentes des actionnaires vis-à-vis des directeurs financiers :

- que ceux-ci se dispersent moins que par le passé,
- qu'ils soient plus focalisés sur la création de valeur à court terme (maîtrise des marges) et surtout,
- qu'ils soient plus vigilants et plus agressifs sur la génération de trésorerie.

1. Comptabilité / reporting / contrôle de gestion

1.1. Avez-vous un calendrier de clôture ?

30 % des entreprises n'ont pas de calendrier de clôture.

Commentaires

Il est très difficile d'élaborer efficacement une prévision de trésorerie qui soit fiable si la comptabilité n'est pas à jour et s' il n'y a pas une volonté de travailler selon un certain rythme. Ces 30 % se répartissent en trois situations :

– il n'existe pas de calendrier de clôture dans l'entreprise,

– il en existe un mais il n'a pas été communiqué aux opérationnels ou aux filiales,

– il existe et il a été communiqué mais le non respect de ce calendrier n'est assorti d'aucune contrainte, sanction ou pénalité.

1.2. La comptabilité est-elle à jour ?

50 % des entreprises ont une comptabilité en retard.

Commentaires

Par retard on entend ici les entreprises qui ne comptabilisent pas le mois M les factures reçues, émises, etc. le mois M. Souvent le retard trouve sa source dans l'absence de calendrier et dans l'absence de sanction sur le respect dudit calendrier. Le retard est aussi souvent « culturel ». À quoi bon se mettre à jour tous les mois puisqu'on sort des comptes seulement une ou deux fois par an ?

1.3. Le reporting mensuel est-il réconcilié avec la comptabilité générale ?

***Plus de 50 %** des entreprises produisent un reporting mensuel non réconcilié avec la comptabilité générale.*

Commentaires

Exemple 1. Un contrôleur de gestion produit un reporting mensuel sur tableur où seul le CA est comptabilisé. Tous les autres éléments du compte d'exploitation (pourcentage de marge, frais de structures, etc.) sont approximés ou tirés du budget – qui a pu être préparé il y a plus d'un an (entre temps les données de marché ou de prix de revient ont pu évoluer).

Exemple 2. Le contrôleur de gestion réalise le reporting en reprenant certains éléments de la balance générale et en saisissant d'autres éléments (provisions) directement dans le tableur. Le rapprochement (écriture par écriture ou grande catégorie d'écritures par grandes catégories d'écritures) entre la balance générale et le reporting n'est pas documenté. Le contrôleur de gestion part en vacances au ski et se casse la jambe. Personne n'est capable de retrouver dans ses dossiers ce qu'il a fait le mois précédent et où l'entreprise en est…

1.4. Votre entreprise a-t-elle des problèmes de marges (foyers de pertes non identifiés à temps) en plus des problèmes de trésorerie ?

***60 %** des entreprises qui ont des problèmes de trésorerie ont également des problèmes de marges (foyers de pertes non identifiés à temps).*

Commentaires

Les foyers de pertes non identifiés sont le « cancer » des entreprises. L'absence d'identification provient :

– d'un sous-équipement en comptabilité et en contrôle de gestion, le dirigeant n'ayant pas jugé ces services comme prioritaires en terme d'investissements ;

– de la volonté de ne pas les identifier. Ainsi, le dirigeant de PME est conscient que s'il se penche sur la rentabilité d'une branche de l'entreprise il devra se séparer d'une partie du personnel… Dans un grand groupe, le patron d'un « business unit » qui est à 6 mois de sa prochaine promotion préfère laisser ces problèmes à son successeur…

L'absence de comptabilité analytique entraîne souvent des situations où la rentabilité de certains produits ou clients masque des pertes sur d'autres. Il s'ensuit un risque de perte de compétitivité sur les produits qui sont actuellement rentables.

1.5. Disposez-vous d'analyses de rentabilité par produits et par clients ?

***Plus de 60 %** des entreprises ne disposent pas d'analyses de rentabilité par produits et par clients.*

Commentaires

L'analyse des marges par produits et par clients permet de vérifier sous les deux axes qu'il n'y a pas des foyers de pertes non identifiés. Se limiter à l'analyse par produits ou par ligne de produits empêche de mettre l'équipe commerciale sous tension...Disposer des deux axes permet de vérifier qu'il n'y a pas trop de disparités de marges d'un client à un autre ou si des disparités existent de vérifier que celles-ci sont justifiées, documentées et autorisées par le management.

2. Trésorerie et cash flow management / défaillance des entreprises

2.6. La prévision de la trésorerie est-elle modélisable ?

50 % *des directeurs financiers déclarent que dans leur entreprise la prévision de trésorerie n'est pas modélisable.*

Commentaires

La trésorerie opérationnelle et les évolutions de BFR sont toujours modélisables au moins en grandes masses ou à l'intérieur de fourchettes. Un management qui refuse d'entendre parler de modélisation est un management qui pilote à vue ou qui cache quelque chose.

2.7. Rencontrez-vous des problèmes de management (erreurs dans le choix d'un manager, absence d'anticipation, manque de communication avec le siège ou les actionnaires, manque d'intégrité) ?

Plus de 50 % *des défaillances d'entreprises sont notamment liées à des problèmes de management (erreurs de « casting », absence d'anticipation, manque de communication avec le siège ou les actionnaires, manque d'intégrité).*

Commentaires

Les défaillances proviennent souvent d'erreurs dans le choix des managers. Ainsi, un manager au profil de développeur dans une situation de retournement hésitera à réaliser les ajustements de personnel nécessaires pour baisser le point mort. Ce type d'hésitations peut coûter très cher à l'entreprise. Les fraudes ou les faiblesses dans les contrôles internes peuvent aussi coûter très cher à l'entreprise mais en général les fraudeurs ont intérêt à ne pas être découverts (les montants détournés sont souvent peu significatifs par rapport aux enjeux de l'entreprise ; la fraude s'inscrivant dans la durée).

2.8. Disposez-vous d'une prévision de trésorerie à jour ?

60 % des entreprises n'ont pas de prévision de trésorerie à jour. Quand la prévision de trésorerie existe, dans plus de 50 % des cas, elle est erronée car la comptabilité n'est pas à jour. Quand la prévision de trésorerie existe, dans plus de 60 % des cas, le lien entre les marges et la trésorerie n'est pas explicite.

Commentaires

Souvent, au sein de la direction financière, les personnes n'utilisent pas les mêmes chiffres : le trésorier suit la trésorerie au jour le jour, le contrôleur de gestion mesure la performance à la semaine – qui est en général le rythme de fonctionnement de l'usine – et le comptable travaille au mois. Les définitions (chiffre d'affaires, marges...) sont également parfois différentes à l'intérieur d'un même service. Il est difficile dans ce contexte de réconcilier clairement rentabilité et trésorerie et de communiquer vis-à-vis de la direction générale ou vis-à-vis des directions opérationnelles. Pour s'imposer, la direction financière doit parler d'une seule et unique voix et lorsqu'elle communique des chiffres aux opérationnels, elle doit vérifier leur fiabilité mais aussi vérifier que ceux-ci sont compris. C'est créer une grande confusion dans l'esprit des opérationnels que d'avoir deux services différents de la direction financière qui communiquent des chiffres différents à une semaine d'intervalle.

2.9. Rapprochez-vous mensuellement la comptabilité analytique avec la comptabilité générale ?

90 % des entreprises qui ont déposé leur bilan ne rapprochaient pas mensuellement leur comptabilité analytique avec leur comptabilité générale.

Commentaires

Le directeur financier d'une entreprise ayant des difficultés estime qu'il a d'autres priorités que de rapprocher mensuellement les comptabilités générale et analytique. Ce rapprochement est toutefois indispensable pour s'assurer que le management prend des décisions à partir de chiffres fiables.

3. Recouvrement / gestion du poste clients

3.10. Disposez-vous de statistiques fiables sur les litiges clients et sur leurs délais de résolution ?

40 % des entreprises n'établissent pas de statistiques sur les litiges clients.

Commentaires

L'absence de statistiques empêche de définir les axes de progrès visant à prévenir la survenance de ces litiges. Au minimum, les litiges clients peuvent être classés en trois catégories :

– les litiges commerciaux : application erronée du tarif, mauvais taux de remise... ;

– les litiges administratifs : erreur sur le numéro de commande, l'adresse de livraison, l'adresse de facturation, etc. ;

– les litiges « qualité » : le client refuse de payer soit parce que la prestation n'a pas eu lieu soit parce qu'elle n'est pas conforme à ses attentes.

3.11. Existe-t-il des procédures écrites de recouvrement des créances clients ?

50 % des entreprises n'ont pas de procédures écrites de recouvrement des créances clients.

Commentaires

En l'absence de procédures écrite, les chargés de la relance vont avoir tendance à improviser un nouveau comportement à chaque action, réécrire une lettre type, oublier le principe d'escalade... La mise au contentieux risque d'être plus tardive et les chances de paiement diminuer. Il en résulte une déperdition d'énergie, une grande dépendance par rapport aux personnes du service qui savent comment procéder (en général les plus anciens et donc ceux qui sont les mieux payés) et en définitive des pertes financières du fait du manque de rigueur dans le traitement des dossiers.

3.12. Existe-t-il une procédure écrite de prévention du risque client ?

60 % des entreprises n'ont pas procédure écrite de prévention du risque client.

Commentaires

L'absence de méthode objective de fixation de la limite de crédit a pour conséquence que chaque nouvelle demande de crédit est traitée au cas par cas. L'absence de procédure d'arbitrage impliquant la direction générale risque d'entraîner un bras de fer entre la finance et les commerciaux. Mieux vaut avoir une procédure écrite que l'on assouplit de temps en temps qu'une déperdition d'énergie due à des conflits permanents au sujet de d'autorisations de dépassement.

3.13. Êtes-vous « confortable » avec votre balance âgée ?

***Plus de 60 %** des directeurs financiers ne sont pas «confortables» avec leur balance âgée.*

Commentaires

C'est la question centrale que tout directeur financier a intérêt à se poser car à un moment l'actionnaire va la lui poser. Combien de fois le management va trouver son actionnaire pour lui demander de l'argent alors que le point sur les encaissements n'a pas été effectué de façon précise ? Pourquoi demander de l'argent à son actionnaire alors que l'argent qui manque se trouve dans les comptes clients ?

3.14. Relancez-vous les factures avant l'échéance ?

75 % des entreprises ne pratiquent pas de relance des factures avant l'échéance.

Commentaires

La première raison que les mauvais payeurs évoquent pour gagner du temps et ne pas payer est souvent la suivante : « Nous n'avons pas reçu la facture, pouvez-vous nous la renvoyer ». La mise en place d'une procédure de pré-relance évite ce type de désagrément et contribue à sécuriser la date d'échéance contractuelle en plus d'améliorer la trésorerie de quelques centaines de milliers d'euros.

3.15. Faites-vous circuler en interne la balance âgée ?

***80 %** des directions financières ne font pas circuler en interne la balance âgée.*

Commentaires

Si on ne met pas régulièrement sous les yeux des commerciaux les retards de paiement de leurs clients, ils auront tendance à se désintéresser du sujet.

3.16. Connaissez-vous le coût unitaire de traitement et de relance de vos factures ?

***85 %** des entreprises ne connaissent pas le coût unitaire de traitement et de relance de leurs factures.*

Commentaires

Dans de nombreuses entreprises, le coût de traitement d'une facture est plus élevé que le montant certaines factures. Si le management et les commerciaux connaissent ce coût, ils accepteront plus facilement la mise en place de minima de commandes, de frais de port forfaitisés ou encore de paiements par prélèvement.

4. Expérience professionnelle des directeurs financiers

4.17. Avez-vous déjà participé à des levées de fonds ou à des opérations de capital risque de type LBO ?

***20 %** seulement des directeurs financiers ont participé à des levées de fonds ou à des opérations de capital risque de type LBO.*

Commentaires

Dans l'entreprise sous LBO, le directeur financier est « garant » du bon déroulement du business plan. Il doit alerter lorsqu'il a un doute sur le remboursement d'une échéance de la dette. Les aspects « cash management » et « suivi des ratios bancaires » sont déterminants plus que dans les grands groupes notamment. De plus, le directeur financier est en général plus proche des actionnaires (il les voit très souvent à l'occasion des nombreux boards, comités d'audit, etc.).

4.18. Quel pourcentage de votre temps consacrez-vous à des problématiques de trésorerie ?

***30 %** seulement des directeurs financiers consacrent plus de 20 % de leur temps à des problématiques de trésorerie.*

Commentaires

Dans une entreprise sous LBO, si le directeur financier consacre au moins 30 % de son temps à la trésorerie, c'est qu'il a compris que la culture cash est sa priorité numéro 1. Tant qu'il n'approche pas ce pourcentage, il y a un grand risque qu'il se disperse.

4.19. Avez-vous déjà participé à des acquisitions ?

***40 %** des directeurs financiers n'ont jamais participé à des acquisitions.*

Commentaires

L'expérience du directeur financier dans les opérations de fusions acquisitions peut lui permettre d'anticiper quelques problèmes rencontrés très fréquemment. Une acquisition qui se passe mal ou dont l'intégration se passe mal peut peser très significativement sur la trésorerie de l'entreprise qui achète. C'est notamment le cas pour les acquisitions effectuées à l'international : la barrière de la langue, la différence de culture, l'éloignement vont accentuer les risques car les problèmes sont découverts plus tard (quand le management local n'a pas eu tendance dans un premier temps à les minimiser).

4.20. Avez-vous déjà utilisé un ERP ?

60 % des directeurs financiers ont utilisé des ERP.

Commentaires

Les ERP se généralisent dans les entreprises. Il y a une différence notable entre « utiliser un ERP » et « mettre en place un ERP ». La mise en place d'un ERP est un travail de spécialiste qui requiert beaucoup de temps et d'énergie. Si le directeur financier veut la piloter lui-même comme chef de projet il a intérêt à se faire seconder sur la comptabilité et la trésorerie pendant toute la durée du projet.

5. Positionnement de la direction financière dans l'entreprise / management général de la direction financière / relation de la direction financière avec les actionnaires

5.21. Avez-vous accès au carnet de commandes ?

20 % des directeurs financiers n'ont pas accès au carnet de commandes de l'entreprise.

Commentaires

Comment le directeur financier peut-il être le garant de la trésorerie et du remboursement de la dette s'il n'a pas accès au carnet de commandes (ou si celui-ci n'existe pas ou n'est pas exploitable) ? La prévision de trésorerie des 3 prochains mois est en grande partie alimentée par le carnet de commandes (souvent beaucoup plus fiable que les données du budget pour le trimestre).

5.22. Le contrôle de gestion rapporte-t-il directement à la DG ?

25 % des entreprises ont un contrôle de gestion qui rapporte directement à la DG.

Commentaires

Les actionnaires financiers ont en général besoin de deux sources distinctes d'information. Si le contrôle de gestion rapporte à la DG, l'information risque de ne pas être indépendante ni fiable (ce n'est pas le rôle premier du DG que de contrôler des tableaux de chiffres).

5.23. Êtes-vous en relation avec les actionnaires en dehors de la production des reportings mensuels ou des comptes annuels ?

***30 %** des directeurs financiers n'ont pas de relation avec les actionnaires en dehors de la production des reportings mensuels ou des comptes annuels.*

Commentaires

En entretenant des relations fréquentes avec le directeur financier, les actionnaires créent avec lui un climat de confiance. Il est parfois préférable de se voir trois fois pour ne rien dire mais garder et entretenir le contact. Le directeur financier (souvent isolé dans l'entreprise) peut un jour avoir des choses importantes à dire à son actionnaire. Mieux vaut donc entretenir ce canal de communication. Au cas où.

5.24. Avez-vous déjà reçu des questions de la part des actionnaires au cours des 12 derniers mois ?

***Plus de 50 %** des directeurs financiers n'ont pas reçu de questions de la part des actionnaires au cours des 12 derniers mois.*

Commentaires

Le directeur financier a besoin d'être challengé de temps en temps sur certains sujets : maîtrise des dépenses, mise en concurrence des banques, choix des moyens de paiement… sans pour autant que les actionnaires s'immiscent dans la gestion de l'entreprise.

5.25. Avez-vous une procédure formalisée de reprévision (ou *Reforecast*) ?

***35 %** des entreprises n'ont pas de procédure formalisée de* Reforecast.

Commentaires

L'absence d'une telle procédure signifie que l'on fait le budget une fois par an et qu'entre deux budgets on ne se donne pas les moyens, ni en terme de temps, ni de ressources, de remettre en cause les hypothèses du budget ou du business plan et de modifier les chiffres si cela est nécessaire.

5.26. Organisez-vous systématiquement des réunions hebdomadaires avec votre équipe ?

***40 % seulement** des directeurs financiers organisent systématiquement des réunions hebdomadaires avec leur équipe.*

Commentaires

Le directeur financier doit apprendre à manager ses équipes. Les réunions hebdomadaires ont pour but d'échanger sur les priorités d'actions de la semaine mais aussi d'encourager un travail transversal. Une donnée obtenue à la comptabilité peut avoir une incidence immédiate sur la trésorerie et vice versa.

5.27. Avez-vous des objectifs annuels formalisés ?

***50 %** des directeurs financiers n'ont pas d'objectifs annuels formalisés.*

Commentaires

Les directeurs financiers d'entreprises sous LBO ont souvent une partie variable de leur rémunération calculée sur des indicateurs mesurant leur performance ou celle de leur équipe : délai de sortie du reporting mensuel, écart entre les chiffres réels et prévisionnels, rotation des stocks, des comptes clients, du BFR, etc. Calculer la prime du directeur financier exclusivement sur l'Ebitda peut le faire bénéficier d'une certaine rente de situation même s'il y contribue en tant que membre du comité de direction. Les actionnaires sont en droit d'attendre plus du directeur financier.

5.28. Rapportez-vous hiérarchiquement à une seule personne (le directeur général ou le PDG) ?

***60 %** des directeurs financiers rapportent hiérarchiquement à une seule personne (le directeur général ou le PDG).*

Commentaires

C'est l'indépendance du directeur financier qui est en jeu. S'il rapporte exclusivement au DG ou au PDG, à qui va-t-il parler s'il y a un problème grave (par exemple dans la trésorerie) ? Ne risque-t-il pas un reproche voire de perdre son emploi s'il alerte l'actionnaire directement ?

La question se pose moins dans les groupes américains car les directeurs financiers ont officiellement deux patrons : un patron opérationnel localement et un patron fonctionnel à distance, en général au siège. Tous les problèmes importants remontent des deux côtés, ce qui permet d'éviter bien des erreurs. Détectés rapidement, les problèmes sont traités plus rapidement.

5.29. Avez-vous du personnel étranger à la direction financière du siège ?

***65** % des entreprises ayant plus de trois filiales à l'étranger n'ont pas de personnel étranger à la direction financière du siège.*

Commentaires

En France on fait encore assez peu confiance aux étrangers pour ce qui concerne les finances. On dispose bien de personnels qui parlent anglais mais souvent les incompréhensions avec les filiales proviennent non seulement des problèmes de langage mais tout autant des problèmes de culture. Par exemple des notions telles que le chiffre d'affaires brut ou le chiffre d'affaires net ou encore les effets escomptés non échus sont des notions très difficiles à expliquer au téléphone à une personne d'une autre culture, même si on parle bien anglais.

5.30. Avez-vous suivi une formation au cours des 12 derniers mois ?

***70** % des directeurs financiers n'ont pas suivi de formation au cours des 12 derniers mois.*

Commentaires

Les directeurs financiers sont en général surchargés et n'ont pas le temps, sauf accident de carrière, de se former. Ils ont en général assez peu de temps également pour s'ouvrir sur l'extérieur (réseau, etc.). Il est pourtant vital d'actualiser et d'approfondir ses connaissances techniques et managériales tout au long de sa vie professionnelle.

5.31. Avez-vous prévu des plans de succession par promotions internes ?

***85** % des directions financières n'ont pas de plan de succession.*

Commentaires

Pourvoir le remplacement d'un salarié par une promotion interne coûte en général beaucoup moins cher qu'un recrutement externe. Les équipes risquent également moins d'être déstabilisées. Toutefois, il est parfois bénéfique d'apporter du sang neuf dans une organisation en renouvelant les compétences ou en intégrant des personnes issues d'horizons variés.

6. Réactivité / orientation business / visibilité des directions financières sur le terrain

6.32. Le reporting mensuel de votre entreprise contient-il plus de 50 pages ?

20 % *des reportings mensuels contiennent plus de 50 pages.*

Commentaire

Au-delà de 10 à 12 pages qui lit le reporting ?

6.33. Le reporting mensuel de votre entreprise intègre-t-il des indicateurs sur le cash ?

30 % *des reportings mensuels n'intègrent pas d'indicateurs sur le cash.*

Commentaires

C'est le principal changement que les fonds d'investissements demandent sur le reporting lors de leur arrivée dans une entreprise : y voir clair dans la trésorerie, savoir si l'entreprise peut rembourser la dette d'acquisition…

6.34 Adhérez-vous au business plan de votre entreprise ?

35 % *des directeurs financiers n'adhèrent pas au business plan de l'entreprise (n'ont pas participé à son élaboration ou n'y croient pas).*

Commentaires

C'est une question essentielle que les actionnaires (notamment les fonds d'investissements) doivent se poser en achetant une entreprise :

– Au fond de lui, le directeur financier croit-il au business plan ? S'il n'y croit pas, autant savoir pourquoi, peut-être a-t-il de bonnes raisons ? Il est également préférable de le savoir avant d'aller mener une négociation bancaire serrée ou de réaliser une levée de fonds. Il risque autrement de se désolidariser du business plan devant les actionnaires ou les banquiers. Ce qui peut coûter cher à l'entreprise.

– Peut-on compter sur lui pour être le garant du bon déroulement du business plan, nous alerter si les chiffres divergent ou dérapent ?

6.35. Présentez-vous tous les mois les résultats du mois précédent au comité de direction ?

40 % *seulement des directeurs financiers présentent tous les mois les résultats du mois précédent au comité de direction.*

Commentaires

> Trop souvent les chiffres sont seulement envoyés par mail. Le reporting a besoin d'être commenté aux opérationnels pour qu'ils puissent se l'approprier. Une emphase particulière doit être apportée à certains indicateurs : marges et trésorerie notamment alors que les commerciaux vont naturellement regarder plutôt le chiffre d'affaires.

6.36. Produisez vous un reporting mensuel dans les 15 jours qui suivent la date de la clôture ?

50 % seulement *des directions financières produisent un reporting mensuel dans les 15 jours qui suivent la date de clôture.*

Commentaires

> Mieux vaut un reporting qui sort 3 semaines après la clôture mais qui contient des informations comptables qu'un reporting qui sort le 5 du mois mais qui est « truffé » de provisions, de reprises de provisions du mois précédent et donc d'approximations.

6.37. Le reporting mensuel intègre-t-il des commentaires ?

50 % seulement *des reportings mensuels intègrent des commentaires.*

Commentaires

> Les commentaires permettent de hiérarchiser l'information et de mettre en valeur tout le travail des personnes qui ont participé à son élaboration.

6.38. Allez-vous plus d'une fois par semaine dans l'usine ?

Plus de 50 % *des contrôleurs / directeurs financiers ne vont pas plus d'une fois par semaine dans l'usine.*

Commentaires

> Le directeur financier est souvent trop peu visible sur le terrain. Fait-il réellement du contrôle de gestion industriel ou se contente-t-il de faire du contrôle budgétaire (bien au chaud dans son bureau) ?

6.39. Avez-vous effectué une visite dans une filiale au cours des deux derniers mois ?

Plus de 60 % *des contrôleurs / directeurs financiers n'ont pas effectué de visite dans une filiale au cours des deux derniers mois.*

Commentaires

Si le contrôleur financier de la filiale belge a quelque chose d'important à dire au directeur financier du groupe et qu'il ne le voit jamais dans la filiale, va-t-il spontanément décrocher son téléphone pour l'appeler ?

6.40. Avez-vous participé personnellement au dernier inventaire physique ?

***Plus de 70 %** des contrôleurs / directeurs financiers n'ont pas participé personnellement au dernier inventaire physique.*

Commentaires

Déléguer aux commissaires aux comptes c'est une chose, être présent et vu sur le terrain en est une autre. C'est sur le terrain, dans le vécu au quotidien dans l'entreprise, que le directeur financier acquiert la compréhension de l'activité, gagne ou perd sa crédibilité.

6.41. Avez-vous déjà regardé les comptes des entreprises concurrentes ?

***80 %** des contrôleurs / directeurs financiers n'ont jamais eu la curiosité de regarder les comptes des entreprises concurrentes.*

Commentaires

La réponse à ce manque de curiosité est toujours la même : pas le temps. Or surveiller la concurrence fait aussi partie de la mission du directeur financier : c'est le B.A. BA des contrôles internes.

6.42. Les décisions de gestion sont-elles systématiquement prises en fonction des prix, des coûts ou des marges et rarement en fonction des conditions de paiement ?

***Plus de 80 %** des contrôleurs / directeurs financiers déclarent que dans leur entreprise, les décisions de gestion sont systématiquement prises en fonction des prix, des coûts ou des marges et rarement en fonction des conditions de paiement.*

Commentaires

Il incombe au directeur financier de convaincre de l'importance de prendre en compte les éléments ayant une incidence directe sur la trésorerie dans les décisions au quotidien.

6.43. Le reporting mensuel de votre entreprise intègre-t-il des plans d'actions correctifs des écarts constatés entre le réalisé et les prévisions ?

90 % des reporting mensuels n'intègrent pas de plans d'actions correctifs des écarts constatés entre le réalisé et les prévisions.

Commentaires

Les constats les plus fréquents sont : trop de pages, trop de chiffres, pas assez de commentaires, pas de plans d'actions. C'est pourtant une occasion offerte au directeur financier de démontrer son esprit de synthèse et de faire subtilement la promotion de son action et de ses équipes.

7. Gestion de projets

6.44. Vous plaignez-vous de votre système d'information et diriez-vous que le SI est inapproprié à l'activité de l'entreprise ?

40 % des directeurs financiers se plaignent de leur système d'information et considèrent qu'il est inapproprié à l'activité de leur entreprise.

Commentaires

Pas besoin d'avoir des systèmes d'information flambant neufs pour mettre en place une opération coup de poing sur les comptes clients ou sur les stocks.

6.45. Menez-vous plus de 6 projets à la fois ?

50 % des directeurs financiers mènent plus de 6 projets à la fois.

Commentaires

La cause la plus fréquente de l'échec des directeurs financiers dans leur fonction réside dans leur dispersion sur un trop grand nombre de sujets à la fois. L'absence de priorités claires, l'absence de lisibilité de leur action sur le terrain les dessert.

6.46. Considérez-vous que parmi tous les projets dont vous avez la charge, deux ou trois seulement sont prioritaires ?

60 % des directeurs financiers considèrent que, parmi tous les projets dont ils ont la charge, deux ou trois seulement sont prioritaires.

Commentaires

Trop souvent livrés à eux-mêmes sur le terrain et sans accès à l'actionnaire, ils ne savent pas ou ne peuvent pas dire non et acceptent toutes les missions qu'on veut bien leur confier. Ils mènent près de 10 projets à la fois alors qu'ils n'en reconnaissent que 2 ou 3 comme prioritaires. L'accès plus facile à l'actionnaire leur permettrait de mieux fixer leurs priorités et d'évacuer de leurs longues journées de travail tout ce qui est du domaine du « *nice to have* ».

6.47. Disposez-vous d'outils décisionnels ?

Plus de 60 % *des entreprises ne disposent pas d'outils décisionnels.*

Commentaires

Les systèmes appelés « cubes » où sont stockés toutes les données de l'entreprise et qui permettent aux utilisateurs de paramétrer leurs propres rapports sont encore assez peu utilisés par les entreprises de taille moyenne, notamment en raison de leur coût. Lorsqu'ils fonctionnent et que les opérationnels se les sont appropriés, il en résulte un gain très important : tout le monde a la même source d'information, les tableurs annexes peuvent disparaître.

6.48. Existe-t-il une culture projets dans votre entreprise ?

75 % des directeurs financiers reconnaissent que leur entreprise n'a pas de culture projets.

Commentaires

Derrière la notion de culture projets, la question que tout le monde se pose est celle de la capacité du dirigeant à déléguer. L'entreprise fonctionnant exclusivement en silos est en général à l'image de son fondateur ou de son PDG. Il est toujours plus difficile de mettre en place la culture cash dans des entreprises où les services ont peu l'habitude de collaborer entre eux sur des projets transversaux. En revanche, quand on franchit ce cap, les bénéfices à attendre de la mise en place de la culture cash peuvent être bien supérieurs.

6.49. Manquez-vous de ressources pour mener à bien tous vos projets ?

80 % *des directeurs financiers reconnaissent manquer de ressources pour mener à bien tous leurs projets.*

Commentaires

Les directeurs financiers manquent de ressources, c'est un fait. En revanche, ils ont tendance à accepter régulièrement des missions de leurs directions générales alors qu'ils savent pertinemment que ces missions ne sont ni stratégiques, ni prioritaires.

6.50. Connaissez-vous le coût exact de votre informatique ?

***Plus de 80 %** des directeurs financiers ne connaissent pas le coût exact de leur informatique.*

Commentaires

Ce type d'information ne sort pas en général de la comptabilité analytique juste en appuyant sur un bouton. La comptabilité analytique est en général orientée « produits » et au mieux « clients ». Analyser le coût d'une fonction support revient à poser le problème en termes de tâches, de fonction, de valeur créée pour les clients internes et pour l'entreprise en général.

Si le directeur financier ne mène pas régulièrement ce type d'analyses, il sait peu de choses sur son entreprise. Il peut se retrouver rapidement en danger.

Les trois questions prioritaires au regard de la culture cash

Dans la pratique, les 50 questions sont toutes importantes. Le directeur financier doit être en mesure d'apporter des réponses satisfaisantes sur chacune d'elles. Il est toutefois impossible de toutes les traiter en même temps. Aussi, les trois questions suivantes sont elles prioritaires :

- Dans votre entreprise disposez-vous d'une prévision de trésorerie à jour ?
- Dans votre entreprise êtes-vous « confortable » avec votre balance âgée ?
- Quel pourcentage de votre temps consacrez-vous à des problématiques de trésorerie ?

1. Disposez-vous d'une prévision de trésorerie à jour ?

C'est la priorité des priorités. Sans instrument de mesure et de planification, impossible d'obtenir des résultats satisfaisants. L'outil à mettre en place n'a pas forcément besoin d'être sophistiqué ; un tableur, une feuille d'hypothèses, des formules de calcul protégées peuvent suffire ; tout au moins au début.

La prévision de trésorerie va parfois mettre en évidence que, malgré tous les efforts entrepris par le management et par les équipes, il n'y a pas d'issue. Mieux vaut alors anticiper et mettre en place rapidement les actions qui s'imposent (recapitalisation, fermeture de site, arrêt de l'activité, etc.).

2. Êtes-vous « confortable » avec votre balance âgée ?

Il est essentiel de disposer d'une balance âgée et de bien l'exploiter. Beaucoup d'entreprises demandent régulièrement de l'argent à leurs actionnaires sans avoir au préalable effectué un point précis sur le niveau de leurs créances échues ou même essayé de les recouvrer. Là encore le pilotage à vue est à proscrire.

Le rôle du directeur financier est de s'assurer que la balance âgée est :

- **fiable** (que les échéances indiquées dans la balance reflètent les échéances indiquées sur les factures envoyées aux clients et aux délais de paiement réellement négociés par les commerciaux avec les clients – ce qui n'est pas toujours le cas dans la pratique – notamment dans les pays latins où la culture de l'accord verbal persiste) ;
- **exhaustive** (que le total de la balance âgée correspond au total du compte clients) ;
- **unique** (qu'il n'en existe pas plusieurs versions à l'intérieur de la même entreprise) ;
- **exploitable** (que des tris soient possibles ; par exemple par filiale, par commercial, par zone géographique) ;
- **utilisée au quotidien** par les comptables clients ou le service recouvrement/litige pour effectuer les relances (ce qui signifie que la balance âgée soit toujours rangée sur le haut des piles de documents sur le bureau des comptables et que les encaissements soient saisis et lettrés au fur et à mesure) ;
- **utilisée pendant les arrêtés comptables** pour le calcul des provisions pour dépréciation des comptes clients,
- **annotée** (une balance âgée sans notes manuscrites est une balance âgée non utilisée et donc non travaillée) ;

- **utilisée pour fixer des priorités** dans l'effort de relance ou de recouvrement (par antériorité de soldes, par importance des soldes, etc.) ou pour mesurer la charge de travail (nombre de comptes à analyser, nombre de clients à appeler, à pré-relancer, etc. ;
- **éditée toutes les semaines** et que chaque nouvelle édition ne chasse pas la précédente c'est-à-dire qu'il y ait un suivi effectif et des reports de notes manuscrites entre la précédente version et la nouvelle ;
- **diffusée dans l'entreprise** et utilisée comme support de communication avec les services opérationnels (credit management, service facturation, service litiges, commerciaux, direction générale, etc.) notamment à l'occasion des réunions hebdomadaires qui doivent avoir lieu entre la direction financière et les services commerciaux ; ce qui signifie que les commerciaux aient été formés à la lecture de ce document (tâche qui incombe au directeur financier) ;
- **classée** (afin de pouvoir s'y reporter le cas échéant) ;
- **discutée et commentée avec le management et les actionnaires** (d'où la nécessité que, sous une forme ou une autre, la balance âgée fasse partie intégrante de la liasse de reporting hebdomadaire ou mensuel – ce qui est rarement le cas).

3. Quel pourcentage de votre temps consacrez-vous à des problématiques de trésorerie ?

Dans les entreprises sous LBO (entreprises dont les titres ont été acquis par la mise en place d'une dette qui sera remboursée grâce aux bénéfices futurs), la trésorerie constitue la priorité numéro 1 du directeur financier. Il y consacre habituellement environ 30 % de son temps. Ce pourcentage recouvre différents aspects de la trésorerie :

- mise à jour de la prévision de trésorerie au fil de l'eau,
- suivi des Capex (investissements),
- optimisation des postes ayant une incidence significative sur le BFR (stocks, clients, etc.),
- suivi de la politique de crédit, des encaissements, de la résolution des principaux litiges,
- négociation permanente avec les fournisseurs pour optimiser les délais de paiement, les moyens de paiement, leur nombre, etc.,

- négociation et mise en place des financements (bancaires, mobilisation de créances...),
- relation au quotidien avec les organismes de financement,
- gestion de la dette (respect des covenants ou ratios bancaires, alerte le cas échéant, etc.),
- réflexion permanente pour optimiser les flux d'encaissements ou de décaissements (moyens de paiement, simplification...) mais aussi des flux matières ou de documents...,
- mise en place de couvertures de change ou de taux...

Les exemples suivants illustrent les déconvenues que le directeur financier qui néglige ces priorités risque de rencontrer.

Illustrations

– Un directeur général recrute un nouveau directeur financier et lui fixe comme principal objectif de mettre en place un ERP. Pour le motiver, la lettre d'embauche prévoit une prime importante sur cet objectif. Pendant les 18 premiers mois, le directeur financier travaille jour et nuit à la mise en place de cet ERP sans se rendre compte que les comptes clients augmentent. Il pense que la mise en place de cet ERP permettra *a posteriori* de rattraper rapidement le retard accumulé. En 12 mois les comptes clients passent de 66 jours à 105 jours de chiffre d'affaires. Après 18 mois, l'entreprise dispose finalement de son ERP, mais quelques mois plus tard, elle dépose son bilan.

– Le PDG d'une société de service reproche systématiquement au directeur financier son manque de performance sur le recouvrement. Il oublie tout simplement que l'entreprise émet chaque année près de 10 000 avoirs pour 27 000 factures. Personne ne se penche sur la très faible qualité de l'équipe « facturation » constituée presque exclusivement d'intérimaires pas formés, pas motivés et pas encadrés.

Chapitre 5

Les mesures de performance de la culture cash

Trois catégories d'indicateurs permettent d'évaluer la performance globale de la culture cash et de la création de valeur ajoutée durable :

- Les indicateurs représentatifs de flux de trésorerie générés par l'activité sont mesurés en valeur absolue. Ce sont la marge brute d'autofinancement (MBA), le flux de trésorerie opérationnel et le flux de trésorerie disponible (*free cash flow*).
- Les indicateurs de rentabilité mesurent le rapport entre un résultat et le capital investi pour obtenir ce résultat. Il s'agit des ratios de rentabilité économique et financière. Ces indicateurs sont exprimés en pourcentage.
- Un indicateur de création de valeur actionnariale, la valeur économique créée (ou EVA®) indique le montant de richesse créée par une activité au-delà de l'attente de rentabilité des actionnaires.

Les indicateurs de flux de trésorerie

Ils mesurent le flux de trésorerie généré par une activité sur une période. Alors que la rentabilité s'exprime par un pourcentage, les indicateurs de flux mesurent une valeur absolue. Ils mesurent des « faits » indépendamment de toute convention comptable (taux de provisionnement, durée d'amortissement).

Ils sont primordiaux pour l'entreprise et ses partenaires financiers :

- Le directeur financier souhaite évaluer sa capacité à rembourser des emprunts à LMT, la quote-part des investissements qu'il pourra autofinancer, le montant de dividendes que l'entreprise sera en mesure de verser.
- Le banquier s'assure de la capacité de remboursement de l'entreprise avant d'octroyer un crédit à LMT.
- L'investisseur intervenant dans le cadre d'un LBO souhaite également évaluer la capacité de la société cible à remonter des dividendes à la société holding afin de rembourser la dette d'acquisition. Plus généralement, les actionnaires veulent évaluer la capacité de l'entreprise à financer son développement sans faire appel à un nouvel apport en capital.
- La maison mère qui centralise le financement de ses filiales a besoin d'évaluer à l'avance le besoin ou l'excédent net de trésorerie de chacune de ses filiales afin de prendre les décisions de financement au niveau du groupe.

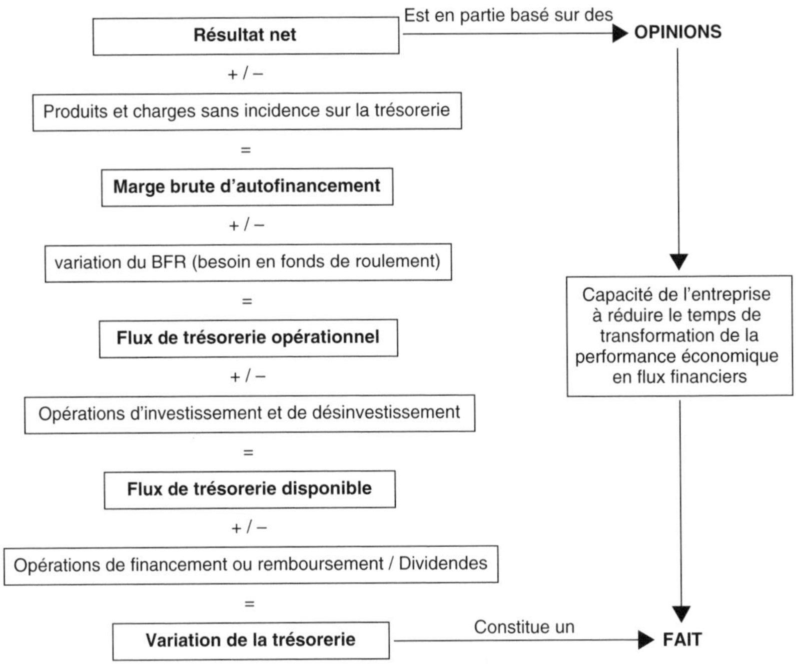

Figure 5.1 – La succession des indicateurs de flux de trésorerie

La figure 5.1 retrace la succession des indicateurs de flux jusqu'à la variation de trésorerie.

La marge brute d'autofinancement (MBA)

Elle représente l'excédent financier dégagé par l'entreprise au cours d'une période. Cette ressource est vitale pour :

- rembourser la part en capital des emprunts à LMT (les intérêts constituant une charge sont déjà déduits du résultat). Cette utilisation est prioritaire car il correspond à une obligation contractuelle ;
- autofinancer tout ou partie des investissements ainsi que de l'augmentation du besoin en fonds de roulement ;
- assurer le versement des dividendes aux actionnaires.

Elle est égale au résultat net après élimination des produits et charges ne se traduisant pas par un flux de trésorerie. Bien que s'agissant d'un indicateur de flux constituant donc un « fait », son mode de calcul peut différer légèrement d'une entreprise à l'autre.

Les éléments suivants sont réintégrés au résultat net pour le calcul de la MBA.

➤ La dotation aux amortissements

Elle représente la « consommation lente » d'une immobilisation sur plusieurs exercices. On distingue deux types d'amortissements dans les comptes individuels en normes françaises :

- les amortissements comptabilisés dans les charges d'exploitation, calculés sur la durée d'utilité correspondant à la durée prévue d'utilisation réelle du bien ;
- les amortissements dérogatoires : ils ne correspondent pas à une dépréciation véritable, mais à un avantage fiscal. Au compte de résultat, ils sont inscrits dans les charges exceptionnelles et au passif dans les capitaux propres (provisions réglementées).

➤ Les dotations aux provisions nettes de reprise

Les provisions réglementées sont dénommées « provisions à caractère de réserve » car elles ne constatent pas un risque d'appauvrissement de l'entreprise. Comptabilisées en application d'un texte fiscal, elles représentent la mise en réserve en franchise d'impôt d'une partie du résultat. Elles sont systématiquement réintégrées dans le calcul de la MBA.

Les provisions pour risques et charges : dettes potentielles concernant un risque ou une charge dont la réalisation est probable, figurent au passif du bilan où elles sont identifiées spécifiquement. Elles sont réintégrées dans la MBA dans la mesure où le risque de décaissement est lointain.

Les provisions pour dépréciation des immobilisations constatent la diminution de valeur d'un bien immobilisé ou d'une créance à LMT. Elles sont toujours réintégrées dans la MBA car elles ne constatent pas un risque de décaissement futur. Ainsi, lorsqu'une participation réalise des pertes, l'entreprise actionnaire déprécie les titres de participation sans que cette dépréciation l'amène à réaliser des décaissements futurs.

Les provisions pour dépréciation des actifs circulants, notamment les stocks et créances client, le plus souvent, ne sont pas réintégrées dans la CAF car elles constatent un risque de non encaissement à court terme.

➤ Les plus- ou moins-values de cession des immobilisations

Deux calculs sont possibles :

- Éliminer la plus- ou moins-value de cession. La plus-value de cession ne représente pas un flux de trésorerie ou n'en représente qu'une partie car c'est le prix de vente de l'immobilisation dans sa totalité qui est encaissé. La moins-value de cession constitue quant à elle une charge non décaissée. La MBA ne correspond alors qu'à l'excédent de trésorerie dégagé par l'activité courante.
- Rajouter la valeur nette comptable au résultat net. La MBA contient alors l'intégralité du prix de cession de l'immobilisation cédée.

➤ La quote-part de subvention d'investissement virée au compte de résultat

Les subventions d'investissement sont inscrites lors de leur encaissement au passif du bilan (ressource). Elles sont ensuite progressivement virées au compte de résultat, en produit sur la durée d'amortissement du bien qu'elles ont contribué à financer. Ce transfert au compte de résultat (appelé « quote-part de subvention d'investissement virée au compte de résultat ») est un mouvement comptable sans contrepartie monétaire qu'il convient d'éliminer.

Détermination de la MBA

Résultat net
\+ Dotations aux amortissements
\+ Dotations aux provisions
– Reprises sur provisions
\+ Valeurs comptables des éléments d'actif cédés
– Produits des cessions des éléments d'actif
– Subventions d'investissements virées au compte de résultat
= **Marge brute d'autofinancement (MBA)**

La MBA ne constitue toutefois qu'un excédent de trésorerie « potentiel » car elle ne prend pas en compte le décalage dans le temps entre les paiements fournisseurs et les encaissements clients.

Le flux de trésorerie opérationnel

Il représente le flux de trésorerie « réel » généré par l'activité. Il est égal à la MBA déduction faite de la variation du besoin en fonds de roulement (BFR). Il correspond au premier pavé du tableau de flux de trésorerie (chapitre 12). La variation du BFR permet de passer d'un indicateur de flux potentiel (MBA) à un indicateur de flux réel. L'augmentation du BFR constitue en effet une immobilisation de trésorerie venant minorer les liquidités générées par l'activité. Nous analysons au chapitre 11 les causes possibles de dégradation du BFR.

Notons qu'un jugement négatif porté sur une diminution du flux de trésorerie opérationnel due à l'augmentation du BFR en période de forte croissance des ventes est à nuancer. La croissance de l'activité entraîne normalement une augmentation proportionnelle du BFR (à délais d'écoulement clients, stocks et fournisseurs constants). Une fois le chiffre d'affaires stabilisé, le BFR n'augmentera plus. Il est en outre légitime de recourir aux crédits de trésorerie pour financer une partie de cette augmentation du BFR. À l'inverse, l'amélioration du flux de trésorerie opérationnel provenant d'un BFR négatif est à considérer avec prudence. Cette ressource n'est pas pérenne car elle n'appartient pas à l'entreprise, elle provient du crédit fournisseur, des acomptes reçus des clients, elle peut diminuer ultérieurement du fait de la réduction des délais fournisseurs ou de l'activité. Il serait donc imprudent de l'affecter à des emplois stables (investissements).

Flux de trésorerie opérationnel = MBA – Var BFR

Le flux de trésorerie disponible (FTD) ou free cash flow

Il est égal au flux de trésorerie opérationnel déduction faite de tout ou partie des investissements de la période. Il mesure l'excédent de trésorerie qui demeure « disponible » une fois financés les investissements.

Détermination du FTD	
Flux de trésorerie opérationnel	(MBA – Var du BFR)
– Flux de trésorerie d'investissement	(– Acquisitions d'immobilisations + Cessions d'immobilisations)
= **Flux de trésorerie disponible (FTD)**	

Cet indicateur est largement utilisé dans le cadre de la gestion financière des groupes dans lesquels la maison mère finance ses filiales. Il sert à évaluer par avance le besoin ou l'excédent net de trésorerie de chaque filiale pour permettre à la maison mère de prendre les décisions de financement au niveau du groupe. Cet indicateur n'est pas « normé », son mode de calcul varie donc selon les groupes.

Illustrations

Un groupe agroalimentaire fixe un objectif de flux de trésorerie disponible à chacune de ses filiales. Chaque filiale doit être capable d'absorber la variation de son BFR et d'autofinancer ses investissements « de renouvellement » (pas les investissements de capacité ou de diversification). Au-delà, elle doit remonter à la maison mère des liquidités permettant à celle-ci de réaliser des décaissements au niveau du groupe : remboursement des emprunts émis sur les marchés financiers, paiement des dividendes, acquisitions d'entreprise…

Un autre groupe déduit du flux de trésorerie disponible l'intégralité des investissements (*capital expenditures* ou « Capex ») de la période. Le FTD est alors égal à la somme des deux premiers étages du tableau de flux, le flux de trésorerie de l'activité et de l'investissement (chapitre 12). Il est alors bien entendu admis qu'il puisse être négatif lorsque des investissements importants ont été réalisés dans une filiale. La somme des FTD de l'ensemble des entités du groupe sert pour la société mère à définir le besoin de financement global du groupe.

Le FTD constitue une mesure très synthétique de la performance d'une entité opérationnelle. Son amélioration repose sur :

- l'amélioration de la profitabilité ;
- la maîtrise de la gestion du BFR ;
- des décisions d'investissement judicieuses. Dans un groupe, la décision d'investissement ne dépend pas exclusivement du directeur opérationnel d'une filiale. Elle est le plus souvent prise en relation avec la maison mère. La filiale doit toutefois veiller à éviter d'avoir une capacité de production inutilisée trop importante.

Les banquiers utilisent la notion de FTD pour évaluer la capacité de remboursement d'une entreprise mais lui donnent une définition différente. Le FTD est pour eux égal à la MBA déduction faite de l'annuité de remboursement de l'emprunt à LMT. L'annuité de remboursement est considérée ici comme un décaissement obligatoire comme l'est l'investissement de renouvellement dans une entreprise industrielle.

Flux de trésorerie disponible = CAF – Var BFR[a] – Annuités de remboursement

a. La variation du BFR n'est pas déduite systématiquement dans ce cadre.

Les indicateurs de rentabilité

La rentabilité fait référence au rapport entre un résultat et le capital qu'il a fallu investir pour obtenir ce résultat. Deux méthodes permettent de l'évaluer.

Les ratios de rentabilité économique et financière mesurent la rentabilité à partir de données comptables. Cette approche est adaptée pour mesurer la rentabilité d'une entreprise ou d'une activité existante. Elle présente toutefois l'inconvénient de ne pas prendre en compte les gains futurs attendus d'une dépense d'investissement passée ou actuelle. Pour cette raison, elle peut dissuader une entreprise d'entreprendre des projets qui ne sont rentables qu'à l'issue d'une période longue.

Le taux de rentabilité interne (Tri) mesure la rentabilité d'un projet à partir de l'ensemble de ses flux de trésorerie, passés ou prévisionnels. Cette approche évite l'inconvénient ci-dessus, elle est toutefois peu adaptée pour suivre l'évolution de la rentabilité d'une activité existante. Nous détaillons le critère du Tri au chapitre 10.

On distingue :

- la rentabilité économique (Re) correspondant à la rentabilité des capitaux investis par l'entreprise dans son activité ;
- la rentabilité financière sur les capitaux propres (Rcp) qui s'exprime par le ratio Résultat net / Capitaux propres sur lequel s'exprime une attente de rendement des actionnaires. Ce ratio mesure la rentabilité des capitaux propres confiés à l'entreprise, pas nécessairement la rentabilité réelle pour les actionnaires. Les capitaux propres sont en effet évalués à leur coût historique qui ne correspond pas nécessairement au prix d'acquisition des actionnaires actuels.

La rentabilité est une notion clé de toute politique financière car :

- les actionnaires, qui décident de la politique financière, expriment leurs objectifs davantage en termes de retour sur mise de fonds que de résultat ;
- seule une bonne rentabilité assure un développement financier équilibré de l'entreprise en permettant de renforcer les capitaux propres pour financer les nouveaux investissements. Il est donc aussi important pour l'actionnaire d'une entreprise familiale de se fixer des objectifs de rentabilité que pour l'investisseur financier ;
- en satisfaisant les exigences des actionnaires, l'entreprise lèvera également à l'avenir plus facilement de nouveaux capitaux si cela est nécessaire.

Le directeur financier a un rôle clé dans l'amélioration de la rentabilité :

- L'entreprise ne peut répondre à l'attente de rendement des actionnaires (Rcp) qu'en cherchant à son tour à maximiser la rentabilité des capitaux investis dans son activité (Re).
- Une des priorités du directeur financier est de définir les actions contribuant à améliorer la rentabilité économique en sachant que la mise en œuvre de la plupart de ces actions nécessite la participation active des opérationnels.
- Il contribue également améliorer la rentabilité financière (Rcp) par une décision de financement, en faisant jouer l'effet de levier (voir *infra*).

La rentabilité économique des capitaux investis (Re)

➤ Mesurer la rentabilité économique des capitaux investis

Ce ratio peut se calculer de différentes façons. Le plus souvent, il prend en compte le résultat d'exploitation et la valeur nette des immobilisations.

$$\text{Re} = \frac{\text{Résultat d'exploitation}}{\textbf{Immobilisations nettes + BFR}}$$

Certaines entreprises investissent « en dent de scie », par exemple, un imprimeur renouvelant tous les 5 ans un matériel très coûteux, avec peu d'investissements intermédiaires. Les années suivant l'investissement, ce ratio augmentera progressivement par l'amortissement, sans que cela traduise une amélioration de performance. Il est alors préférable d'utiliser la valeur brute des immobilisations que l'on compare à l'excédent brut d'exploitation (également calculé avant amortissement).

$$\text{Re} = \frac{\text{Excédent brut d'exploitation}}{\textbf{Immobilisations brutes + BFR}}$$

Si l'entreprise renouvelle assez régulièrement chaque année une partie de ses immobilisations, la valeur nette de ces immobilisations demeure toutefois une base fiable.

Les entreprises prennent l'habitude de déduire du résultat d'exploitation une charge d'impôt théorique calculée sur ce résultat, notamment dans le cadre du calcul de création de valeur (voir *infra*).

$$Re = \frac{\text{Résultat d'exploitation} - \text{IS}}{\textbf{Immobilisations nettes + BFR}}$$

➤ **Agir sur la rentabilité des capitaux investis**

Le directeur financier a pour priorité de guider la direction générale et les opérationnels vers les décisions améliorant la rentabilité économique. Cette amélioration repose sur deux axes, la profitabilité des ventes et de la rotation des actifs investis (tableau 5.1).

Tableau 5.1 – Les deux axes de la rentabilité économique

Rentabilité économique = Profitabilité des ventes × Rotation des actifs

$$\frac{\text{Résultat d'exploitation}}{\textbf{Immobilisations + BFR}} = \frac{\text{Résultat d'exploitation}}{\textbf{Chiffre d'affaires}} \times \frac{\text{Chiffre d'affaires}}{\textbf{Immobilisations + BFR}}$$

La figure 5.2 retrace des pistes d'actions permettant d'améliorer les paramètres de la rentabilité économique.

Le ratio de rentabilité économique constitue souvent l'indicateur de performance d'un responsable de filiale ou de centre de profit car il intègre tous ses leviers d'action : développement de l'activité, amélioration des marges, maîtrise des frais généraux, gestion des investissements et du BFR. Les frais financiers ne sont pas pris en compte dans ce ratio. Or, le financement n'est le plus souvent pas de la responsabilité d'une filiale.

Mesurer la rentabilité à partir de données comptables présente toutefois des risques. En effet, l'entreprise risque de se focaliser sur le court terme au détriment des perspectives à long terme.

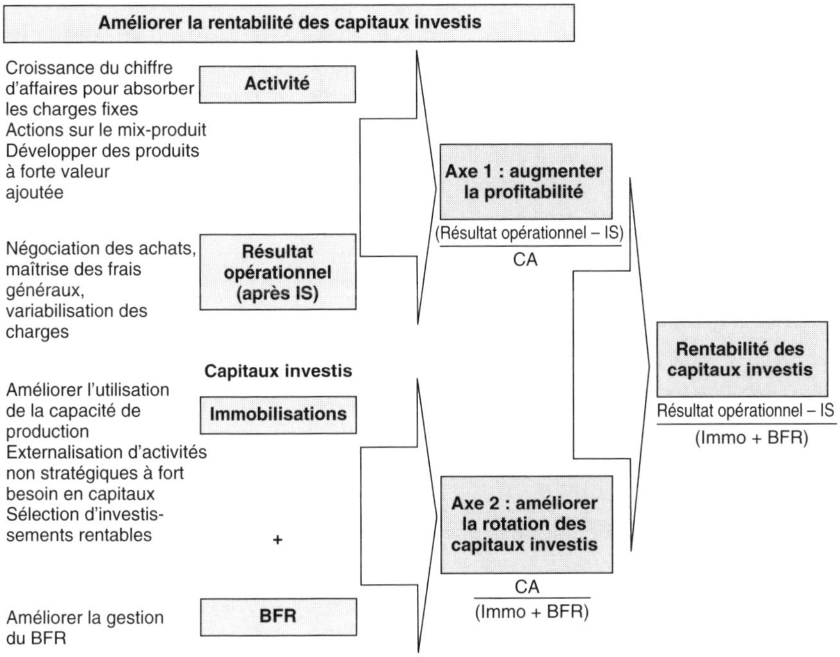

Figure 5.2 – Les leviers d'amélioration de la rentabilité économique

Illustration

> La filiale d'un groupe coté en Bourse assure la distribution de l'eau dans une grande ville. Son dirigeant détecte un fort taux de perte en eau dû à la porosité des canalisations. Il mène une étude technique et financière visant au remplacement d'une grande partie de ces canalisations. Elle indique que le projet est rentable. Toutefois, la direction du groupe le rejette au motif que le montant élevé de l'investissement aurait dans les premières années une incidence trop négative sur le ratio de rentabilité économique du groupe. Le groupe étant coté en Bourse, il doit répondre à de fortes exigences de rentabilité de la part des actionnaires et des analystes. Or ces derniers n'ont accès qu'aux états financiers et évaluent la rentabilité principalement à partir du ratio de rentabilité économique.

Il convient alors de savoir justifier une dégradation momentanée du ratio de rentabilité économique par un calcul de rentabilité basé sur les flux de trésorerie prévisionnels (valeur actualisée nette, taux de rentabilité interne). Ces calculs que nous détaillons au chapitre 10 mesurent la rentabilité d'un projet à partir de l'intégralité de ses flux.

Par ailleurs, le ratio de rentabilité économique peut être amélioré artificiellement en jouant sur la réglementation comptable. Ainsi, les normes comptables IFRS imposent d'immobiliser les biens en location financement (crédit-bail, location financière) sous certaines conditions. Pour éviter d'immobiliser ces biens, certaines entreprises recourent désormais à de la location opérationnelle, qui se traduit par un simple loyer comptabilisé en charge. Ce choix peut s'avérer plus coûteux car le locataire ne s'engage pas sur une longue durée.

Le schéma de croissance équilibré

L'entreprise en croissance qui ne peut faire appel à ses actionnaires risque la dégradation de sa structure financière (ratio endettement financier / capitaux propres). Le schéma de croissance équilibré permet de déterminer l'augmentation de l'actif pouvant être financée sans dégradation du ratio d'endettement, grâce aux bénéfices mis en réserve. Il correspond au taux de croissance des capitaux propres (g) qui dépend :

Du taux de rentabilité des capitaux propres (Rcp) qui dépend à son tour de la rentabilité économique (Re) ;

Du taux de distribution des dividendes.

Ce taux de croissance des capitaux propres, g, se calcule selon la formule :

$$g = \left[\text{Re} + (\text{Re} - I) \times \frac{\text{Dettes financières}}{\textbf{Capitaux propres}}\right] \times (1 - \text{Taux IS}) \times (1 - \text{Taux de distribution})$$

avec :

- Re : rentabilité économique ou ROCE (*return on capital employed).*
- *I* : taux d'emprunt.

Illustration

- Re = 15 %.
- *I* = 7 %.
- Dettes financières / Capitaux propres = 2.
- Taux IS = 30 %.
- Taux de distribution = 20 %.

$$g = [15\ \% + (15\ \% - 7\ \%) \times 2] \times (1 - 0{,}30) \times (1 - 0{,}2) = 17{,}3\ \%$$

Si la croissance entraîne une augmentation de l'actif supérieure à 17 %, l'entreprise dispose des leviers d'action suivants :

- réduire le taux de distribution des dividendes,
- limiter la croissance de l'actif : externalisation d'activités non stratégiques, sous-traitance de capacité, amélioration du BFR,
- accepter une dégradation temporaire de la structure,
- réorienter la politique commerciale (plus de marge et moins de course au volume).

Une croissance équilibrée permet d'éviter d'entrer dans le processus de fuite en avant décrit ci-dessous :

- Une entreprise s'engage dans une politique de forte croissance des ventes, à faible marge (politique de remise ou produits à faible valeur ajoutée).
- L'actif économique augmente par l'augmentation du BFR et des investissements.
- Les capitaux propres stagnent en raison de la faiblesse des marges.
- En l'absence d'apport externe en capital, l'entreprise augmente son endettement financier. Le ratio d'endettement se dégrade (Endettement financier / capitaux propres).
- Les marges se dégradent encore plus par l'augmentation des frais financiers, un processus cumulatif se met en place pouvant progressivement conduire l'entreprise à la défaillance.

L'effet de levier et la rentabilité des capitaux propres

La figure 5.3 nous montre que l'amélioration de la rentabilité financière dépend de la rentabilité économique (Re) et de la mise en œuvre de l'effet de levier financier. Alors que l'amélioration de la rentabilité économique nécessite la participation des opérationnels, la mise en œuvre de l'effet de levier est une pure décision de financement.

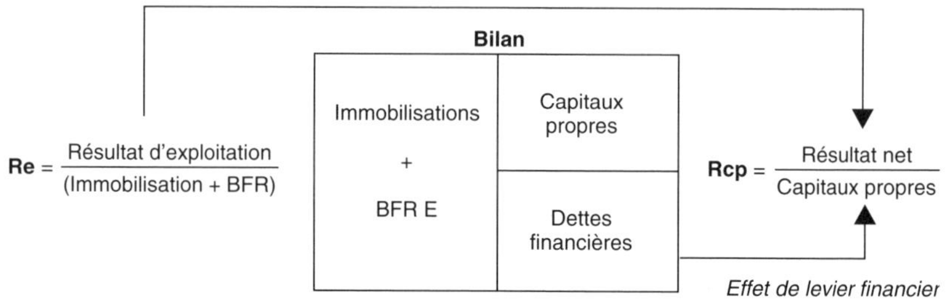

Figure 5.3 – Les leviers d'amélioration de la rentabilité financière

Faire jouer l'effet de levier financier consiste à augmenter la proportion de dettes financières et limiter le montant des capitaux propres. Il peut se traduire par les décisions suivantes :

- apport en capital limité et financement des investissements par emprunt,
- augmentation du taux de distribution des dividendes et recours à l'endettement LMT ou CT,
- rachat d'une partie de ses actions en Bourse lorsque l'entreprise est cotée…

Pour avoir un effet positif sur la rentabilité financière, l'effet de levier est toutefois soumis à une condition essentielle : la rentabilité économique (Re) doit être supérieure au coût de la dette (*i*) :

Re > *i* : Effet de levier favorable

Illustration

Une entreprise a un actif de 100 et une rentabilité économique avant impôt de 12 %. Si elle se finance intégralement par capitaux propres, sa rentabilité financière est égale à la rentabilité économique après incidence de l'impôt, soit avec un taux d'impôt de 30 % : 12 % × (1 – 30 %) = 8,4 %. Le tableau 5.2 nous montre que si elle se finance à 40 % par emprunt au taux de 7 %, sa rentabilité financière passe au-dessus de la rentabilité économique après impôt.

Tableau 5.2 – Effet de levier positif sur la rentabilité financière

Résultat d'exploitation :	12
Frais financiers (40 × 7 %) :	2,8
Résultat imposable :	9,2
Impôt sur les sociétés (30 %) :	2,76
Résultat après impôt :	6,44
RN / CP (6,44 / 60) :	**10,7 %**

La formule de l'effet de levier se décompose de la façon suivante :

$$\frac{RN}{CP} = \left[Re + \left(\frac{DF}{CP} \times (Re - I)\right)\right] \times - (1 - t)$$

avec :

- RN : résultat net.
- CP : capitaux propres.
- Re : taux de rentabilité des capitaux investis.
- DF : dette financière totale, LMT et CT.
- I : taux d'emprunt.
- t : taux d'impôt sur les sociétés.

Cette formule nous indique que l'effet de levier comporte deux composantes :

- une composante que l'on peut appeler « qualitative », qui est le différentiel entre la rentabilité économique et le coût de la dette ;
- une composante que l'on peut appeler « quantitative », qui est le rapport entre les dettes financières et les capitaux propres.

Nous pouvons reconstituer le taux de rentabilité financière de 10,7 % grâce à la formule ci-dessus :

$$10{,}7\ \% = \left[12\ \% + \left(\frac{40}{60} \times (12\ \% - 7\ \%)\right)\right] \times - (1 - 30\ \%)$$

Sélectionner des investissements rentables ne suffit pas toujours à satisfaire les investisseurs financiers qui exigent parfois une rentabilité de l'ordre de 20 à 25 % après impôt ! Les activités procurant une telle rentabilité économique étant rares, il est indispensable de faire jouer l'effet de levier. Bien entendu, l'entreprise se heurte à des limites d'endettement au travers des ratios d'endettement que nous verrons au chapitre 12.

L'effet de levier n'est pas non plus sans risques. Lorsque la rentabilité économique devient inférieure au taux d'emprunt, il fait passer la rentabilité financière en dessous de la rentabilité économique après impôt. On parle alors d'effet massue.

Re < *i* : Effet massue

Le tableau 5.3 illustre les avantages et dangers de l'effet de levier à partir de 4 scénarios.

Tableau 5.3 – L'effet levier sur la rentabilité des capitaux propres

Levier : Dettes financières / CP		*Rentabilité économique : Résultat économique avant IS / Actif économique*	
		4 %	16 %
	1	[4 % + (1 × (4 % – 7 %))] × 0,7 = 0,7 %	[16 % + (1 × (16 % – 7 %))] × 0,7 = 17,50 %
	3	[4 % + (3 x (4 % – 7 %))] × 0,7 = –3,5 %	[16 % + (3 × (16 % – 7 %))] × 0,7 = 30,1 %

- Rentabilité économique (Re) : deux hypothèses : 4 %, 16 %.
- Ratio (DF/CP) : deux hypothèses : 1 et 3.
- Taux d'emprunt (*I*) : 7 %.
- Taux d'IS : 30 %.

En passant d'un levier de 1 à 3, nous voyons que l'effet de levier a un effet « amplificateur » à la hausse comme à la baisse sur la rentabilité des capitaux propres.

En conséquence, il convient de mettre en œuvre un effet de levier modéré pour les activités cycliques. Les frais financiers sur emprunt constituent des charges fixes qui augmentent la vulnérabilité de l'entreprise en cas de baisse d'activité. Ainsi, comment une station de sport d'hiver ayant financé l'ensemble de ses infrastructures par emprunt rembourse-t-elle la dette les années sans neige ? À l'inverse, il est possible de faire davantage jouer l'effet de levier dans les activités dont l'activité et les résultats sont plus stables (agroalimentaire, restauration collective...).

Illustration

> Interviewé en septembre 2004, le dirigeant de Véolia indique qu'il est important pour son groupe de conserver un niveau d'endettement assez élevé. Les activités procurent un rendement sur capitaux investis qui n'est que de 7 à 8 %, inférieur à l'attente de rendement des actionnaires.

En outre, nous pouvons ajouter que l'effet de levier est moins risqué pour cette activité dont les revenus sont assurés par des contrats à long terme avec les collectivités.

Notons finalement que le modèle de l'effet de levier se base sur un taux d'intérêt constant quelle que soit l'importance de l'endettement. Or, face à l'augmentation de l'endettement, le prêteur exige en pratique souvent un taux supérieur incorporant une prime de risque.

Lorsque des capitaux propres trop abondants procurent une rentabilité insuffisante, il convient de mettre en œuvre le moyen de les réduire, en utilisant un des moyens suivants :

- Augmentation du taux de dividendes. Les entreprises cotées ont le plus souvent un taux de distribution assez stable. Cette augmentation constitue donc *a priori* un signal pour l'avenir ;
- Versement d'un dividende exceptionnel, par exemple après un changement d'actionnaire ou suite à une plus-value de cession d'un actif ;
- Réduction du capital par rachat d'actions. L'assemblée générale extraordinaire des actionnaires (AGE) peut autoriser l'entreprise à racheter les parts d'un actionnaire pour les annuler. Il s'agit d'une décision modifiant les statuts devant être approuvée à la majorité des deux tiers.
- Rachat de ses propres actions en Bourse. Les entreprises cotées en Bourse peuvent racheter jusqu'à 10 % de leurs actions et les annuler ensuite.

Les indicateurs de création de valeur actionnariale

Une activité ou un projet créent de la valeur pour l'actionnaire si leur rentabilité est supérieure à l'attente de rendement de ces derniers. Deux approches permettent de mesurer la valeur créée pour l'actionnaire :

- Le critère de l'EVA®[1] que nous développons ci-dessous mesure la valeur économique créée sur une année par une entreprise ou une activité existante à partir de données comptables. Il est utilisé dans certaines entreprises pour évaluer la performance d'une filiale ou d'un centre de profit.
- Le critère de la valeur actualisée nette (Van) que nous verrons au chapitre 10 mesure la valeur créée par un projet à partir de l'ensemble de ses flux de trésorerie passés ou prévisionnels. Il représente le critère de décision fondamental, le but de toute décision financière étant de maximiser la valeur créée.

La méthode EVA

Elle vise à intégrer dans la gestion financière de l'entreprise la préoccupation de l'actionnaire, de maximiser le retour sur capitaux investis. Il y a création de valeur pour l'actionnaire lorsque le taux de rentabilité économique (Re) est supérieur au coût moyen pondéré des capitaux (CMPC) qui représente l'attente de rendement de l'ensemble des apporteurs de fonds, banquiers et investisseurs. Dans le cas contraire, l'entreprise détruit de la valeur actionnariale.

Si Re > CMPC : création de valeur Si Re < CMPC : destruction de valeur

1. EVA® : *Economic Value Added.* Cet indicateur de création de valeur actionnariale a été conçu par le cabinet américain Stern Steward & Co.

La méthode EVA conduit également à mesurer la valeur créée pour l'actionnaire, en montant au niveau d'un groupe, d'une division ou d'un centre de profit.

Valeur économique créée = Actif économique × [Re – CMPC]

Illustration

- Calculons la valeur économique créée au niveau d'un centre de profit :
- Le résultat opérationnel du centre de profit est de 12 000.
- Le taux d'IS statutaire est de 30 %.
- Les capitaux investis (Immobilisations + BFR) se montent à 60 000.
- Le coût moyen pondéré des capitaux est de 9 %.

Tableau 5.4 – Valeur économique créée

Résultat opérationnel :	12 000
– Charge d'impôt (12 000 × 30 %) :	– 3 600
= Résultat d'exploitation après IS :	= 8 400
– Charge en capital (60 000 × 9 %) :	– 5 400
= **Valeur économique créée (EVA) :**	= **3 000**

Faire jouer l'effet de levier financier : Réduction des capitaux propres (super-dividendes, rachat, coût de la dette (après IS). Remboursement anticipé d'une dette senior.

Le taux de rentabilité économique est calculé après incidence de l'impôt : 8 400 / 60 000 = 14 %, supérieure dans notre exemple au CMPC.

La valeur économique créée se calcule également par la formule ci-dessus :

$$60\,000 \times [14\,\% - 9\,\%] = 3\,000$$

L'originalité de la démarche EVA est de déduire du résultat opérationnel une charge en capital correspondant à la rémunération attendue par l'ensemble des apporteurs de fonds, compte tenu du niveau de risque de l'entreprise. Bien entendu, cette charge est analytique, on ne trouve que les frais financiers en comptabilité générale.

Évaluer le coût moyen pondéré des capitaux (CMPC)

Il représente l'attente de rendement de l'ensemble des apporteurs de fonds, banquiers et investisseurs. Son utilisation dépasse le cadre de l'EVA. Le CMPC[1] est le taux d'actualisation retenu pour calculer la valeur actualisée nette d'un projet ou pour valoriser une entreprise à partir de ses flux de trésorerie prévisionnels.

Il représente la moyenne du coût moyen de la dette financière et de l'attente de rendement des actionnaires.

$$\text{CMPC} = \left[\text{Taux d'intérêt après impôt} \times \frac{\text{Dettes financières}}{\text{Passif}}\right] + \left[\text{Rendement attendu par l'actionnaire} \times \frac{\text{Capitaux propres}}{\text{Passif}}\right]$$

Illustration

- Rendement attendu par l'actionnaire : 11,7 %.
- Taux d'emprunt : 7 %.
- Taux IS : 30 %.
- Part des capitaux propres au passif 60 %.
- Le coût moyen pondéré des capitaux est égal à :

$$[7\ \% \times (1 - 30\ \%) \times 0{,}4] + [11{,}7\ \% \times 0{,}6] = 9\ \%$$

Le CMPC est mesuré après incidence de l'impôt sur les sociétés : l'attente de rendement des actionnaires se définit par nature à partir d'un résultat après impôt et l'incidence de la déductibilité fiscale des intérêts d'emprunt est également prise en compte.

1. En anglais, WACC – *Weighted Average Cost of Capital.*

L'attente de rendement des actionnaires

Si la détermination du coût d'endettement moyen semble assez facile, il n'en va pas de même de l'attente de rendement des actionnaires. Des économistes américains ont développé au cours des années 1960 le MEDAF[1] (modèle d'évaluation des actifs financiers) afin de répondre à cette question. Ce modèle part de l'hypothèse que le fonctionnement du marché est parfait (investisseurs disposant tous de la même information et cherchant à maximiser le rendement de leur portefeuille de placement pour un risque donné). Il repose sur une notion de bon sens : plus le risque pris par un investisseur est élevé, plus il exige un taux de rentabilité élevé. Le risque d'un actif se détermine par son bêta (β) qui est une mesure statistique de la volatilité du cours de cet actif sur son marché :

$$\text{Coefficient } \beta_a = \frac{\text{Covariance } (K_a, K_m)}{\text{Variance } K_m}$$

Le bêta de l'action A est égal à la covariance entre les rendements de l'action A et ceux du marché divisée par la variance du rendement du portefeuille du marché. Les bêtas des groupes cotés oscillent habituellement entre 0,5 et 2. Un bêta inférieur à 1 indique que l'action est peu risquée car son cours fluctue moins fortement que la moyenne du marché des actions de référence. À l'inverse, un bêta supérieur à 1 indique que l'action est plus risquée que la moyenne du marché. Le bêta d'une action est principalement déterminé par la volatilité des résultats de l'entreprise qui repose notamment sur le caractère stable ou cyclique de l'activité. Ainsi, le bêta d'une entreprise agroalimentaire sera *a priori* inférieur à celui d'une entreprise travaillant dans l'électronique. La structure de coût et le niveau d'endettement influent également sur le bêta puisqu'une proportion élevée de coûts fixe accentue la volatilité du résultat. Les sociétés d'information financière calculent pour leurs clients, avec des moyens informatiques puissants, le bêta des actions cotées à partir de données statistiques sur de longues durées.

1. Ou *Capital Asset Pricing Model* (CPAM) en anglais.

La formule du MEDAF

Le rendement attendu par un investisseur est égal au taux de l'argent sans risque majoré d'une prime de risque. Le taux sans risque est le taux de rendement exigé pour un placement sans risque en capital. On retient habituellement le taux sur les emprunts d'État à 10 ans. La prime de risque marché est l'écart entre la rentabilité moyenne attendue sur le marché des actions et le taux sans risque. Elle se situe habituellement entre 3 et 5 %. La formule du MEDAF ci-dessous indique que la prime de risque spécifique à une action est égale à la prime de risque marché multipliée par le bêta de l'action :

$$R_a = T_{sr} + [\beta_a \times (R_m - T_{sr})]$$

avec :

- R_a : taux de rendement attendu sur une action A.
- β_a : bêta constaté sur l'action A.
- T_{sr} : taux d'intérêt sans risque.
- R_m : attente de rendement des actionnaires sur le portefeuille du marché.

Illustration

> Le taux des emprunts d'État à 10 ans est de 5 % et l'attente de rendement moyen sur le marché des actions est de 9 %. L'entreprise A travaille dans le secteur agroalimentaire, a des résultats assez stables, son bêta est de 0,7. L'entreprise B travaille dans l'électronique, ses résultats sont fluctuants, son bêta est de 1,67. L'attente de rendement des actionnaires de B reflète le risque résultant du caractère volatile de l'action.
>
> Entreprise A : 5 % + [0,7 × (9 % – 5 %)] = 7,8 %
>
> Entreprise B : 5 % + [1,67 × (9 % – 5 %)] = 11,7 %

L'utilisation du MEDAF soulève de nombreuses questions pratiques, portant sur la détermination du bêta, que nous ne faisons que mentionner :

- L'absence de valeurs de marché rend difficile le calcul de l'attente de rendement des actionnaires d'un groupe non coté. On recherchera alors le bêta d'un groupe coté ayant une activité similaire à celle de l'entreprise étudiée.

- Les sociétés d'étude financière trouvent fréquemment pour une même action des bêtas assez différents en fonction des données retenues dans le calcul : horizon, intervalle, choix de l'indice boursier de référence…
- En outre, les bêtas se révèlent être instables dans le temps.
- Le bêta mesure une volatilité passée. Pour calculer l'attente de rendement des actionnaires, il faut se demander si ce bêta historique est toujours pertinent.

Les leviers d'amélioration de l'EVA

La figure 5.4 retrace les leviers d'amélioration de l'EVA qui englobent bien entendu tous les leviers permettant d'augmenter le ratio de rentabilité économique.

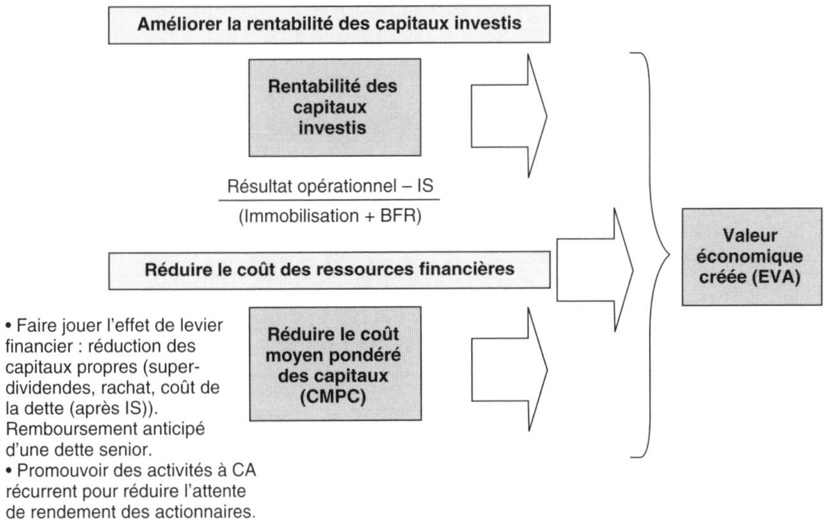

Figure 5.4 – Les leviers d'amélioration de l'EVA

- Le directeur financier peut réduire le CMPC en faisant jouer l'effet de levier, augmenter la proportion de dette qui a un coût plus faible que celui des capitaux propres.

- L'entreprise peut s'efforcer à chercher à développer des activités moins cycliques pour réduire l'exigence de rentabilité des investisseurs. Ainsi, les grands groupes français de construction (Vinci, Bouygues, Eiffage) se sont diversifiés dans les activités de concession (gestion des autoroutes, parkings...). Les activités de construction présentent l'inconvénient d'être cycliques (à bêta élevé) alors que les activités de concession procurent des revenus beaucoup plus stables et contribuent ainsi à diminuer le bêta du groupe.

Par rapport au taux de rentabilité économique, l'EVA présente les avantages suivants :

- Il constitue un indicateur de création de valeur et non de rentabilité. Un montant de valeur économique créée positif indique que l'on a surpassé l'attente de rentabilité des apporteurs de fonds. En soi, le ratio de rentabilité économique n'apporte pas cette réponse, il doit être comparé à l'attente de rentabilité sur le projet ou l'activité.
- Il est exprimé en montant et non en taux. Or, c'est le montant de richesse créée qui compte plus que le taux.

L'EVA est toutefois un indicateur plus difficile à appréhender par les opérationnels, la notion de charge en capital peut leur sembler abstraite.

Les deux indicateurs ont pour inconvénient de ne pas prendre en compte les gains futurs résultant des décisions d'investissement passées ou actuelles. Pour cette raison, ils risquent de focaliser l'entreprise sur le court terme au détriment du long terme, notamment en les dissuadant d'entreprendre des investissements qui ne sont rentables qu'à long terme.

Chapitre 6

Les enjeux financiers de la vente à crédit

Le crédit inter-entreprise a une forte incidence sur la structure financière de l'entreprise. Il représente une ressource essentielle pour le financement du cycle d'exploitation. Une enquête du cabinet Intrum Justicia réalisée en 2005 révèle qu'au niveau des PME européennes le crédit fournisseur est une ressource aussi importante que les crédits bancaires :

- capitaux propres : 50 % ;
- banques : 25 % ;
- Fournisseurs : 25 %.

Le poste client est également l'un des principaux actifs de l'entreprise à gérer. Une enquête de 2007 du cabinet Atradius indique qu'il représente en moyenne 25 % de l'actif (c'est-à-dire des capitaux investis) des entreprises françaises. L'importance du poste client dépend à la fois du chiffre d'affaires et du délai d'encaissement moyen.

Le baromètre Euro Factor des délais de paiement client retrace chaque année l'évolution des délais d'encaissement moyens constatés dans différents pays européens. Il indique le délai réel en distinguant le délai négocié et les retards de paiement moyens. La figure 6.1 illustre un fait bien connu, les délais de paiement sont traditionnellement plus longs dans les pays latins que dans les pays d'Europe du Nord. Jusqu'à présent, l'intégration européenne a peu fait évoluer cette situation.

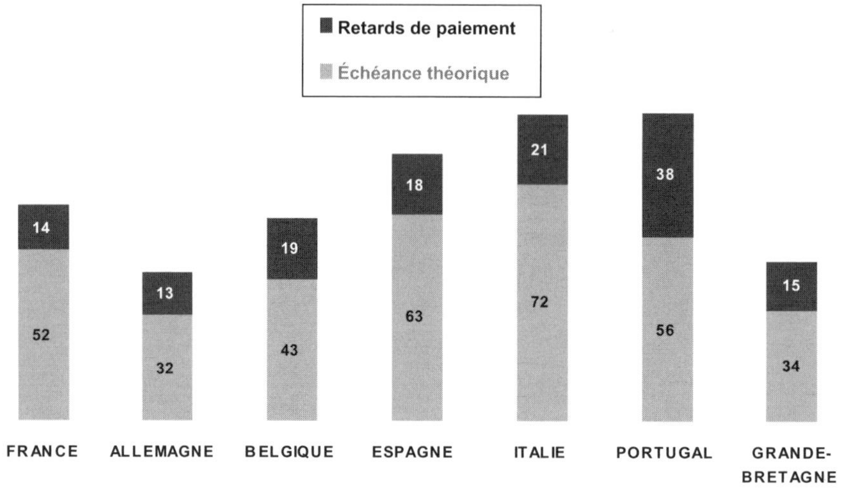

Figure 6.1 – Délais de paiement constatés en Europe en 2006 (Baromètre Euro factor 2006)

En France, la loi Sapin du 31/12/92 a été la première loi visant à raccourcir les délais de paiement inter-entreprise. L'État estime en effet qu'il existe un intérêt public à raccourcir les délais de paiement inter-entreprise : l'allongement des délais de paiement entraîne le gonflement des encours de crédit et augmente le risque de défaillance en cascade (aussi appelée effet domino). De fait, on estime que les délais moyens d'encaissement ont diminué d'environ 8 jours depuis 1991.

Les trois enjeux de la vente à crédit

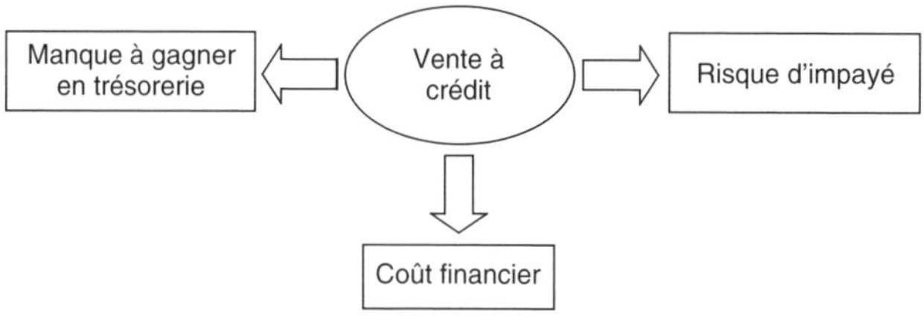

Figure 6.2 – Les trois enjeux financiers de la vente à crédit

Premier enjeu – Le crédit client se traduit tout d'abord par un manque à gagner en trésorerie. Le fournisseur a livré un produit ou une prestation mais n'a pas encore reçu l'argent. L'absence de maîtrise des délais d'encaissement menace parfois la pérennité de l'entreprise.

Deuxième enjeu – L'entreprise comble alors ce manque de trésorerie en empruntant à court terme auprès de ses banques ce qui génère un coût financier. Pour un fournisseur ayant une trésorerie excédentaire, la vente à crédit se traduit par un manque à gagner en produits financiers.

Troisième enjeu – Le crédit soumet le fournisseur au risque de défaillance du client intervenant entre la livraison et la date prévue du paiement. Ces pertes menacent également parfois la pérennité de l'entreprise, une proportion élevée de défaillances étant due à des pertes sur créances client (effet domino ou des faillites en cascade).

Les missions du responsable crédit se définissent par rapport à ces enjeux :

- maximiser le chiffre d'affaires encaissé. Le responsable crédit y contribue par une prise de risque calculée accompagnant le développement des ventes ;
- maîtriser les délais d'encaissement client.

Les deux premiers enjeux font référence à la gestion du **crédit client** (action sur les délais de paiement, voir chapitre 8. Le troisième enjeu fait référence à la **prévention du risque client** (gestion des encours) que nous abordons au chapitre 7. Ces différents enjeux sont évidemment liés, l'allongement des délais d'encaissement sur un client à risque augmentant le montant de la perte potentielle.

Appréhender le risque par l'analyse marginale

La décision de faire crédit à un client peut se comparer à un « pari ». Avant d'accepter de parier, toute personne censée compare les gains et pertes potentiels ainsi que leur probabilité de survenance. Le gain et la perte se déterminent à partir du taux de marge :

- **gain** : montant de marge ;
- **perte** : prix de revient.

Ils sont évalués à partir du taux de marge sur coût variable. Seuls sont en effet pris en compte les coûts spécifiquement engagés pour le client, les coûts de structure étant censés être répartis sur l'ensemble de la clientèle (approche marginale). Ainsi un distributeur ayant un prix de vente de 100 et un taux de marge de 20 % devra toujours payer 80 à son fournisseur, que son client le paie ou non.

La figure 6.3 nous montre que l'analyse marginale détermine le nombre de mois de vente encaissés nécessaire pour compenser la perte due à l'insolvabilité du client. Il s'agit en quelque sorte d'une analyse de point mort. Les données nécessaires pour calculer ce nombre de mois sont :

- le chiffre d'affaires mensuel, dans l'hypothèse d'un CA mensuel constant ;
- le taux de marge, il convient de prendre en compte le taux de marge des produits effectivement commandés par le client et non d'un de marge moyen ;
- le délai de paiement, permettant de déterminer le nombre de mois de chiffre d'affaires inclus dans l'encours.

Illustration

Les prévisions concernant un nouveau client sont :

– CA mensuel : 10 000 ;
– taux de marge : 20 % ;
– délai de paiement : 60 jours fin de mois.

Il convient tout d'abord de calculer la marge encaissée mensuellement, tant que le client est solvable :

$$2\,000 = 10\,000 \times 20\ \%$$

On calcule ensuite l'encours à risque qui est évalué au prix de revient (sans la marge de 20 %) et non au prix de vente. Il est mesuré à partir d'un risque « maximal » de trois mois de chiffre d'affaires, compte tenu d'un paiement en « fin de mois ». Le client dépose en effet souvent le bilan à la veille d'échéances importantes qu'il ne peut honorer. Dans notre exemple, il est égal à :

$$10\,000 \times (1 - 0{,}20) \times 3 \text{ mois} = 24\,000$$

Le nombre de mois de chiffre d'affaires encaissés nécessaires pour compenser une perte éventuelle est donc de :

$$24\,000 / 2\,000 = 12 \text{ mois}$$

En cas de défaillance, les 3 mois de chiffre d'affaires inclus dans l'encours seront *a priori* perdus. Le client doit donc demeurer solvable au moins 15 mois (12 mois + 3 mois) à partir de l'entrée en relation pour qu'au cumul, le fournisseur ait encaissé une marge cumulée égale au montant de sa perte.

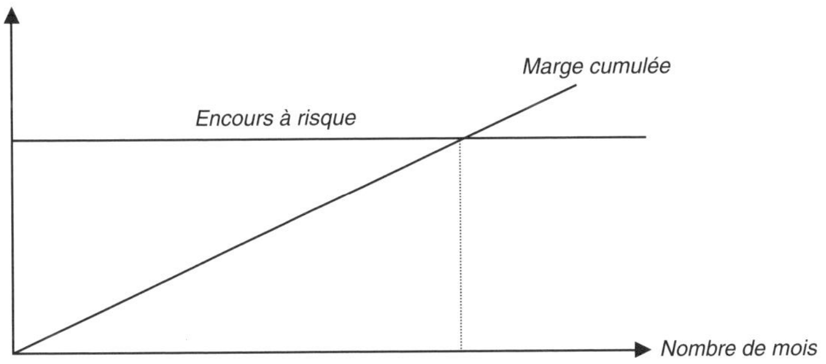

Figure 6.3 – Analyse marginale

Comment interpréter ce délai de 15 mois ?

- Le fournisseur ne va évidemment pas relâcher sa vigilance quant à la gestion du risque d'insolvabilité à l'issue de ce délai ;
- Seul, il ne constitue pas une donnée suffisante pour prendre une décision de crédit. Il doit ensuite être confronté à la **probabilité de défaillance** du client résultant de l'évaluation du risque. Il peut être considéré acceptable pour un client représentant un risque de défaillance faible et exorbitant vis-à-vis d'un client avec un risque élevé.

Cette analyse contribue à rapprocher les points de vue parfois opposés des fonctions commerciales et crédit sur la décision individuelle de fixation de limite de crédit.

Illustration

Un grossiste en composants électroniques vend à un sous-traitant représentant un risque de défaillance élevé. Les responsables financier et commercial étudient l'opportunité d'augmenter sa limite de crédit. S'il achète des composants à faible marge, le responsable crédit pourra convaincre que l'opportunité de gain est insuffisante par rapport au risque. À l'inverse, si le client achète des composants à forte marge, le responsable commercial pourra convaincre son interlocuteur que le risque mérite d'être pris.

L'analyse marginale contribue également à définir une politique crédit sur un portefeuille de clients (voir *infra*).

L'incidence des délais de paiement

Les délais de paiement client ont une incidence directe et facilement mesurable sur la trésorerie et le résultat financier.

Illustration

> Une entreprise a un chiffre d'affaires HT de 100 millions d'euros, le taux de TVA est de 20 %. Son délai d'encaissement moyen est actuellement de 72 jours. Elle emprunte au taux de 5 %.
>
> Le montant moyen de créances client (valorisé en TTC) est donc de :
>
> $$100 \text{ millions} \times 1{,}2 \times 72 / 360 = 24 \text{ millions}$$
>
> Ce montant représente une immobilisation permanente de trésorerie que l'entreprise est contrainte d'accepter pour pouvoir vendre. L'instauration d'une procédure de recouvrement, permettrait de réduire le délai moyen d'encaissement de 7 jours (objectif considéré réaliste). La réduction du poste client qui en résulterait est de :
>
> $$120 \text{ millions} \times 7 / 360 = 2{,}33 \text{ millions}$$
>
> Une accélération des encaissements diminue le besoin de trésorerie (ou améliore le cas échéant le solde excédentaire de trésorerie). Cette accélération se traduirait par une diminution des frais financiers de :
>
> $$2{,}33 \text{ millions} \times 5\ \% = 117 \text{ k€}.$$

La réglementation sur le crédit client

La réglementation française actuelle sur les délais de paiement prévoit des mentions obligatoires sur les factures ainsi que quelques délais réglementés.

Les trois mentions obligatoires à faire figurer sur les factures

L'article L. 441-3 alinéa 2 du Code de commerce impose au fournisseur de mentionner sur ses factures la date de paiement, le taux d'escompte proposé ainsi que le taux de pénalité de retard. « *La facture mentionne également la* ***date*** *à laquelle le paiement doit intervenir*[1]. *Elle précise les* ***conditions d'escompte*** *applicables en cas de paiement à une date antérieure à celle résultant de l'application des conditions générales de vente ainsi que le* ***taux de pénalité*** *exigible le jour suivant la date de règlement inscrite sur la facture* ».

Cette disposition définit un « équilibre contractuel ». Le contrat prévoit une date d'échéance par rapport à un délai préalablement négocié, une remise en cas de paiement anticipé et des pénalités en cas de paiement tardif.

La détermination du délai de paiement

Le principe demeure que le **délai de paiement est librement négocié** entre client et fournisseur, à l'exception de quelques délais réglementés. En outre, l'article 441-6, alinéa 2 du Code de commerce, dispose : « *sauf disposition contraire figurant dans les conditions générales de vente ou convenues entre les parties, le délai de règlement des sommes dues est fixé au trentième jour suivant la date de réception des marchandises ou d'exécution de la prestation demandée* ». Cet article préserve le principe de liberté contractuelle tout en fixant un délai de référence. Il a une importance limitée car les conditions générales de vente mentionnent le plus souvent un délai de paiement standard. Par contre, la loi sanctionne la pratique de délais de paiement manifestement abusifs par rapport à ce délai de référence de 30 jours : « *Engage la responsabilité de son auteur le fait de soumettre un partenaire à des conditions de règlement manifestement abusives compte tenu des bonnes pratiques et usages commerciaux et s'écartant, au détriment du créancier, sans raison objective, du délai de trente jours* » (art. 442-6-7).

L'art 443-1 du Code de commerce prévoit un délai de paiement maximal pour quelques catégories de produits :

- 30 jours fin de la décade de livraison pour les produits alimentaires périssables, viandes et poissons congelés ou surgelés, plats cuisinés ;
- 20 jours après le jour de livraison pour le bétail et la viande ;

1. Il convient d'indiquer la date prévue du paiement, par exemple le 31 mai alors qu'il suffisait auparavant de mentionner le délai de paiement.

- 30 jours fin de mois de livraison pour les boissons alcoolisées passibles des droits de consommation prévus à l'article 403 du Code général des impôt ;
- 30 jours date de facture pour les prestations de transport, hors transport ferroviaire (art. 441-6 Code du commerce) en vertu de la loi Gayssot du 5 janvier 2006. Lorsque le client paie en retard, le transporteur qui n'a pas émis de réclamation est considéré co-responsable de l'infraction.

La réglementation de certains délais se justifie par la volonté :

- de soutenir les entreprises de secteurs d'activité vulnérables en raison de faibles marges (filière bovine, transports…) ;
- de se rapprocher du délai d'usance face à des acheteurs faisant jouer le rapport de force en leur faveur. Le délai d'usance est un principe général qui justifie le crédit inter-entreprise. Il énonce que le fournisseur fait crédit à son client tant que le bien acheté est toujours dans le stock de ce dernier. Autrement dit, une fois vendu le bien par le client, il doit être payé au fournisseur. Une GMS (grande et moyenne surface) n'aurait donc aucune justification pour payer les produits frais à 120 jours au fournisseur alors qu'elle les a revendus et encaissés en une semaine.

La politique crédit de l'entreprise

La politique crédit définit l'attitude générale face au risque et au crédit client. Elle n'est pas nécessairement écrite (à l'inverse de la procédure détaillée au chapitre 7), elle oriente les décisions prises par le responsable crédit, individuellement ou au sein du comité de crédit. Nous avons vu précédemment que la capacité de l'entreprise à prendre du risque de crédit repose en grande partie sur sa profitabilité (voir *supra*, analyse marginale). Les principaux facteurs qui la déterminent sont :

- le taux de marge du fournisseur. Comme nous l'avons vu avec l'analyse marginale, la capacité à absorber des impayés dépend du taux de marge commerciale de l'entreprise ;
- la structure financière de l'entreprise. Si elle est faible, le seuil de résistance aux impayés est bas. L'entreprise sera souvent contrainte de

réaliser des arbitrages entre les clients ayant un niveau de risque et d'encours élevé ;

- le niveau de risque client ;
- le pouvoir de négociation de la clientèle, notamment sur les délais de paiement et l'intensité de la concurrence ;
- la volonté commerciale, marketing et de la direction d'entrer sur tel ou tel marché.

Illustrations

Un grossiste en matériel informatique a une clientèle de revendeurs et de sociétés de service avec un niveau de risque crédit élevé, en outre son taux de marge est faible. Sa gestion du risque client plus rigoureuse que celle de ses concurrents commence à avoir des effets négatifs sur sa part de marché. En réponse, il réalise auprès de sa clientèle la promotion des garanties qu'il appelle « solutions de financement ». Un document remis aux clients décrit de façon très pédagogique chacune de ces solutions : endos, délégation de paiement, engagement du client final de payer sur un compte joint... Le personnel de la fonction crédit et la force de vente sont spécialement formés pour aborder ce thème de façon à ne pas effrayer les clients : « nous vous accompagnons sur un crédit jusqu'à tel montant et au-delà nous trouverons une solution ensemble... ».

Une entreprise travaille avec une clientèle de grandes sociétés généralement solvables sur laquelle elle réalise une marge réduite. Elle envisage de se diversifier sur un nouveau marché de petites entreprises dont le risque de crédit est élevé. Un taux de marge élevé l'incite toutefois à augmenter son exposition au risque, elle prend le pari que la marge encaissée supplémentaire fera plus que compenser les pertes probables.

En raison d'un taux de marge brute très faible, inférieur à 10 %, une entreprise d'abattage a une politique de crédit très stricte. Aucune vente n'est réalisée au-delà de l'agrément de l'assurance crédit, sauf garantie fournie par le client. Les livraisons sont bloquées dès les premiers retards de paiement, l'action contentieuse est initiée à l'issue de la troisième semaine de retard.

Chapitre 7

Prévenir le risque client

La nécessité d'une procédure

Une procédure est nécessaire dans chaque fonction pour systématiser les bonnes pratiques, et délimiter les rôles de chacun. Elle est particulièrement indispensable pour la fonction crédit, notamment pour prévoir un mode de règlement pacifique des désaccords inévitables survenant avec la fonction commerciale.

La « **charte crédit** » est une procédure prévoyant des engagements réciproques définis en commun entre les fonctions commerciales et crédit sur l'ensemble du cycle de la commande. Elle est co-signée par les directeurs de ces deux fonctions. Elle part de l'idée que les personnes appliquent plus volontiers les règles qu'elles ont contribuées à édicter.

La procédure de gestion du risque et crédit client contient les points suivants :

1. Identification des classes de risque : il convient de définir des règles spécifiques de gestion du risque et du crédit client adaptées à chaque catégorie de clients
2. Entrée en relation
   - Informations nécessaires à demander au client pour l'ouverture de compte

- Sources d'évaluation du risque client
- Méthode de fixation de la limite de crédit, fréquence de sa révision

3. Négociation des délais de paiement
   - Délais de paiement standard et octroi de délais dérogatoires
   - Taux d'escompte et exploitation des pénalités de retard
4. Garanties permettant de sécuriser l'encours
5. Gestion de l'encours
   - Comité de crédit : procédure d'arbitrage
   - Définition de l'encours client
   - Filtres crédit
   - Gestion prévisionnelle de l'encours
   - Relation avec l'assurance crédit
6. Organisation du recouvrement amiable
   - Calendrier de relance par classe de risque
   - Rôle des commerciaux dans la relance
   - Circuit de traitement des litiges : codification, relances internes
7. Mesures de performance et reporting

Il nous semble qu'une charte crédit doit également définir l'état d'esprit dans lequel exercer la fonction. Les aspects comportementaux et relationnels constituent en effet un facteur clé de succès pour le responsable crédit.

Illustrations

> Le responsable crédit assure une gestion prévisionnelle de l'encours afin de fluidifier la relation commerciale et éviter les situations de blocage. En cas de dépassement d'encours, il s'efforce de proposer au client un ensemble de solutions permettant de réaliser la vente tout en maîtrisant les risques (voir solutions de crédit).
>
> La relance amiable s'inscrit dans la relation commerciale. Le chargé de relance saura allier la fermeté nécessaire pour se faire payer avec la courtoisie inhérente à toute relation commerciale.
>
> Le chargé de relance informe le commercial avant tout blocage des livraisons, notamment pour lui demander d'intervenir auprès du client afin de tenter de débloquer la situation.

Identifier des classes de risque

Tous les clients n'ayant pas le même niveau de risque, il convient d'identifier des classes de risques pour concentrer ses efforts sur les clients à risque et encours élevé. Les critères permettant de définir ces classes de risque sont : le nombre de clients, leur chiffre d'affaires et leur niveau d'encours, le niveau de risque de crédit, la fréquence des litiges, l'information disponible pour évaluer le risque. Il convient ensuite d'appliquer à chaque classe des règles de gestion adaptées.

Illustration

> Une entreprise fabriquant des spiritueux a trois grandes catégories de clients :
>
> – Les grandes surfaces (GMS). Celles-ci se répartissent en deux catégories. Les GMS intégrées se caractérisent par un nombre de clients peu important, un risque de crédit faible, des encours très élevés. Les chaînes d'indépendants représentent un nombre important de clients et un niveau de risque crédit élevé. Bien que l'enseigne soit commune, chaque magasin représente un risque de crédit distinct.
> – Les grossistes. Ce sont pour la plupart des PME. Ils génèrent des encours supérieurs à ceux des GMS indépendantes. Le risque de défaillance est important. Un à deux grossistes dépose le bilan chaque année.
> – Les Cafés, Hôtels, Restaurants (CHR). L'entreprise a fait le choix de fournir 9 000 CHR. Le risque de crédit est très élevé. La faiblesse des encours et le grand nombre de clients impose une règle de gestion simple et stricte : pas plus d'une facture dans l'encours. Toute nouvelle livraison suppose le paiement préalable de la facture précédente, qu'elle soit échue ou non. En cas d'impayé, l'entreprise continue à livrer pour des raisons commerciales mais contre-remboursement.
>
> Les GMS indépendantes et les grossistes représentent une catégorie homogène sur laquelle doit se concentrer la gestion du risque client.

L'assurance crédit

L'entreprise doit faire le choix entre souscrire un contrat d'assurance crédit et assumer elle-même le risque de crédit. Il existe plusieurs formes d'assurance crédit : l'assurance crédit classique, catastrophe et concertée.

L'assurance crédit classique

Pour les clients dénommés, l'assuré demande une garantie individuelle (ou agrément que l'assureur octroie en totalité ou en partie. En dessous d'un seuil contractuel (entre 4 et 10 k€), la garantie est automatique (non dénommé), sauf si le client figure sur la liste des entreprises sans garantie aucune. L'assureur peut à tout moment réduire l'agrément en fonction des informations obtenues, cette réduction ne valant que pour les livraisons à venir. La clause de « couverture d'ordres à livrer » permet aux entreprises fabriquant des produits sur mesure de garantir les commandes reçues et non livrées au jour de la réduction d'agrément. Par la procédure d'arbitrage, l'assuré demande l'augmentation de l'agrément en apportant s'il le peut des informations utiles à l'évaluation du risque de son client. Ce contrat prévoit deux cas de prise en charge par l'assureur :

- **L'insolvabilité déclarée** : le client fait l'objet d'une procédure judiciaire de redressement ou liquidation des biens. L'indemnisation intervient généralement un mois après l'admission de la créance au passif du débiteur.
- **L'insolvabilité présumée** : l'assuré transmet la créance à la suite d'actions de recouvrement amiables infructueuses. L'assureur prend alors le relais au contentieux. L'assuré est indemnisé à l'issue d'un délai de carence contractuel (entre 3 et 6 mois) variant entre les clients dénommés et non dénommés.

L'indemnisation n'est pas totale, le contrat prévoyant une « quotité de remboursement », par exemple de 60 % du montant TTC pour les non dénommés et de 75 % pour les dénommés. Par ailleurs, l'assuré récupère la TVA sur les créances passées en perte. La prime est payée sur le CA « assuré » et varie entre 0,2 et 1,4 %. Elle est revue annuellement en fonction des sinistres passés. Pour responsabiliser l'assuré, le contrat prévoit souvent une clause de partage des bénéfices (entre 20 et 35 %) calculé de la façon suivante :

Cotisations – Dédommagements – Frais de gestion forfaitaires = Bénéfice

Pour ne pas perdre sa garantie, l'assuré doit informer l'assureur des retards (au-delà d'un certain délai), demandes de prorogation et plus généralement de toute information influençant l'analyse du risque. Les principaux paramètres de la négociation sont : le taux de prime, le seuil du non dénommé, le plafond de décaissement global, le taux de rétrocession du bénéfice (entre 30 et 40 %).

L'assurance crédit « catastrophe » ou « excess of loss »

L'objectif de ce contrat est de réduire le taux de prime en laissant à la charge de l'assuré une partie des pertes. Il est réservé aux entreprises disposant déjà d'un service crédit car l'assureur délègue la gestion du risque à l'assuré qui fixe librement ses encours sans demander d'agrément. L'assureur audite préalablement les procédures crédit et impose des règles de gestion du risque dont le respect conditionne la garantie.

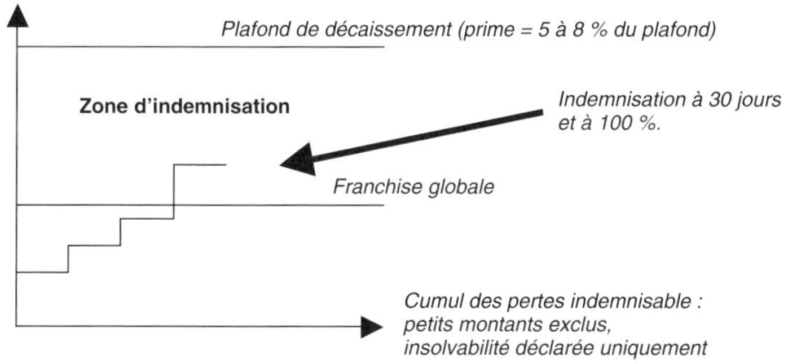

Figure 7.1 – Conditions d'assurance crédit catastrophe

Le contrat prévoit une franchise globale en dessous de laquelle les pertes ne sont pas indemnisées (figure 7.1). Cette franchise globale représente habituellement le montant de perte moyen que l'entreprise subit et qu'elle est capable d'assumer sans que sa pérennité ne soit remise en cause. Autrement dit, dans une année de sinistralité « normale », l'assuré n'est pas indemnisé. Par contre, une fois la franchise dépassée, l'assureur indemnise rapidement, à 30 jours, 100 % du montant HT pour éviter l'« effet domino » défini au chapitre précédent. Ne rentrent dans le cumul de pertes indemnisables que les créances sur des clients en procédure judiciaire (insolvabilité déclarée). Les pertes de petit montant (habituellement inférieures à 10 k€) sont donc exclues de la garantie (franchise individuelle). La prime est calculée en pourcentage du plafond de décaissement (entre 5 et 8 %) et non sur le CA garanti.

Ce contrat est adapté aux entreprises ayant des encours élevés sur plusieurs clients à risque dont elles ne peuvent ou veulent pas assumer seule le risque.

L'assurance crédit « concertée »

Elle ressemble à l'assurance catastrophe en prévoyant une franchise globale et individuelle, un plafond de décaissement et un taux de prime appliqué sur ce plafond. Toutefois, à partir d'un seuil, l'assuré doit consulter l'assureur pour obtenir un agrément. Ce seuil de consultation et d'agrément constitue un garde fou pour l'assureur. Les pertes dont le montant est supérieur à ce seuil ne sont prises en compte dans le cumul de créances indemnisables que dans la limite de l'agrément. L'importance de ce seuil de consultation reflète le degré de confiance de l'assureur envers l'assuré.

Illustration

Tableau 7.1 – Indemnisation par assurance crédit concerté

Perte	Agrément	Montant retenu	Cumul de pertes indemnisables	Indemnisé	Non indemnisé
47		47	47		47
140	180	140	187		140
380	300	300	487		380
13		0	487		13
470	400	400	887	187	283
320	400	320	1207	320	
1 370				**507**	**863**

- Franchise individuelle : 20 k€ (créances ne rentrant pas dans le cumul indemnisable).
- Franchise globale : 700 k€.
- Plafond de décaissement : 5 000 k€.
- Seuil d'agrément : 100 k€.

Les sources d'information

Comme l'araignée tisse sa toile, le responsable crédit constitue son réseau d'information lui permettant d'évaluer le risque client en « temps réel ». Il sélectionne les sources d'évaluation, externes et internes les plus adaptées à sa clientèle :

- Les sources d'information « externes » sont collectées auprès d'organismes externes : information du registre du commerce et des sociétés, enquêtes des sociétés d'information commerciale, assurance crédit, presse économique, professionnelle ou locale, banques, contacts ponctuels ou réguliers avec d'autres fournisseurs.
- Les sources internes résultent de la relation directe du fournisseur avec ses clients : observation des habitudes de paiement, analyse financière (dans la mesure où elle est réalisée en interne, par le responsable crédit), détection des critères de risque « terrain ».

La plupart des entreprises exploitent à la fois les sources externes et internes. Elles utilisent leur propre connaissance du client tout en cherchant à conforter leur opinion par un avis externe, par exemple une enquête commerciale. Les entreprises qui exploitent prioritairement les sources externes sont :

- celles qui ont un contrat d'assurance crédit classique et ne font pas crédit au-delà de la garantie donnée par l'assureur ;
- les entreprises où la fonction crédit est exercée par une personne y consacrant une faible partie de son temps. Elles exploitent en priorité des informations « prêtes à l'emploi » d'accès rapide, enquêtes commerciales ou avis de l'assureur crédit.

Les enquêtes commerciales

Elles procurent l'avantage d'une information « pré-digérée », prête à l'emploi. On y trouve notamment les informations légales disponibles auprès du registre du commerce et des sociétés (RCS) :

- l'information statutaire : le statut juridique et le montant du capital social renseignent sur les ambitions des actionnaires. L'ancienneté est une information intéressante dans la mesure où le taux de sinistralité est plus élevé dans les premières années. L'adresse du siège social peut renseigner sur le niveau de vie de l'entreprise ;

- l'existence éventuelle de privilèges fiscaux ou d'organismes sociaux, clignotants de risque efficaces (sauf s'ils ont été enregistrés suite à un différé de paiement négocié avec l'administration) ;
- l'existence d'une procédure collective (redressement ou liquidation judiciaire) ainsi que son état d'avancement. Notons que le fournisseur demeure libre de faire ou non crédit à une entreprise en redressement judiciaire, même pour les contrats conclus avant la date de dépôt de bilan ;
- les habitudes de paiement que les prestataires se procurent auprès de grands facturiers ou de sociétés d'affacturage ;
- les principaux agrégats d'analyse financière : CA, résultat, CAF, capitaux propres…
- une note définie par une méthode « maison » de scoring qui constitue la synthèse de l'évaluation du risque.
- la mise sous surveillance qui permet d'obtenir toute nouvelle information dans les 12 mois de l'enquête.

L'assurance crédit classique

L'octroi d'un agrément, sa réduction ou résiliation constituent en soi des informations qui renseignent sur l'évolution du risque en temps réel dont on ne dispose pas dans l'assurance catastrophe. La demande de révision d'encours faite par l'assureur constitue également un indice. Elle signifie souvent que l'assureur commence à se poser des questions sur la solvabilité de l'entreprise et étudie son exposition globale.

Les banques

Le fournisseur interroge le plus souvent sa banque et non celle du client. Les banques sont astreintes à une obligation de confidentialité vis-à-vis de leurs clients et n'ont évidemment pas intérêt à révéler les difficultés de leur client. En le faisant, elles incitent les autres fournisseurs à réduire leurs propres concours et ainsi accélèrent le processus de dégradation.

Les contacts avec d'autres fournisseurs

De nombreux responsables crédit entretiennent des contacts plus ou moins formels, réguliers ou occasionnels avec des entreprises, concurrentes ou non, mais ayant les mêmes clients. Il ne s'agit évidemment pas d'ententes sur les prix, les conditions de règlement ou de répartitions de marchés (pratiques anticoncurrentielles illégales), mais uniquement d'échanger des informations relatives à des difficultés financières. Ces échanges s'effectuent notamment à l'occasion de rencontres organisées par diverses associations professionnelles.

Les habitudes de paiement

Elles comptent pour une part importante dans la décision de crédit. Le fournisseur sera naturellement enclin à faire davantage crédit à une entreprise ayant toujours respecté ses échéances même si elle n'a pas un très beau bilan. La dégradation des habitudes de paiement se manifeste de diverses façons : simples retards de paiements, impayés bancaires, demandes de prorogation (modification de la date d'échéance des effets de commerce ou appel du client), faux litiges à répétition qui masquent le plus souvent des difficultés de trésorerie. L'allongement du délai de retour des traites constitue également un critère précieux dans la mesure où il révèle que le client n'est pas certain de pouvoir payer à échéance.

L'analyse financière

Elle vise à évaluer le risque de défaillance à partir des documents comptables du client. Elle se réalise habituellement sur une période de 3 à 4 ans, elle cherche à repérer les points forts et points faibles de l'entreprise et les grandes tendances sur les trois points suivants :

- L'activité : quelle a été l'évolution du chiffre d'affaires ? sur quels produits, marchés, clients, l'entreprise réalise-t-elle son chiffre d'affaires ? A-t-elle une position forte sur son marché ? Le marché est-il porteur ?
- La profitabilité : comment ont évolué le résultat et les différents niveaux de marge ? Son taux de marge est-il supérieur, équivalent ou inférieur à d'autres entreprises du secteur d'activité ?

- La structure : comment ont évolué les grands équilibres du bilan ? À cette étape sont examinées les questions suivantes :
  - L'entreprise a-t-elle investi ?
  - Comment a-t-elle financé ses investissements, n'est elle pas trop endettée à LMT, les capitaux propres sont-ils suffisants, augmentent-ils grâce aux résultats mis en réserve ?
  - Gère-t-elle convenablement son besoin en fonds de roulement (délais de paiement client et fournisseur, d'écoulement des stocks) ;
  - Finalement, la trésorerie est elle équilibrée ? C'est la question essentielle de l'analyse financière dans la perspective du risque client, toute défaillance d'entreprise provenant d'une crise de trésorerie et comme nous le voyons au chapitre 11, les crises de trésorerie peuvent avoir des causes très diverses.

Une analyse financière prend du temps, elle se justifie pour des clients ayant un volume d'affaires élevé et récurrent et représentant évidemment un risque de défaillance. Dans les autres cas, le responsable crédit peut se contenter d'analyser les principaux agrégats financiers fournis dans les enquêtes commerciales.

Illustration

> Le credit manager d'une entreprise de téléphonie mobile évalue les dossiers de création de magasin à partir du business plan élaboré par le candidat à une franchise. Les prévisions d'activité sont-elles crédibles, compte tenu de l'emplacement du magasin ? Les plans d'action (investissements, embauches...) sont-ils cohérents avec les prévisions de vente ? Les financements ont-ils été bien étudiés, des charges ont-elles été oubliées ou minorées ? Il s'agit ici d'évaluer le risque à partir de la crédibilité des chiffres prévisionnels.

Savoir demander directement le bilan à ses clients

Cette démarche n'est évidemment possible que pour le fournisseur important ayant des encours élevés. Par comparaison avec l'achat des informations comptables aux sociétés de renseignements commerciaux, elle présente au moins trois avantages :

- Le fournisseur obtient les documents comptables plus rapidement que s'il devait attendre qu'ils soient publiés ;
- Il les obtient gratuitement ;
- Il est davantage en mesure de poser des questions au client sur l'interprétation de son bilan que s'il se l'était procuré par un autre moyen.

Le fournisseur doit savoir justifier sa demande et répondre aux objections :

- « Les documents comptables nous sont nécessaires pour déterminer la limite de crédit » (la menace sous-entendue est qu'il n'y a pas de crédit en l'absence de bilan) ;
- « Non, ce n'est pas le signe d'une méfiance en particulier à votre égard, le bilan est désormais demandé à tous les clients » ;
- « L'importance du crédit que nous vous faisons justifie pleinement notre demande. Le banquier demande d'ailleurs les documents comptables, même pour un prêt d'un montant beaucoup plus faible ».
- « Nous vous garantissons la confidentialité des informations que vous nous transmettez, votre bilan ne sortira pas de votre dossier de crédit » (bien que les documents comptables soient normalement publiés).

En y mettant les formes, le fournisseur obtiendra plus facilement le bilan de ses clients. Il pourra proposer par exemple de remettre le bilan de son entreprise en échange de celui du client. Certaines grandes entreprises ayant une clientèle homogène (réseau de distributeurs, d'installateurs…) ont constitué une « centrale des bilans » de leurs clients. En échange de leur bilan, le service crédit propose au client une analyse comparant ses ratios aux ratios moyens du secteur lui permettant de définir ses points forts et points faibles.

Les critères de risque terrain

Grâce au contact direct avec ses clients, le fournisseur accède parfois à des informations que n'ont pas les sociétés d'assurance crédit et de renseignements commerciaux. Par comparaison avec l'analyse financière, les critères de risque terrain constituent des « indicateurs avancés » apparaissant souvent bien en amont de mauvais résultats ou de difficultés de trésorerie. Leur survenance permet donc au fournisseur de limiter par anticipation son exposition au risque (vigilance dans la gestion des encours, baisse de la limite de crédit, refus des dépassements d'encours, actions de relance prioritaires...).

En visitant leurs clients, les vendeurs sont en mesure de détecter des facteurs de risque et signaux de dégradation :

- locaux mal entretenus ;
- à l'inverse, siège social somptueux par rapport à la taille de l'entreprise ;
- investissement surdimensionné ;
- faiblesse de la rotation des stocks. Les sociétés de logistique gérant le stock de leurs clients sont privilégiées pour accéder à cette information ;
- niveau de vie du dirigeant manifestement disproportionné par rapport à la taille de son entreprise ;
- forte rotation de personnes à des postes à responsabilité : directeur commercial ou financier, chef comptable...

L'acheteur pourra divulguer des informations très utiles sur l'évolution du risque :

- baisse des commandes,
- perte d'un gros client,
- licenciements économiques,
- dissensions entre les dirigeants,
- passage à la concurrence de commerciaux « compte clé »...

Parfois, les vendeurs obtiendront également des informations auprès des clients de leurs clients :

- problèmes de qualité,
- respect des délais...

L'augmentation soudaine des commandes par rapport à un montant moyen d'achat constaté dans le passé est constatée par l'administration des ventes (ADV) autant que par les commerciaux. C'est un clignotant de risque qui est particulièrement à prendre au sérieux pour deux raisons :

- le client augmente ses achats après avoir commis un impayé auprès d'un autre fournisseur qui refuse en conséquence de le livrer ;

- ou il anticipe l'ouverture d'une procédure collective en accumulant des marchandises. Il compte ensuite faire échec à l'exercice de la clause de réserve de propriété par le fournisseur, par exemple en transformant rapidement les matières premières, en les dissimulant...

Illustration

> Une entreprise de transport routier incorpore un « filtre » crédit dans son logiciel de gestion des commandes. Toute commande se traduisant par une augmentation du chiffre d'affaires mensuel de 50 % par rapport à la moyenne des mois précédents est momentanément bloquée. Le responsable crédit demande au vendeur en charge du client de s'informer sur les raisons de cette augmentation soudaine et mène lui-même son enquête.

Les entreprises dont les clients sont sur un même secteur identifient des facteurs de risque spécifiques à ce métier, par exemple :

- qualité de l'emplacement, un critère crucial pour un restaurant ;
- risque d'impayé des clients professionnels d'un négociant en peinture est lié à leur formation initiale. Les artisans qui ont suivi un apprentissage complet ont acquis une compétence leur évitant les erreurs se traduisant par un litige. Ils réalisent des chantiers à plus forte technicité leur procurant un revenu plus important. Lors de l'entrée en relation avec un nouveau client, le vendeur est chargé d'évaluer son niveau de compétence ;
- incapacité de financer des investissements rendus nécessaires par le changement des normes de sécurité ;
- faible rotation du parc de véhicules d'occasion chez un concessionnaire automobile. À l'inverse l'absence du parc de véhicules d'occasion constitue également un facteur de risque, le concessionnaire a un tel besoin de trésorerie qu'il brade ses véhicules d'occasion.

La détection des critères de risque terrain ne concerne pas uniquement les vendeurs mais tous les opérationnels au contact direct de la clientèle : techniciens, chauffeurs, vendeurs sédentaires, ADV, chargés de relance...

Elle nécessite un véritable investissement en temps. Il convient tout d'abord de sensibiliser les opérationnels sur l'importance de ces critères et ensuite d'aller au devant d'eux pour recueillir leurs informations. Le responsable crédit utilise parfois un circuit formel. Par exemple, il demande à être mis en copie des rapports de visite (ceux-ci sont parfois consultables sur le logiciel de gestion de la relation client). Le canal de communication le plus efficace est toutefois le développement d'une relation informelle constante avec les opérationnels.

Quels critères d'évaluation interne privilégier en fonction de la taille de l'entreprise ?

La Cegos a mené il y a quelques années une enquête sur les sources d'évaluation du risque client comportant notamment la question suivante : quel pourcentage de la décision crédit attribuez-vous à chacun des critères d'évaluation interne en fonction de la taille de l'entreprise, petite, moyenne ou grande ?

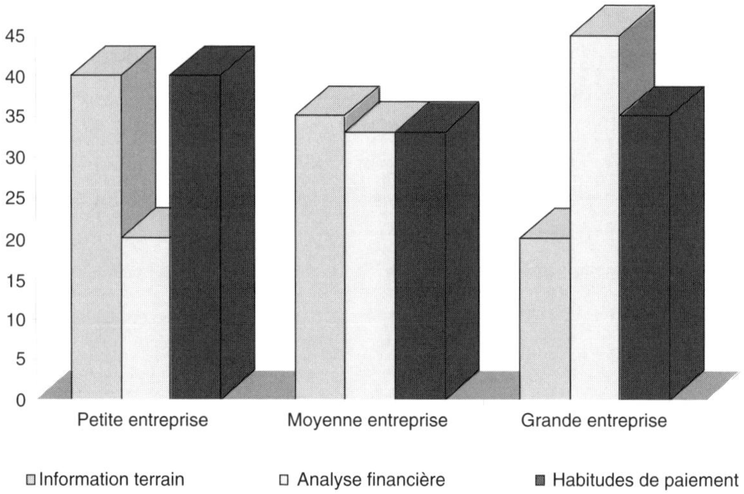

Figure 7.2 – Critères d'évaluation interne en fonction de la taille de l'entreprise

La figure 7.2 nous montre que :

- la part des habitudes de paiement dans la décision crédit compte pour une part importante (aux alentours de 40 %) et relativement stable de la décision crédit, quelle que soit la taille de l'entreprise ;

- pour les entreprises de petite taille (entreprise individuelle, petite PME), les critères de risque terrain sont sans surprise plus importants que l'analyse financière. Leur performance est souvent déterminée par quelques critères qualitatifs : emplacement, compétence d'un dirigeant… En outre, ces entreprises sont davantage sujettes à un retournement rapide de leur situation financière ;
- la part de l'analyse financière augmente avec la taille de l'entreprise.

La méthode des points de risque

Comme le montre la figure 7.3, cette méthode empirique réalise une synthèse des différentes sources d'évaluation du risque de crédit par l'élaboration d'une note de risque. La méthode des « *credit men* » développée par des banquiers américains au début du XXe siècle en a été le premier exemple d'application. La note de synthèse se définissait de la façon suivante :

- pour 40 % sur les facteurs managériaux : qualité du management ;
- pour 40 % sur les facteurs économiques : évolution du secteur d'activité ;
- pour 20 % sur la santé financière : sélection de ratios pertinents.

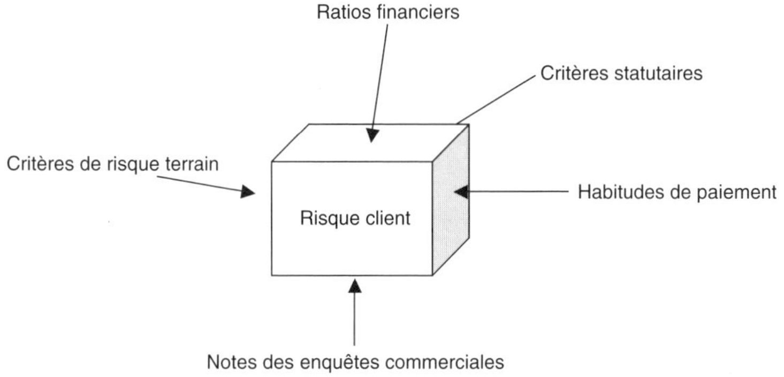

Figure 7.3 – Méthode des points de risque

La méthode consiste à noter le client sur différents critères complémentaires et pertinents pour évaluer le risque afin de calculer une note moyenne. Celle-ci conduit ensuite à affecter le client à une « classe de risque », quatre classes étant habituellement retenues :

1. Risque maximum.
2. Risque assez élevé.
3. Risque faible.
4. Risque nul.

Des règles de gestion spécifiques sont ensuite définies pour chaque classe de risque : information à collecter à l'entrée en relation, mode de fixation de la limite de crédit, acceptation de dépassement d'encours, priorité dans la relance… La méthode des points de risque conduit également à définir une limite de crédit (voir *infra*).

Tableau 7.2 – Formule de point de risque

Critère	Risque max = 1	2	3	Risque min = 4
Appartenance à un groupe	Affaire personnelle	SARL	SA	Groupe
Capital	≤ 7 500 €	7 500 à 50 k€	50 à 200 k€	> 200 k€
Âge de la société	< 2 ans	2 à 5 ans	5 à 10 ans	> 10 ans
Qualité de la gestion	Faible	Moyenne	Bonne	Excellente
Climat social	Mauvais	Moyen	Bon	Excellent
Emplacement	Défavorable		Favorable	Très favorable
État des locaux	Mauvais	Moyen	Bon	Excellent
Nombre de clients	< 20	20 à 100	100 à 400	> 400
Rique client	Fort et non assuré	Moyen	Bon	Faible ou bien assuré
Outil de production	Obsolète	Moyen	Bon	Excellent
Innovation produits	Produits banalisés	Moyenne	Bonne	Produits à forte valeur ajoutée et différenciés
Habitudes de paiement	Mauvais payeur	Retards occasionnels	Paiements ponctuels	Paiements d'avance
Évolution des ventes	Baisse	Stagnant	3 à 10 %	> 10 %
Résultat courant / CA	Négatif	< 3 %	3 à 7 %	> 7 %
Frais de personnel / CA	> 80 %	70 à 80 %	50 à 70 %	< 50 %

Frais financiers / EBE	> 35 %	30 à 35 %	17 à 30 %	< 17 %
Empunts LMT / CAF	> 4 ans	2,5 à 4 ans	1,5 à 2,5	< 1,5 ans
Évolution de la santé financière depuis le dernier bilan	Forte dégradation	Légère dégradation	Amélioration légère	Forte amélioration
Taux de marge des produits vendus	< 15 %	15 à 25 %	25 à 35 %	> 35 %

Le « *credit scoring* » repose quant à lui sur une démarche statistique nécessitant des moyens informatiques : deux échantillons d'entreprise de taille comparable, défaillantes et en bonne santé financière, sont sélectionnés. La démarche consiste à identifier sur les trois années précédant la défaillance les ratios financiers les plus « discriminants » permettant de distinguer en amont les entreprises des deux échantillons. Une fonction score reprend habituellement 4 ou 5 ratios pondérés entre eux. À titre d'exemple, le score AFDCC 2 est un score sectoriel datant de 1997 disponible auprès de l'AFDCC[1]. Le diagnostic qui résulte de cette formule est donné dans le tableau 7.3.

Tableau 7.3 – Fonction score AFDCC 2

Score	Diagnostic
< – 2	Défaillance
De – 2 à –1	Très fragile
De – 1 à 0	Fragile
De 0 à 0,5	Neutre
De 0,5 à 1,5	Bon
> 1,5	Très bon

L'AFDCC a développé en 2008 le score AFDCC 3 applicable à des entreprises n'utilisant pas nécessairement la présentation du plan comptable français.

1. AFDCC : Association française des directeurs et chefs crédit.

Certaines entreprises ont développé un scoring sur mesure à partir de leur clientèle (par exemple, un constructeur automobile pour évaluer sa clientèle de concessionnaires). Le plus souvent, le score représente un complément d'évaluation. Des établissements de crédit l'utilisent toutefois comme seul critère d'acceptation pour des dossiers de faible montant, les critères n'étant pas exclusivement financiers.

La fixation de la limite de crédit

Elle correspond au risque maximal que le fournisseur accepte de prendre sur son client. Même si la limite de crédit constitue un « pari » pris sur un client, il convient de définir une méthode pour en calculer une première approche.

Étape 1 : Définir préalablement le besoin d'encours

Pour tout nouveau client, il convient de définir par rapport au volume d'affaires prévisionnel son encours prévisionnel.

Illustration

> Le vendeur d'un fabricant de machines à laver revient de chez un nouveau client, grossiste, avec les prévisions suivantes : achat de 2 000 machines, prix catalogue : 500 €, taux de remise de 20 %, délai de paiement de 60 jours fin de mois. Dans l'hypothèse d'une activité relativement bien répartie sur l'année, le besoin d'encours est de :
>
> 2 000 machines × 500 € × [1 – 0,20] × 1,2 (TVA) × 3 / 11 = 218 k€
>
> Pour un délai fin de mois, l'encours maximal correspond à trois mois de chiffre d'affaires. Le chiffre d'affaires est censé être réalisé sur 11 mois en raison des vacances d'été.

Pour une activité très saisonnière, il convient d'évaluer l'encours maximal. Pour un client réalisant des achats mensuels de 1 000 en avril, mai et juin et payant à 60 jours fin de mois, le besoin d'encours est de 3 000 en juin et de 2 000 en mai et juillet.

Le responsable crédit fait collaborer les vendeurs en leur demandant :

- de calculer ce besoin d'encours pour tout nouveau client ou au moins donner l'information permettant de le mesurer ;

- d'alerter le responsable crédit par avance si l'augmentation prévue de chiffre d'affaires d'un client existant nécessite une révision à la hausse de sa limite de crédit.

Étape 2 : S'appuyer sur une méthode « objective » de fixation de la limite de crédit

La procédure crédit doit prévoir une méthode de fixation de la limite de crédit qui s'appuie sur des **critères objectifs**, même simples, pour les raisons suivantes :

- Lorsque plusieurs personnes établissent des limites de crédit au sein de la même entreprise, une telle méthode assure une certaine homogénéité de traitement.
- Le responsable crédit ne doit pas donner l'impression de définir cette limite de crédit « au feeling », en dehors de toute méthode, faute de quoi les commerciaux risquent de la contester lorsqu'ils l'estimeront insuffisante.

  Cette méthode peut être :
- **L'agrément de l'assurance crédit. La limite de crédit est égale à la garantie** accordée par l'assurance crédit, éventuellement augmentée par décision du comité de crédit. Exemple : une société informatique double l'agrément donné par l'assureur en raison de l'importance des encours sur ce secteur pour définir la limite de crédit.
- **La validation du besoin d'encours.** Cette méthode est adaptée pour des encours de montant modéré. La limite de crédit est égale au besoin d'encours, en l'absence toutefois d'information trop défavorable (existence d'une procédure collective, d'un privilège du Trésor ou des organismes sociaux).
- **L'utilisation de la méthode des points de risque.** Le tableau 7.4 en donne une illustration. La formule prend en compte un ensemble de critères de risque externes et internes. Elle évalue la limite de crédit en pourcentage des capitaux propres du client, représentant son patrimoine. Elle commence par attribuer 10 % des capitaux propres du client. Elle attribue ensuite sur chaque critère un pourcentage positif ou négatif en fonction du résultat du ratio.

Tableau 7.4 – Fixation de la limite de crédit par la méthode des points de risques

Critère	Zones	Ratio	Résultat
1.10 % des capitaux propres			10 %
2. Capacité dynamique de remboursement $\frac{\text{Emprunts à long et moyen terme}}{\text{Capacité d'autofinancement}}$	< 2 = +15 % 2 et < 3 : +10 % 3 et < 4 : 0 4 et < 5 : –5 % 5 et + : –20 %	3,85	0 %
3. Taux d'endettement $\frac{\text{Frais financiers}}{\text{Excédent brut d'exploitation}}$	< 15 % : +20 % 15 % et < 20 % : +10 % 20 % et < 35 % : +5 % 35 % et < 50 % : –10 % 50 % et + : –20 %	49 %	–10 %
4. Profitabilité des ventes Résultat net / Chiffre d'affaires	2 % par % du CA HT	0,3 %	0 %
5. (Crédits de trésorerie / Chiffre d'affaires) × 12 mois	< 1 mois : + 20 % > 1 et < 1,5 mois : + 10 % > 1,5 et < 2 mois : +5 % 35 % et < 50 % : –10 % 50 % et + : –20 %	2,2	–10 %
6. Habitudes de paiement	Paiement d'avance : +20 % Régulières : +10 % Retards occasionnels : –10 % Mauvais payeur : –20 %		+10 %
7. Ancienneté de l'entreprise	< 5 ans : 0 % > 5 ans et < 10 ans : +10 % 10 ans et : +20 %		+10 %
8. Clientèle	Diversifiée et solvable : +20 % Diversifiée et moyenne : +10 % Concentrée et solvable : –5 % Diversifiée et risquée : –10 % Concentrée et risquée : –20 %		–5 %
9. Innovation et différentiation des produits par rapport à la concurrence	Forte : +20 % Moyenne : +10 % N/A : 0 % Faible : –10 %		0 %
Total des % :			+5 %
Montant des capitaux propres :			2 631 K€
Limite de crédit :			131,5 K€

La construction d'une telle méthode passe par les étapes suivantes :

- sélection d'une dizaine d'indicateurs reflétant le risque sous divers angles : ratios financiers (en choisissant le plus discriminants), critères terrain adaptés à la clientèle, habitudes de paiement... ;
- recensement des encours actuels (ou souhaités) sur un échantillon des clients les plus représentatifs ;
- détermination des coefficients appliqués à chaque critère de façon à définir un plafond cohérent avec les encours souhaités ;
- sensibilisation des commerciaux à l'importance de chacun des critères retenus.

Étape 3 : Prendre en compte l'ensemble des paramètres

La limite de crédit peut comprendre trois étages.

Le premier étage est le socle de la limite de crédit. Elle résulte de l'application d'une méthode objective (agrément de l'assurance crédit ou *méthode des points de risque*). Construite à partir de critères compris par les commerciaux, elle leur ainsi est plus facilement opposable lorsqu'elle donne un montant insuffisant.

Le deuxième étage est constitué des *garanties* éventuelles apportées par le client et que le fournisseur considère fiables : cautions, garanties à première demande, endos...

Le troisième étage est constitué par le « *facteur de jugement* ». Ce terme représente dans les banques le niveau d'engagement qu'une personne est habilitée à prendre seule. La fixation d'une limite de crédit n'est pas purement « mécanique » mais, nous l'avons dit, constitue un pari. Les critères pris en compte dans la méthode des points de risque sont certes pertinents mais ne rendent évidemment pas compte de toute la réalité complexe d'un client. Le fournisseur peut avoir des éléments d'appréciation propres pouvant l'inciter à aller au-delà des deux premiers étages : client sur un marché stratégique pour le fournisseur, qui achète des produits à forte marge...

Les différends inévitables entre les fonctions crédit et commerciales sont résolus dans le cadre d'un comité de crédit.

La gestion de l'encours

Le comité de crédit et la procédure d'arbitrage

Le comité de crédit joue un rôle central dans la mise en œuvre de la politique crédit. Il se compose du directeur financier ou du responsable crédit, du directeur commercial et souvent de la direction générale, du moins pour les dossiers les plus importants. Il traite des décisions de crédit sur les clients les plus importants et arbitre les différends inévitables entre ces deux fonctions. Le responsable crédit s'efforce toutefois de prendre ses décisions en amont en concertation avec la force de vente pour remonter le moins de dossiers possible au comité. Le comité traite tout d'abord des décisions concernant les nouveaux clients : définition de la limite de crédit et octroi de délais de paiement dérogatoires. Il règle ensuite les situations de gestion de l'encours :

- autorisation ou refus des commandes et livraisons en cas de dépassement de la limite de crédit ;
- maintien des livraisons en cas de retard de paiement ou d'information défavorable sur le client ;
- prises de garanties ponctuelles pour garantir le dépassement d'encours ;
- actions sur les litiges pour réduire l'encours…

Selon les entreprises, il se réunit à intervalles réguliers ou seulement à la demande d'un participant. En dehors de décisions, il constitue également un lieu d'échanges entre les fonctions financière et commerciale : décisions prises en dehors de l'arbitrage, suivi des encours des clients les plus importants, leurs perspectives d'activité, informations concernant leur solvabilité…

Définition de l'encours client

Il mesure le risque de crédit « en temps réel » sur un client et ne se limite donc pas au solde comptable des factures non payées. Selon les activités, il intègre :

- les factures émises et non payées ;

- les lettres de change ou billets à ordre reçus et non échus, qu'ils soient remis à l'encaissement ou à l'escompte, ils peuvent en effet revenir impayés ;
- le carnet de commandes. Pour les produits « sur mesure », le risque de crédit naît à un moment proche de la réception de la commande, lors de l'approvisionnement ou de la mise en fabrication ;
- les produits ou prestations livrés et non encore facturés. Certaines entreprises (transporteurs routiers, négociants en consommables informatiques...) n'émettent qu'une seule facture client récapitulative en fin de mois ;
- le délai de connaissance des impayés. Les chèques et lettres de change reçus sont crédités « sous bonne fin » et peuvent être redébités en cas d'impayé jusque dans le délai de deux semaines. Pour les clients à risque élevé, il est intéressant de suivre deux encours distincts dont l'un contient les chèques et lettres de change reçus au cours de la période de connaissance de l'impayé.

Le « filtre crédit »

Inséré dans le logiciel de gestion commerciale, il assure un blocage automatique en cas de dépassement de la limite de crédit ou de retards de paiement. Seul le responsable crédit peut valider la commande une fois le problème résolu. Un blocage à la prise de commande s'impose pour des produits « sur mesure » car le risque naît dès ce moment. Pour des produits standard, le fournisseur peut préférer, pour des raisons commerciales, prévoir un blocage à l'expédition. Il accepte la commande et exploite le délai de livraison pour trouver une solution au dépassement d'encours. En outre, le responsable crédit doit pouvoir activer « manuellement » ce blocage en dehors de tout retard de paiement ou dépassement d'encours, uniquement lorsqu'il apprend une information défavorable sur un client

Gestion prévisionnelle de l'encours

L'encours prévisionnel intègre les commandes livrées, le carnet de commandes et parfois les commandes prévisionnelles, il tient compte des dates de livraison et d'encaissement prévus. Il permet de détecter par avance les dépassements futurs de limite de crédit et de proposer le plus en amont possible une solution au client pour éviter un blocage des livraisons (figure 7.4).

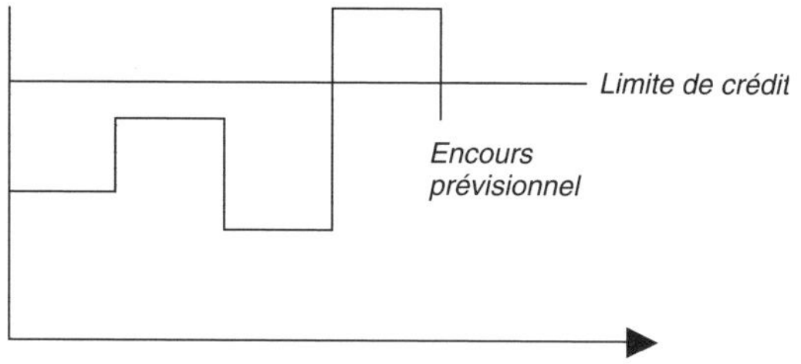

Figure 7.4 – L'encours prévisionnel

La « trousse à outils » du responsable crédit

Face à des clients à risque, le responsable crédit développe sa crédibilité en sachant proposer une variété de solutions qui permettent de réaliser la vente sans prise de risque excessive. La trousse à outils permet au responsable crédit de se présenter comme un apporteur de solutions et non comme un censeur se contentant de bloquer des livraisons. Elle comprend tout d'abord un ensemble de solutions pratiques :

- paiement anticipé visant à dégonfler l'encours en contrepartie d'un escompte ;
- recadencement d'une livraison à une date postérieure à une échéance de paiement ;
- facturation directe d'un client final lorsque le client est un intermédiaire (lorsqu'elle est prévue par le contrat commercial et acceptée par le client). Le fournisseur rétrocède alors la marge sur la revente du matériel à son client. L'intermédiaire est souvent réticent à cette solution qui implique pour lui une diminution de son chiffre d'affaires. Il convient de le rassurer en lui disant qu'elle est plus simple à gérer au plan financier qu'un crédit client et fournisseur souvent de montant élevé par comparaison avec sa structure financière ;
- demande à l'assureur d'une garantie supplémentaire temporaire ;
- acceptation d'un dépassement temporaire de la limite de crédit si le niveau de risque le permet.

La trousse à outils comprend également un ensemble de garanties négociées en réponse à une demande de crédit. Elles sécurisent tout ou partie de l'encours, utilisées de façon permanente ou ponctuelle pour couvrir un dépassement temporaire de la limite de crédit. Nous voyons ci-dessous les caractéristiques essentielles des principales d'entre elles.

➤ L'endos de lettres de change

Le client (B dans la figure 7.5) endosse des lettres de change acceptées avant échéance en faveur de son fournisseur (société A) en apposant la mention « payez à l'ordre de … ». Celui-ci les remet à l'encaissement, il est payé en cas de défaillance de son client. Le client demeure toutefois tenu au paiement en cas d'impayé du débiteur cédé, le fournisseur a donc désormais deux débiteurs.

La force de cette garantie repose sur le principe d'**inopposabilité des exceptions** : pour le débiteur final (société C), la traite acceptée endossée en faveur d'un tiers devient un engagement de paiement autonome déconnecté de la prestation commerciale. En conséquence, il ne peut invoquer un litige pour refuser de payer lorsque le créancier le lui demande. Le fournisseur utilise la partie non mobilisée du portefeuille de traites de son client. Les avantages sont la simplicité, l'efficacité et l'absence de coût. La principale limite réside dans la dématérialisation croissante des modes de paiement qui vient limiter les possibilités d'endossement.

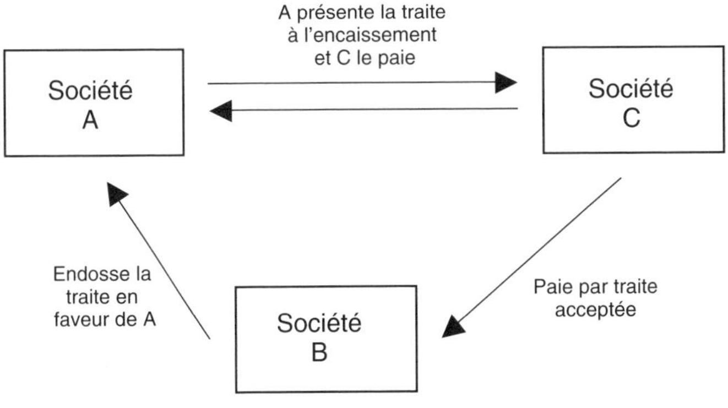

Figure 7.5 – Schéma de l'endossement de lettre de change

➤ La caution

Elle est l'engagement pris par un tiers de payer à la place du débiteur en cas d'insolvabilité de sa part. Elle est le plus souvent émise par la banque du débiteur ou la société mère d'une filiale.

Quand il s'agit de la banque du débiteur, le montant de la caution diminue le plus souvent la capacité d'emprunt de l'entreprise car il s'ajoute à l'encours global de risque pris par la banque sur son client. Le fournisseur peut alors, au titre d'un geste commercial, prendre à sa charge la commission facturée par la banque à son client.

Si c'est la société mère qui cautionne les dettes d'une filiale pour lui faciliter l'accès au crédit, le fournisseur doit bien entendu vérifier préalablement la solvabilité de la société mère par l'analyse des comptes consolidés. Il doit en outre s'assurer que le dirigeant de la maison mère a la capacité d'engager sa société comme caution. Pour les SA, l'article L. 225-35 du Code de commerce prévoit que « *les cautions, avals et garanties consentis au nom de la société doivent être autorisés par le conseil d'administration ou de surveillance* ». Le créancier doit demander la copie du PV de conseil contenant cette autorisation. A défaut, il peut être considéré être négligent. Pour les sociétés civiles, sociétés en commandite et les SARL, la décision relève du gérant, pour les SAS, elle relève du président à moins que les statuts ne limitent leurs pouvoirs (il convient alors de demander les statuts). Lorsque le dirigeant a l'autorisation d'émettre des cautions dans le cadre d'une enveloppe globale, le créancier n'a pas à se soucier de savoir si elle est déjà utilisée ou non. L'article L. 225-35 prévoit en effet que : « *Si les cautions, avals ou garanties ont été donnés pour un montant total supérieur à la limite fixée pour la période en cours, le dépassement ne peut être opposé aux tiers qui n'en ont pas eu connaissance, à moins que le montant de l'engagement invoqué n'excède, à lui seul, l'une des limites fixées par la décision du conseil d'administration prise en application de l'alinéa 1er ci-dessus* ». Il existe un risque de pression de la société mère si elle est également cliente du fournisseur.

La caution émise par le dirigeant personne physique procure une certaine priorité de paiement en cas de difficultés de trésorerie du client. Elle comporte toutefois une limite importante. L'article L. 622-28 du Code de commerce prévoit qu'en cas de procédure collective à l'encontre du débiteur, cette caution ne peut être exercée jusqu'au jugement arrêtant le plan ou prononçant la liquidation (second jugement). Or, cette période peut durer jusque 20 mois. Lorsque l'encours le justifie, le créancier peut négocier une garantie « réelle » sur le patrimoine du débiteur, par exemple, une hypothèque sur la résidence secondaire.

Elle peut également être émise par toute personne, y compris à titre gratuit (amis, parents).

La caution a une limite importante, elle constitue sur le plan juridique un acte « **accessoire** », autrement dit l'accessoire d'une dette principale. En pratique, la caution ne sera pas tenue d'être payée tant que le débiteur invoque un litige.

➤ La lettre d'intention (ou de confort)

Par cette lettre émise à l'intention d'un créancier d'une filiale, la société mère s'engage de façon plus ou moins précise à soutenir sa filiale pour le paiement de ses dettes. Cette procédure s'est développée dans les années 1980 et a généré un abondant contentieux. Les sociétés mères l'ont souvent utilisée pour rassurer un créancier sans s'engager réellement en utilisant des libellés flous. En 2002, la Cour de cassation a changé sa jurisprudence en estimant que l'engagement de la société mère *« de faire le nécessaire pour que la filiale respecte ses engagements »* constituait une obligation de résultat. L'engagement est alors similaire à celui d'une caution. Il suffit donc de montrer l'absence de paiement pour engager la responsabilité de la société mère. La lettre d'intention est soumise aux mêmes règles de validité que la caution émise par la société mère (autorisation préalable du CA ou du conseil de surveillance).

➤ La garantie à première demande

À l'inverse de la caution qui est un acte accessoire, elle constitue une garantie « **autonome** ». En conséquence, le garant doit payer à la première demande du créancier sans pouvoir opposer de contestation relative à l'obligation garantie.

L'acte ne doit pas faire référence à la garantie du « paiement des dettes dues », il serait requalifié en caution, les litiges deviendraient alors opposables au créancier. Il peut toutefois faire référence au contrat initial. Le paiement peut être subordonné à la présentation de documents par le bénéficiaire de la garantie (par exemple, bon de livraison, document de dédouanement) ceci pour éviter un appel en garantie abusif. Le paiement ne peut être demandé que pendant la période prévue par la garantie alors que la caution couvre toutes les dettes nées au cours de sa période de validité. Si un retard de livraison risque de rendre la garantie caduque, le fournisseur doit demander avant son expiration une prorogation et à défaut exécuter la garantie. Dans le commerce international, la ***stand by letter of credit*** est une garantie autonome régie par les règles de la chambre de commerce internationale (RUU 600), reconnues internationalement.

➤ La lettre de change avalisée

L'aval est l'engagement pris par une personne de payer une lettre de change à l'échéance en cas de défaillance du débiteur. Il constitue une caution limitée au paiement de lettres de changes ; de fait, il est soumis aux mêmes règles que le cautionnement. L'engagement est exprimé directement sur la lettre de change par l'apposition de la mention « bon pour aval » ou toute autre mention similaire ou sur une lettre séparée. Exemple d'utilisation : moratoire de paiement garanti par une chaîne d'effets de commerce avalisés par la société mère.

Dans les cas difficiles, diminuer progressivement l'encours

Le responsable crédit qui constate la dégradation progressive de la situation financière d'un client gère souvent une situation délicate. S'il arrête immédiatement les livraisons, il risque de provoquer l'arrêt d'activité de son client, surtout si le fournisseur a une forme d'exclusivité sur les produits vendus. S'il continue à livrer sans obtenir de paiements, la perte potentielle ne cesse d'augmenter. Pour réduire progressivement l'encours, le responsable crédit négocie avant chaque nouvelle livraison, un paiement d'un montant supérieur à la livraison. Cette situation peut donner lieu à de véritables « bras de fer » avec le client durant plusieurs mois, nécessitant une grande fermeté du responsable crédit.

Développer la collaboration avec les opérationnels

Le responsable crédit est le seul financier immergé dans l'univers commercial. La réussite dans sa fonction réside en grande partie dans sa capacité à développer une collaboration efficace avec les opérationnels et particulièrement les vendeurs. Ces derniers constituent ses relais indispensables auprès de la clientèle : Ils abordent avec eux les questions relatives aux délais de paiement, à la gestion des encours, aux garanties..... Ils contribuent à l'évaluation du risque en remontant de l'information du terrain « en temps réel ».

Aller au-delà des opérationnels

Souvent de profil sédentaire (comptable ou financier), le responsable crédit doit aller au devant des opérationnels et **« décloisonner »** les services pour aplanir toutes les difficultés qui empêchent la réalisation d'une vente, l'obtention du paiement, parfois l'émission d'un avoir.

Illustrations

> Le responsable crédit insiste auprès d'un technicien pour qu'il dépanne en urgence un client qui attend cette réparation pour payer un montant important. Il fera valoir auprès de ce technicien la nécessité à la fois de satisfaire le client et de résorber le manque à gagner en trésorerie ; il exige du service expédition qu'il rapatrie d'urgence un matériel livré par erreur afin de réduire l'encours.
>
> Lorsque le client conteste une facture, affirme ne rien avoir commandé ni reçu, le dossier d'ADV ne comporte ni bon de commande ni bon de livraison, le responsable crédit exige alors l'émission d'un avoir. Il est le « juge de paix » garant de la qualité du poste client.

Il doit aussi glaner des informations terrain concernant l'évaluation du risque en entretenant une relation informelle continue, comme nous l'avons vu précédemment.

Illustration

> Les chauffeurs d'une entreprise de transport frigorifique ont un contact quasi quotidien, avec la clientèle. Lors des livraisons, il leur arrive d'obtenir des réceptionnistes des informations particulièrement intéressantes. À la fin de leur tournée, ils vont fréquemment à la cafétéria de l'entreprise où le responsable crédit les retrouve pour un contact informel. Ils se sentent valorisés d'apporter des informations pouvant être utiles à la gestion de l'entreprise.

Le responsable crédit agit dans le cycle de vie de la commande. Ses actions (ou inactions) ont des conséquences sur les autres fonctions. Il doit identifier ses clients internes et développer à leur égard un sens aigu de la relation client-fournisseur, par exemple :

- par une gestion prévisionnelle de l'encours, il s'efforce de limiter les blocages de livraison qui sont source de complications pour le commercial, le service logistique et l'administration des ventes ; il valide sans tarder les commandes bloquées dans le logiciel de traitement des commandes ;
- après avoir remis en banque le chèque reçu d'un client, il informe le trésorier pour lui éviter un solde créditeur non rémunéré ;
- il veille à toujours remettre un encaissement à la comptabilité client avec un bordereau d'imputation ;
- avant de bloquer les livraisons sur un client, il en informe le commercial pour éviter que celui-ci ne l'apprenne du client lui-même.

Collaborer avec la force de vente

Le responsable crédit développe une collaboration avec les commerciaux tout au long de la vie de la commande :

- Il les invite à le consulter dès leur première visite de prospection. Ils éviteront ainsi de perdre du temps à prospecter un client sur lequel aucun crédit n'est possible.
- Avant qu'ils ne partent en tournée à l'étranger, il leur demande de le consulter sur l'état du compte.
- Il adopte des comportements adaptés au monde commercial dans lequel il est immergé : il utilise un langage positif, répond rapidement aux demandes ou donne un délai précis de réponse, il ouvre les comptes rapidement, il est joignable à tout moment pour résoudre des difficultés…
- Il recherche la proximité géographique des commerciaux afin d'entretenir une relation informelle constante.
- Au cours de ces contacts, il s'intéresse réellement aux clients : leur expertise, leurs produits, leur positionnement, leur clientèle, leurs projets de développement… Il renforce ainsi les liens avec les

commerciaux, montre qu'il n'est pas un pur administratif et qu'il s'intéresse au « business ». Il obtient en outre des informations « terrain » lui permettant d'enrichir son évaluation du risque.

- Il met en œuvre tous les moyens à sa disposition pour faire aboutir les ventes dans des circonstances difficiles et le fait savoir.

Illustration

> Le responsable crédit d'une société informatique reçoit un nouveau client, créateur d'entreprise lui demandant une limite de crédit de 400 000 €. Estimant cet encours trop élevé, le responsable crédit répond que si le client apporte une caution bancaire de 200 000 €, il fixera un plafond de crédit de 200 000 € au-delà de cette garantie. Le client revient une semaine plus tard avec la caution demandée. Le responsable crédit décide alors de prendre en charge la commission payée par le client à sa banque.
>
> Une telle « *success story* » dans les premières semaines de sa fonction assoira sa crédibilité auprès des vendeurs qui ne chercheront plus à éviter le responsable crédit.
>
> Dans les situations de blocage, il se positionne en « apporteur de solution » et non en « censeur » en proposant un ensemble de solutions tirées de la « trousse à outils » vue précédemment.

- Il s'implique dans la résolution des litiges pour apporter un service aux clients.
- Il intervient régulièrement dans les réunions commerciales pour sensibiliser les vendeurs sur les indicateurs de crédit. Il crée une émulation entre les vendeurs en comparant les indicateurs crédit des différentes zones de vente.
- Il crée une réunion d'information à destination des vendeurs pour expliquer leur relation avec la fonction crédit, les procédures, une rapide évaluation du risque de leurs principaux clients...
- Il veille à mériter la confiance en respectant toujours la parole donnée tant avec les clients qu'avec les commerciaux.
- Lorsqu'il visite un client avec le vendeur, il se met préalablement d'accord sur ce qu'ils lui diront. Il est vital de parler d'une seule voix, sinon le client risque de vouloir créer la zizanie entre les services.

Se déplacer en clientèle

Les principales circonstances qui justifient une visite en clientèle sont :

- faire connaissance d'un nouveau client, se présenter comme l'interlocuteur en charge des aspects financiers ;
- pour un client régulier, la visite annuelle de courtoisie qui permet, si la procédure le prévoit, de faire le point sur l'année passée (aspects commerciaux et financiers) et d'aborder la nouvelle année ;
- en cas d'incendie, par exemple un retard de paiement important, aller « éteindre le feu ». Se déplacer chez le client permet de mieux comprendre la cause d'un impayé et décider de la conduite à tenir ;
- un suivi administratif, portant notamment sur les litiges, factures manquantes… Les litiges se résolvent souvent plus facilement par un contact direct que par téléphone.

CHAPITRE 8

Organiser le recouvrement amiable

Nous avons vu dans la première partie que l'accélération des encaissements des clients constituait une des premières actions du projet cash. Après l'opération « coup de poing » sur la balance âgée, il convient de structurer le recouvrement de créances par une procédure. Dans le cycle de vie d'une commande, la prévention du risque client précède évidemment le recouvrement amiable. Beaucoup d'entreprises organisent toutefois le recouvrement amiable avant de mettre en place une démarche de prévention car les premiers résultats (amélioration de la trésorerie et du résultat financier) sont directement mesurables et obtenus plus rapidement. À l'inverse, la nécessité d'une démarche de prévention peut n'être perçue que suite à la défaillance d'un client important. L'objectif premier du recouvrement amiable est la réduction du délai moyen de paiement (DMP) dont nous avons mesuré les effets sur la trésorerie et le résultat financier au chapitre 6.

Le cadre juridique et financier

Il convient de préparer un cadre favorable à la relance par de bonnes clauses contractuelles et la négociation des délais de paiement.

Les clauses contractuelles

De bonnes clauses contractuelles mettent le fournisseur en position favorable à la fois pour le recouvrement amiable et contentieux. Elles préservent également ses droits en cas de procédure judiciaire du client. Nous passons en revue ci-dessous les principales d'entre elles.

➤ Clause d'exception d'inexécution

Par cette clause, le vendeur se réserve le droit de suspendre temporairement les livraisons en cas de retard de paiement. Cette clause n'est pas indispensable car ce droit est un effet naturel du contrat qui prévoit des engagements réciproques. Elle montre toutefois la détermination du fournisseur à réagir face aux retards de paiement. Le fournisseur manie ce droit avec précaution car il engage sa responsabilité s'il cause un préjudice disproportionné au client suite à un simple retard de paiement.

Illustration

> Le client a un retard de paiement de trois semaines sur une facture de contrat de maintenance. Il déclare au chargé de relance que le refus de dépanner sa machine risque de lui faire perdre une matière première périssable. Le fournisseur a alors intérêt à la plus grande prudence en demandant par exemple au technicien d'intervenir uniquement en contrepartie de la remise d'un chèque.

➤ Clause imposant un délai et les modalités d'émission de réserve

Elle vise à se prémunir contre un client de mauvaise foi qui attend d'être relancé pour invoquer un litige imaginaire justifiant son retard de paiement.

Exemple : « Pour être recevable, toute contestation portant sur la marchandise ou sur la facture doit être communiquée par écrit au fournisseur dans le délai de quinze jours à partir de la livraison ». Le principal avantage de cette clause est de montrer la détermination du fournisseur face aux mauvais payeurs.

➤ Clause de déchéance du terme

Elle rend échues la totalité des sommes dues par le débiteur en cas de non-paiement d'une seule échéance. Elle permet d'agir en justice pour recouvrer la totalité des créances dues par un débiteur dès le premier impayé, une action en justice n'étant possible que pour des créances échues. Elle est fréquemment incluse dans les moratoires et contrats de prêt à échéances successives.

Exemple : « Le non-paiement d'une seule échéance entraîne automatiquement l'exigibilité de toutes les échéances ultérieures ».

➤ Clause pénale

Elle correspond à des dommages et intérêts forfaitaires dus en cas d'inexécution par une des parties de son obligation, en l'occurrence du non-paiement à l'échéance. Elle a un effet intimidant sur le débiteur. À l'inverse des dommages et intérêts classiques, elle peut être réclamée dans le cadre de l'injonction de payer qui est une procédure non contradictoire.

Exemple : « Le client devra payer un montant égal à 10 % du montant HT de la facture au titre de la clause pénale en cas de non-paiement 15 jours après avoir été mis en demeure de payer ».

➤ Clause d'attribution de compétence territoriale

Elle détermine le tribunal compétent en cas de contentieux à propos du contrat. Le vendeur indiquera le tribunal du lieu de son siège social ce qui lui évitera des déplacements multiples. Cette clause déroge à la règle d'attribution de compétence géographique selon laquelle le tribunal compétent est celui du défendeur. En France, elle n'est toutefois valable qu'entre commerçants, conformément à l'article 48 NCPC.

Exemple : « Les parties conviennent entre elles que toute contestation relative à l'interprétation ou à l'exécution du contrat relèvera du seul tribunal de commerce de… ».

Cette clause est évidemment essentielle dans les contrats internationaux.

➤ Clause de réserve de propriété

Elle retarde le transfert de propriété du bien vendu au paiement intégral du prix par l'acheteur. Elle est principalement utilisée en cas de redressement ou de liquidation judiciaire de l'acheteur. Le vendeur ne pouvant pas réclamer le paiement des sommes dues avant le jugement d'ouverture, il ne peut que revendiquer les marchandises dont il est toujours propriétaire. L'exercice de cette clause suppose que les marchandises soient en nature, non transformées ni vendues au jour du jugement d'ouverture.

Exemple : « Les marchandises restent la propriété du vendeur jusqu'au paiement intégral du prix par l'acheteur. Toutefois, l'acheteur en deviendra responsable dès leur réception physique ».

Le cadre financier

Il comprend la négociation des délais de paiement, l'exploitation de l'escompte et des pénalités de retard.

➤ Négocier les délais de paiement

Le responsable crédit a intérêt à bâtir un argumentaire qu'il communiquera aux commerciaux pour les aider dans leurs négociations. Le premier argument est d'ordre économique : « la proposition de prix est réalisée par rapport à un certain délai de paiement ». Nous avons mesuré au chapitre 6 le coût financier des délais de paiement. Comme tout autre élément de coût, il est incorporé dans la détermination du prix de revient et de vente. Cet argument présente l'avantage de regrouper tous les paramètres de la négociation (prix, délais de paiement….) alors que la technique de l'acheteur consiste souvent à négocier chaque paramètre de façon séparée pour obtenir le meilleur. Des arguments qualitatifs sont parfois plus marquants vis-à-vis d'opérationnels non financiers.

Exemple : Pour justifier le délai de paiement de 30 jours sur les contrats de maintenance informatique (alors que le matériel est payable à 60 jours), le responsable commercial utilise l'argument suivant : « par contrat, je m'engage à vous dépanner en 4 heures et vous à me payer en 30 jours ». Nul doute que cet argument ne touche l'acheteur s'il est responsable de la continuité de l'exploitation informatique !

➤ Négocier à partir des délais de paiement « réels »

L'acheteur entretient parfois sur les délais de paiement un flou qu'il convient d'éclaircir en passant du délai « apparent » au délai « réel ». S'il affirme payer à 30 jours, peut-être pense-t-il à un délai de 30 jours fin de mois le 10. Si les factures sont émises régulièrement tout au long du mois, le terme « fin de mois » rallonge le délai d'en moyenne quinze jours. En effet, une facture émise le 1er mars sera payable le 30 avril soit 60 jours plus tard et la facture émise le 31 mars sera également payable le 30 avril soit 30 jours plus tard. Le délai de 30 jours fin de mois le 10 représente donc un délai moyen de 55 jours (30 + 15 + 10), plus proche de 60 que de 30 jours !

➤ Négocier les acomptes

Les entreprises fabriquant des produits « sur mesure » et ayant un cycle de production long demandent habituellement le paiement d'acomptes au fur et à mesure de la réalisation d'un contrat. Les acomptes sont vitaux pour le fournisseur pour trois raisons :

- Ils contribuent à financer le cycle d'exploitation et préservent ainsi la trésorerie du fournisseur. Exemple : les prestations d'un cabinet d'étude en propriété industrielle durent en moyenne 10 mois. Ce cabinet ne dispose pas de la trésorerie suffisante pour payer le salaire de l'ingénieur en charge de l'étude pendant cette durée sans rien encaisser de son client.
- Ils réduisent le risque d'impayé. En cas de défaillance du client, la perte est réduite du montant des acomptes préalablement encaissés.
- Ils sécurisent la commande au plan juridique. Il convient de prévoir une clause contractuelle précisant qu'en cas d'annulation de commande par le client, les acomptes restent acquis au fournisseur.

➤ Définir le « bon » taux d'escompte

Remise financière octroyée en contrepartie d'un paiement anticipé, l'escompte se distingue des remises commerciales. Il fait partie des conditions de vente au même titre que le prix de vente et les barèmes de remises commerciales (voir *supra*, art. L. 441-3 al. 2 du Code de commerce). Pour cette raison, un taux d'escompte identique doit être appliqué à l'ensemble des clients soumis au même barème de prix, sous peine de pratique discriminatoire. Sur un plan juridique, le taux d'escompte applicable est donc bien celui défini par le fournisseur et non celui que le client prétend pratiquer avec ses autres fournisseurs ! Le fournisseur peut ne pas en proposer, à condition de l'indiquer sur la facture par une mention, « Pas d'escompte » ou « escompte : 0 % ».

Il incite un client à payer de façon anticipée en lui montrant que le taux d'escompte est attractif car supérieur au taux de financement ou de placement de ce dernier.

Illustration

> Le contrat de vente prévoit un paiement à 60 jours net (la date de facture correspondant à la date d'expédition) et un escompte de 1,5 % pour paiement à réception de facture. Le fournisseur considère que le paiement à réception doit être reçu dans les deux semaines de l'émission de la facture (figure 8.1).

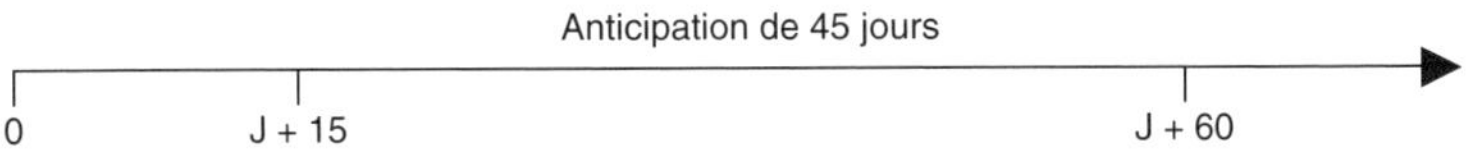

Figure 8.1 – Paiement anticipé par escompte

Dans notre exemple, le taux d'escompte de 1,5 % rémunère une anticipation de paiement de 45 jours. Le calcul ci-dessous indique que le taux « annualisé » est de 12 %. Si le client emprunte à CT ou place à un taux inférieur à 12 %, il améliorera son résultat financier grâce à l'escompte[1] :

$$1{,}5\ \% \times 360\ /\ 45 = 12\ \%$$

Le caractère « attractif » d'un taux d'escompte ne peut donc s'évaluer que par référence à un délai de paiement contractuel et à des conditions de financement.

Le fournisseur doit être vigilant dans l'utilisation de l'escompte . Il convient tout d'abord de définir le « bon taux ». Un taux trop attractif conduit les clients à trésorerie excédentaire à l'exploiter de façon systématique et se traduit pour le fournisseur par une perte de marge sans réduction du risque proportionnelle. Un taux élevé se justifie lorsque le fournisseur a un taux de marge significatif, une clientèle « à risque » ou un fort besoin de trésorerie.

Une variation importante des taux du marché monétaire conduit naturellement le fournisseur à revoir son taux d'escompte. Il est donc utile de le prévoir par une clause : « Le fournisseur peut modifier à tout moment le taux d'escompte. Le taux applicable est celui en vigueur au

1. Dans les comptes individuels français, les escomptes obtenus et octroyés figurent dans le résultat financier alors qu'ils figurent en déduction des ventes et des achats en comptabilité anglo-saxonne.

jour de la facturation ». Le fournisseur prévient ainsi le client qu'il n'a pas un droit acquis à un ancien taux qui pouvait être plus élevé.

Il s'assure que le client qui s'est déduit un escompte a utilisé le taux et respecté le délai définis au contrat. Dans le cas contraire, il lui envoie un courrier de rappel à l'ordre pour les paiements futurs. Il applique ainsi le principe de négociation : « être ferme sur les principes et souple sur la mise en œuvre ».

➤ Exploiter les pénalités de retard

L'article L. 441-6-3 du Code de commerce définit le taux de pénalité applicable. *« Les conditions de règlement doivent obligatoirement préciser les conditions d'application et le taux d'intérêt des pénalités de retard exigibles le jour suivant la date de règlement figurant sur la facture dans le cas où les sommes dues seraient réglées après cette date. Sauf disposition contraire qui ne peut toutefois fixer un taux inférieur à une fois et demie le taux d'intérêt légal, ce taux est égal au taux d'intérêt appliqué par la Banque centrale européenne à son opération de refinancement la plus récente majoré de 7 points de pourcentage. Les pénalités sont exigibles sans qu'un rappel soit nécessaire. »*

Les pénalités de retard de paiement sont en pratique rarement payées bien qu'elles soient prévues par la loi. Pour cette raison, la réglementation fiscale française énonce que seules les pénalités de retard réellement encaissées sont imposables (article 237 sexies du Code général des impôts : « *les pénalités de retard sont fiscalement rattachées à l'exercice au cours duquel elles ont été encaissées par le fournisseur* ». Nous recommandons toutefois, lorsque le montant le justifie, de les constater par des notes de débit (facture manuelle non comptabilisée) que l'on s'efforcera d'exploiter :

- en les remettant aux clients pour les inciter à de meilleures habitudes de paiement, voire en les menaçant de déduire ces pénalités d'éventuelles ristournes de fin d'année ;
- pour faire prendre conscience aux commerciaux du coût des retards de paiement et les inciter à faire pression sur le client ;
- en les remettant aux commerciaux pour qu'ils les exploitent dans leurs négociations futures. Ils montreront ainsi aux clients mauvais payeurs qu'ils se sont déjà octroyé unilatéralement la remise supplémentaire qu'ils réclament. De façon générale, les commerciaux émet-

tent souvent une facture avec un prix net égal à zéro pour constater les avantages gratuits concédés aux clients. Ils peuvent ainsi poser plus facilement des limites à de nouvelles demandes.

Identifier les causes de retard de paiement

L'audit des causes de retard de paiement les plus fréquentes débouche sur la mise en œuvre d'actions préventives. Il se recoupe partiellement avec l'audit portant sur les causes d'émissions d'avoirs. Toutes les émissions d'avoir ne donnent pas lieu à un retard de paiement, l'inverse étant également vrai. On distingue habituellement les causes de retard imputables au fournisseur de celles imputables aux clients.

Causes de retard imputables aux clients :

- Difficultés de trésorerie, ponctuelles ou permanentes. Dans chaque circonstance particulière, le responsable crédit doit s'efforcer de comprendre les raisons du retard et décider s'il est prudent de continuer à faire crédit. Il se rend au besoin chez le client lorsque la créance est importante.
- Mauvaise foi. Elle peut se manifester de multiples manières et masque le plus souvent des difficultés de trésorerie. Le fournisseur cherchera le moyen de ne pas être victime de cette mauvaise foi, par exemple en décalant la date de livraison d'un matériel au lendemain d'une échéance de paiement. La livraison ne sera effectuée que si le client a payé.
- Inorganisation administrative. Le fournisseur peut envoyer un relevé de compte que le client étourdi pourra pointer pour s'assurer qu'aucune facture n'est égarée. Il peut négocier l'utilisation d'un mode de paiement dont il est à l'initiative, prélèvement ou lettre de change directe. Il s'efforcera de connaître le circuit d'approbation de commande de façon à pouvoir relancer à la fois la comptabilité fournisseur, l'utilisateur, le service achat.

Causes de retard de paiement imputables au fournisseur :

- Actions de recouvrement inexistantes ou insuffisantes ; il convient d'y remédier en mettant en place des actions de recouvrement.

- Absence de négociation des délais de paiement. La procédure de crédit qui a le pouvoir de négocier les délais dérogatoires, la fonction commerciale ou la fonction crédit. Il convient également de sensibiliser les commerciaux et de les former à la négociation des délais de paiement.
- Factures non émises : par exemple, les techniciens de SAV négligent de déclarer le temps passé sur des interventions d'importance mineure.
- Factures émises et non envoyées.
- Litiges d'ordre administratif : facturation erronée (adresse de livraison, prix, taux de remise…).
- Produits défectueux.
- Erreurs d'expédition.
- Accord commercial non communiqué à l'ADV.

Organiser les actions de relance

Relier le recouvrement à la prévention du risque

L'évaluation du risque client et la relance amiable sont fréquemment effectuées par des personnes différentes, pour des raisons de compétence et de productivité. Dans ce cas, il convient d'assurer une liaison constante entre les personnes assurant ces deux fonctions :

- L'évaluation du risque conduit à définir des priorités dans les actions de relance.
- À son tour, le contact fréquent que procurent les actions de relance téléphoniques alimente l'évaluation du risque en temps réel. Un client qui prétend souvent être absent est un signal d'alerte qui incite le fournisseur à la vigilance dans la gestion de ses encours.

Pour des clients à encours et risque élevé, l'entreprise peut estimer pertinent de confier la gestion du risque et du recouvrement amiable à une même personne.

La nécessité d'une procédure

La formalisation d'une procédure prévoyant des actions de relance rapides et systématiques est une condition nécessaire pour obtenir de bonnes habitudes de paiement de ses clients. Il convient de ne jamais « relâcher la pression » sans quoi les dérives de paiement reviennent rapidement. La procédure de recouvrement constitue le prolongement de la procédure de gestion du risque client.

Le contenu de la procédure

Tous les clients ne sont pas relancés de la même façon. La procédure de relance reprend les classes de risque définies au chapitre précédent. Ces classes regroupent les clients ayant des caractéristiques communes, pertinentes pour l'organisation de la relance : nombre de clients, niveau de risque et d'encours, fréquence des litiges...

Les principaux critères à définir sont :

- Qui : définir les rôles respectifs des fonctions commerciales et crédit.
- Comment : le choix des modes de relance : téléphone, lettres de relance standard ou spécifiques, le courrier électronique, déplacement en clientèle.
- Quand : il convient de définir un calendrier de relance. À partir de quel moment réaliser la première relance ? Quel intervalle laisser entre chaque action ? Ce calendrier n'est pas un carcan mais un guide qui s'adapte aux circonstances particulières tout en évitant l'improvisation.
- Les conséquences lorsque l'impayé perdure : à partir de combien de jours de retards le fournisseur bloque-t-il les livraisons, intente-t-il une action contentieuse ? facture-t-il des agios de retard ? Les actions de recouvrement sont alors en lien avec la gestion de l'encours.

Les conditions de réussite des actions de relance

Elles sont au nombre de deux :

- un accès rapide du chargé de relance au dossier d'administration des ventes ou triangle d'or du recouvrement ;
- une comptabilité client à jour et exacte.

Le triangle d'or du recouvrement

Au cours de la relance, il faut pouvoir donner rapidement des précisions sur la facture relancée si l'interlocuteur n'en a pas connaissance. Les documents commerciaux permettant de justifier l'existence de la créance sont :

- le bon de commande signé du client qui prouve que le client a bien passé commande. Le bon de commande chiffré exclut tout litige sur les prix ;
- le bon de livraison émargé qui indique que le client reconnaît avoir reçu la livraison ;
- la facture. le fournisseur a intérêt à faire figurer sur ses factures toutes les mentions qui en facilitent l'identification chez le client : nom de la personne ayant passé commande ou service utilisateur, numéro de commande dans la référence du client.

Ces documents sont encore plus nécessaires dans le cadre d'une action de recouvrement contentieuse car le demandeur doit prouver l'existence de sa créance.

Une comptabilité client à jour et exacte

Elle repose la mise en œuvre de 6 réflexes :

1. Définir la date d'échéance par rapport à un délai de paiement réellement négocié et non par rapport au délai standard du fournisseur tel qu'il figure dans les conditions générales de vente. Définir la date d'échéance sur la base d'un délai standard de 30 jours lorsque le client a négocié un paiement à 60 jours fait apparaître indûment la facture en retard et amène à relancer une facture non échue, source de perte de temps et d'irritation du client.
2. Comptabiliser les paiements sans attendre au fur et à mesure où ils sont reçus .
3. Respecter l'imputation du client. Pour chaque paiement reçu, le crédit doit obtenir de son client un bordereau d'imputation listant les factures correspondant au règlement. Le client n'a pas nécessairement réglé les factures les plus anciennes : il a pu oublier une facture ou procédé volontairement à une déduction pour cause de litige. L'enjeu est d'avoir la comptabilité client du fournisseur à tout moment en

phase avec la comptabilité fournisseur du client. Notons que le virement européen prévoit une zone de référence de 140 caractères qui permet de mieux identifier les factures payées.

4. Traiter sans attendre les paiements dont l'émetteur n'est pas identifié. Le comptable client n'a pas toujours l'information suffisante permettant d'identifier l'émetteur d'un virement reçu. Il convient d'éviter de les laisser s'accumuler dans un compte d'attente « paiements non identifiés ». Il faudra de toute façon appeler la banque émettrice pour connaître l'émetteur du paiement, alors pourquoi attendre !
5. Émettre rapidement les avoirs. L'attente d'un avoir est une source d'insatisfaction du client.
6. Identifier les factures sur lesquelles existe un litige reconnu. Les clients s'irritent à juste titre de recevoir une relance au sujet d'une facture sur laquelle ils ont signalé un litige. Certaines bases client informatisées prévoient une zone permettant de rentrer un code litige bloquant l'édition des lettres de relance automatique.

Motiver l'équipe des chargés de relance

Les chargés de relance sont souvent passionnés par leur tâche. Le plus souvent issus de services administratifs, ils en apprécient le caractère très opérationnel et le contact commercial. Il convient toutefois de renforcer leur motivation en montrant l'importance de leur action :

- Comme nous l'avons illustré précédemment, la réduction des délais d'encaissement améliore la trésorerie et le résultat financier. La trésorerie ainsi obtenue renforce la capacité de l'entreprise à respecter ses propres échéances, permet de financer des investissements utiles à son développement, augmente la participation des salariés.
- Des actions de relance rapides limitent le risque de perte. La probabilité de perte sur créances client augmente en effet avec l'ancienneté de la facture, soit que le client voit son insolvabilité s'aggraver soit qu'un litige devienne trop ancien pour pouvoir être résolu.
- Des actions de relance amiable faites avec professionnalisme, régularité et précision constituent un acte de bonne gestion et contribuent à renforcer l'image de marque de l'entreprise auprès de ses clients. *A contrario*, les clients qui sont peu relancés profitent à la fois de délais de paiement supplémentaires et pensent que leurs fournisseurs sont mal organisés ou trop riches !

- Le respect du délai de paiement est une obligation contractuelle, or « le contrat a force de loi entre les parties ». Le fournisseur a mobilisé toute son organisation pour livrer un produit ou une prestation de qualité dans les délais. A son tour, le client a pour principale obligation de respecter l'échéance contractuelle.

Définir le rôle des commerciaux dans la relance

Il convient de choisir entre deux modes d'organisation.

Première possibilité : « une vente n'est réalisée qu'une fois le prix encaissé ». Dans cette optique, les commerciaux relancent eux-mêmes leurs clients. Le responsable du recouvrement relance davantage les commerciaux que les clients eux-mêmes. Ce choix d'organisation se justifie dans des cas particuliers :

- lorsque des clients hautement « susceptibles » risquent de ne pas accepter d'être relancés par un administratif. Ainsi, une agence de publicité travaille avec des directeurs de communication, *a priori* peu familiarisés avec les chiffres. Ceux-ci peuvent mal accepter une action de recouvrement un peu ferme et en rétorsion transférer un budget publicitaire de plusieurs millions auprès d'une autre agence ;
- lorsque les commerciaux se rendent très fréquemment chez leurs clients pour prendre des commandes. Ils en profitent alors pour réaliser les actions de relance de premier niveau.

Deuxième possibilité : la « séparation des tâches ». Le recouvrement amiable est assuré par des chargés de relance spécialisés. Cette solution nous paraît préférable car elle permet aux commerciaux de se concentrer sur leur mission principale qui est de développer le chiffre d'affaires. En outre, elle évite aux commerciaux de se trouver pris en tenaille entre les nécessités de relancer et d'obtenir de nouvelles commandes. Aux premiers niveaux de relance, les commerciaux adoptent une attitude neutre vis-à-vis de leurs clients. Ils viennent ensuite en renfort du chargé de relance si l'impayé persiste. Les commerciaux sont sollicités ponctuellement par les chargés de relance dans les cas les plus difficiles.

Privilégier la pré-relance

La pré-relance ou relance avant échéance contribue à sécuriser les échéances de paiement. Un contact avec le client avant la date d'échéance permet de réparer un oubli, de détecter un litige en laissant le temps suffisant pour le résoudre avant l'échéance et obtenir le paiement. Elle consiste à :

- écrire ou appeler le client pour lui demander de retourner les lettres de change envoyées à l'acceptation (ou billets à ordre émis) ;
- appeler le client pour faire le point sur l'état du compte et définir avec lui le montant de la prochaine échéance. Cette démarche est utile, notamment lorsque les factures sont nombreuses et les litiges fréquents.

Définir un calendrier de relance

Ce calendrier, défini par classe de risque, guide les actions de relance et évite l'improvisation (tableau 8.1). Il ne constitue toutefois pas un carcan car il s'adapte aux circonstances particulières.

Tableau 8.1 – Exemple de calendrier de relance

J = date d'échéance	Action	Relation avec la fonction commerciale
J – 30	Lettre de pré-relance pour le retour des effets	
J – 15	Appel téléphonique pour le retour des effets	
J + 1	Lettre de relance (niveau 1)	
J + 10	Action de relance téléphonique	
J+20	Lettre de relance (niveau 2)	Blocage des comptes après information des commerciaux
J + 20 à J + 30		Intervention des commerciaux auprès du client
J + 30	Lettre de mise en demeure de payer avec AR (niveau 3)	
J + 45	Envoi du dossier au contentieux	

Définir ses priorités de relance

Deux outils permettent de planifier ses actions de relance, la balance âgée et l'agenda électronique.

Tableau 8.2 – Exemple de balance âgée

Réf. Client	**Client**	**Total dû**	**Montants non échus**				**Montants échus**				
			> 60 j	30-60 j	15-30 j	0-15 j	0-30 j	30-60 j	60-90 j	90-120 j	> 120 j
444444	Durand	714		125	234	350	120	84	235		35
555555	Martino	709				473		324			78
777777	Brévent	637									
Total zone Ouest		2 061		125	234	823	120	408	235		113

La balance âgée est l'outil le plus classique du recouvrement amiable. Celle présentée dans le tableau 8.2 regroupe tout d'abord les montants échus par client et par ancienneté de retard. Elle classe également les factures non échues en fonction leur date d'échéance future, ce qui permet au chargé de relance d'organiser des actions de pré-relance et de réaliser des prévisions d'encaissement. Elle peut être éditée par chargé de relance, agence commerciale... Seule, elle ne suffit pas à effectuer les actions de relance car elle ne donne pas le détail des factures. Elle sert au chargé de relance à :

- organiser ses actions de relance, c'est-à-dire identifier les montants les plus importants et les plus anciens ou sur les clients les plus risqués à relancer en priorité ;
- rendre compte de son travail auprès de son responsable hiérarchique. Nous avons vu qu'il est judicieux d'annoter sur la balance âgée les actions en cours ;
- communiquer avec la fonction commerciale. Il pourra par exemple faire le point avec un directeur d'agence à partir de la balance âgée de son agence.

La fonction d'agenda électronique figure dans les différents logiciels d'assistance à la relance téléphonique. Après extraction de la comptabilité client, le logiciel affiche chaque matin la liste des clients à relancer par ordre de priorité en fonction de critères paramétrables : ancienneté de la créance, montant, classe de risque du client...

Le choix du mode de relance

Il convient de sélectionner les modes de relance les plus adaptés à chaque client dans un but d'optimisation du couple coût/efficacité.

La **relance téléphonique** procure un contact direct avec le client, permet de comprendre la cause du non-paiement, de détecter un éventuel litige, d'engager le client à agir. Le destinataire de la relance fait-il systématiquement semblant d'être absent, répond-il de façon évasive sans s'engager, promet-il sans tenir ses engagements ? Le fournisseur est alors incité à suspendre les livraisons et à agir plus rapidement. Elle est toutefois coûteuse en temps et difficilement applicable de façon systématique à un grand nombre de clients.

Les **lettres de relance standard** sont émises automatiquement et en grand nombre grâce à l'informatique. Leur coût est faible et le rapport coût/efficacité généralement favorable. Leur efficacité s'évalue en mesurant la proportion de factures payées dans les jours suivants un envoi au courrier. Il existe habituellement deux ou trois niveaux de relance. Les choses sérieuses commencent avec la lettre de mise en demeure qui constitue le préalable nécessaire à toute action contentieuse.

La **lettre spécifique** sert le plus souvent à confirmer un accord téléphonique. Elle permet d'éviter tout risque de malentendu, notamment avec les clients de mauvaise foi.

Illustration

> Sitôt après avoir conclu un moratoire par téléphone avec un client, le chargé de relance envoie un courrier électronique décrivant les termes de l'accord. Au bas du courrier figure la mention suivante : cet accord n'engage le fournisseur que s'il est retourné signé par le client.

Le **courrier électronique** est un mode de communication rapide, efficace et peu coûteux, notamment avec les clients situés à l'étranger. Le chargé de relance insère facilement en pièce jointe un fichier contenant la liste des factures dans l'encours, accompagnées le cas échéant de commentaires. Il met facilement en copie les commerciaux ou responsables de l'administration des ventes de son entreprise ainsi que les acheteurs dans l'entreprise cliente. Le destinataire de la relance répond facilement à son tour par un retour de courrier.

Pour rendre vos actions plus efficaces, il faut :

- savoir varier le rythme des actions de relance. Le client habitué à recevoir trois lettres de relance avant la mise en demeure a tendance à attendre la troisième lettre avant de payer ;
- éviter de menacer sans mettre à exécution. Le chargé de relance qui menace de bloquer les livraisons ou d'intenter une action contentieuse perd toute crédibilité pour l'avenir s'il ne met pas ses menaces à exécution.

Opération « coup de poing » sur la balance âgée

Lorsqu'un chargé de relance prend en main un portefeuille client n'ayant pas été relancé depuis longtemps, il se trouve fréquemment face à un dilemme. S'il focalise ses efforts sur le règlement de factures échues depuis plusieurs mois, il risque de ne plus avoir le temps de relancer les créances nouvellement échues. À l'inverse, il ne parviendra pas à élucider les affaires anciennes et à faire baisser le taux d'échu. Dans ce cas, il convient de dédier une équipe sur une durée courte chargée de « nettoyer » la balance âgée en relançant les factures les plus anciennes. Cette opération coup de poing permet d'obtenir des règlements, conduit à envoyer des duplicata de factures (et aussi la copie de bons de commande et d'expédition). Elle débouche également sur l'émission d'avoirs car, à ce stade, peu de paiements peuvent encore être obtenus par la résolution de litiges techniques. Certains principes doivent être appliqués avec fermeté :

- Parfois, un client refuse de payer à cause de l'ancienneté de la facture. Il convient alors de lui rappeler qu'en France le délai de prescription pour intenter une action en justice relative à une créance commerciale est de 10 ans[1].
- Toute créance dont l'existence n'est pas établie par le triangle d'or (bon de commande, bon de livraison et facture) doit déboucher sur l'émission d'un avoir. En justice, cette créance ne serait pas recouvrable car il incombe au demandeur d'apporter la preuve de ce qu'il avance.

Toutes les actions (réception de paiement, émission d'avoirs…) ne sont généralement pas achevées au cours de la période d'intervention de cette équipe dédiée. Toutefois, ses membres constituent une fiche pour chaque client relancé en indiquant l'action en cours que le chargé de relance n'a plus qu'à suivre.

Le traitement des litiges

Il occupe une place particulière dans le recouvrement amiable car les litiges techniques ou administratifs sont cause de retard de paiement en plus d'être source d'insatisfaction client. Le client ayant reçu une

1. La loi prévoit des délais de prescription plus courts pour certaines activités, par exemple, un an pour l'hôtellerie, les transports.

facture erronée, une prestation ou un produit défectueux ou qui est victime d'une erreur d'expédition peut légitimement suspendre à l'exécution de son paiement. Leur traitement peut toutefois constituer une occasion pour renforcer la relation avec les clients. Le suivi des litiges est généralement confié à l'administration des ventes (ADV).

Certaines entreprises ont toutefois choisi d'en confier la responsabilité à la fonction crédit, pour les raisons suivantes :

- Assez souvent, le chargé de relance est le premier informé de l'existence des litiges à l'occasion des actions de relance.
- Il est important pour la fonction crédit d'avoir connaissance de toutes les factures en litige pour éviter de les relancer à tort. Rien n'est plus irritant pour un client d'être relancé pour le paiement d'une facture sur laquelle il a signalé un litige.
- En provoquant un retard de paiement, les litiges dégradent le délai moyen d'encaissement, qui constitue la principale mesure de performance de la fonction crédit. Le responsable du recouvrement est donc directement intéressé à leur résolution la plus rapide possible. Les commerciaux commissionnés à la prise de commande ou à la facturation agiront par conscience professionnelle sans que ces litiges dégradent leur performance.
- La fonction crédit qui contribue à accélérer le traitement des litiges apporte un service aux clients. Elle sort ainsi d'une relation unilatérale dans laquelle elle ne faisait qu'exiger un paiement. Rendre service est en soi une source de satisfaction personnelle. En outre, les clients qui constatent les efforts du chargé de relance pour faire résoudre rapidement les litiges lui seront reconnaissants. En contrepartie, ils seront davantage incités à payer ponctuellement.

Le traitement des litiges amène le chargé de relance à réaliser ces différentes actions :

- Une fois le litige détecté, il identifie la personne chargée de le résoudre et l'engage à agir dans un délai bref. Il incite les opérationnels à réaliser l'action corrective très rapidement en mettant en avant le coût de l'immobilisation de trésorerie et l'importance de préserver la satisfaction client.
- Il informe le client du délai de résolution prévu s'il l'estime nécessaire pour renforcer la relation.

- Finalement, il vérifie que l'action corrective a bien été réalisée dans le délai prévu, et relance le cas échéant la personne chargée de le résoudre.
- Pour la détermination des échéances, il s'efforce de faire respecter au client un code de bonne conduite : « Tout litige reconnu donne droit à suspendre le paiement tant qu'il n'est pas résolu. Ce droit est toutefois limité à la quote-part de la facture en litige.

Même si la résolution des litiges ne fait pas partie des responsabilités directes du chargé de relance, il peut s'y impliquer ponctuellement sur certains clients pour :

- Renforcer sa relation avec eux s'il l'estime nécessaire ;
- Dénouer plus rapidement certains litiges afin d'accélérer les encaissements.

La codification des factures en litige

Les bases client informatisées et logiciels de relance téléphonique prévoient habituellement un espace permettant d'affecter un code litige aux factures. Ce code litige empêche l'édition d'une lettre de relance sur la facture, ce qui évite de relancer à tort. Les codes litiges font référence au service chargé de la résolution : commercial, ADV, facturation, service expédition, service technique.

Le service crédit peut réaliser des extractions des factures en litige, classées par code, afin de relancer les personnes chargées de réaliser l'action correctrice.

Tableau 8.3 – Exemple de codification des litiges

1	Attente d'avoir de l'ADV
2	Produit défectueux ou erreur d'expédition, attente de retour marchandises
3	Attente intervention SAV
4	Attente d'avoir d'escompte
5	Produits facturés et non livrés
6	Attente d'accord commercial

CHAPITRE 9

Mesurer la performance de la fonction crédit

Les principaux indicateurs de performance

Les deux principaux indicateurs de performance de la fonction crédit client sont le délai moyen de paiement (DMP) et le taux d'échu.

Le délai moyen de paiement (DMP)

Il se rapporte à la mission essentielle qui est d'améliorer le délai d'encaissement et constitue pour cela le principal indicateur de performance du recouvrement amiable. Le calcul du DMP consiste à considérer le compte client comme un stock de créances ; la question est de mesurer combien de jours de CA TTC sont immobilisés dans ce stock. Il se calcule au niveau de l'entreprise dans son ensemble, d'un portefeuille client, d'une agence de vente, d'un chargé de relance… Il existe principalement deux méthodes pour le calculer : le ratio financier et la méthode de l'épuisement, que nous voyons dans l'exemple ci-dessous :

L'encours TTC au 31 décembre est de 40 000.

Les chiffres d'affaires TTC des derniers mois ont été :

Décembre :	18 000	Octobre :	12 000
Novembre :	16 000	Septembre :	10 000

➤ Le ratio financier

Il compare l'encours de créances client à une date donnée avec le chiffre d'affaires journalier TTC moyen de la période écoulée :

$$\frac{40\ 000}{18\ 000 + 16\ 000 + 12\ 000} \times 92 \text{ jours} = \mathbf{80\ jours}$$

Dans l'exemple ci-dessus, nous n'avons pris en compte au dénominateur que les trois derniers mois de chiffre d'affaires car leur total est supérieur à l'encours au 31 décembre.

➤ La méthode de l'épuisement (ou roll back method)

Elle part du principe que l'encours clients est prioritairement composé des chiffres d'affaires les plus récents supposés ne pas être encore encaissés. Elle consiste à déduire de l'encours jusqu'à son épuisement les chiffres d'affaires des derniers mois en commençant par le plus récent. Ainsi, si le CA TTC de décembre est entièrement inclus dans l'encours au 31 décembre, le DMP est déjà au moins de 31 jours, et ainsi de suite. Dans le tableau 9.1, l'encours résiduel à fin novembre est de 6 000, soit la moitié du CA TTC d'octobre. Le DMP est donc de deux mois et demi.

Tableau 9.1 – Calcul du délai moyen de paiement par la méthode de l'épuisement

Encours début de mois	CA du mois	Encours résiduel	
40 000	– 18 000	= 22 000	31 jours
22 000	– 16 000	= 6 000	+ 30 jours
6 000		31 j × (6000 / 12 000) = 15,5 jours	+ 15,5 jours
			= **76,5 jours**

Nous constatons une différence de résultat entre les deux méthodes, 80 jours par rapport à 76,5 jours. Elle s'explique par le fait que le chiffre d'affaires de décembre est supérieur à celui de novembre lui-même supérieur à celui d'octobre. La méthode de l'épuisement donne un résultat plus précis en cas de forte variation de chiffres d'affaires mensuels.

Il existe une troisième méthode permettant de calculer le DMP à partir des factures payées. Certains ERP calculent le DMP facture par facture, après le paiement, en comparant la date d'émission avec la date réelle de paiement. Le DMP global est une moyenne pondérée par les montants du délai d'encaissement de chaque facture.

Établir le diagnostic du délai moyen de paiement (DMP)

L'allongement du DMP n'est pas toujours imputable à une mauvaise performance des chargés de relance ou à une conjoncture économique dégradée. Peuvent également contribuer à cet allongement :

- une évolution du mix-produit lorsque l'entreprise vend des produits ou prestations avec différents délais de paiement standard ;
- un effet « mix » du chiffre d'affaires. La proportion des clients ayant négocié un délai dérogatoire, plus élevé que le délai standard, augmente. Il suffit parfois qu'un client ayant négocié un délai de paiement dérogatoire élevé soit facturé d'un montant important pour dégrader le délai moyen d'encaissement d'une agence commerciale.
- la concurrence et le marché qui peuvent également dicter leur loi. Les commerciaux peuvent être amenés à négocier des délais de paiement plus longs sur leurs nouveaux clients ;
- la fréquence des litiges : le fournisseur contribue également au rallongement de son délai moyen de paiement par l'importance des litiges, techniques ou administratifs.

Le tableau 9.2 montre la décomposition du DMP, ce qui permet d'expliquer son évolution et d'identifier les bonnes actions correctives.

Tableau 9.2 – Décomposition du DMP

Délai moyen de paiement			
Délais négociés		Factures en retard	
Délais standard	Dérive de négociation	Incidence des litiges	Véritables retards de paiement

Poursuivons l'exemple utilisé ci-dessus pour calculer le DMP. La balance âgée se trouve dans le tableau 9.3.

Tableau 9.3 – Balance âgée

Encours total 40 000	Non échu 26 000	0 - 30 jours 4000	30 - 60 jours 3 000 *dont* *700 en litige*	60 - 90 jours 4 000 *dont* *2 000 en litige*	> 90 jours 3 000 *dont* *500 en litige*

Sur les quatre derniers mois, La répartition des ventes a été la suivante :

- ventes de matériel : 40 % ;
- ventes de service : 60 %.

Le délai standard figurant dans les conditions générales de vente est de 60 jours pour les ventes de matériel et de 30 jours pour les prestations de service et contrats de maintenance.

Le délai standard moyen est donc de :

$$[60 \text{ jours} \times 40\ \%] + [30 \text{ jours} \times 60\ \%] = 42 \text{ jours}$$

L'incidence des délais dérogatoires (ou dérive de négociation) se détermine par différence entre le délai négocié moyen et le délai standard. Le délai négocié moyen se calcule quant à lui à partir des factures non échues :

$$\frac{26\,000}{18\,000 + 16\,000 + 12\,000} \times 92 \text{ jours} = \mathbf{52\ jours}$$

La dérive de négociation est donc égale :

$$52 \text{ jours} - 42 \text{ jours} = 10 \text{ jours}$$

Ce calcul n'est pertinent que si la date d'échéance des factures est définie par rapport au délai de paiement réellement négocié avec les clients ce qui n'est pas toujours le cas en pratique.

L'incidence des litiges sur le DMP se détermine à partir des factures qui sont à la fois codifiées en litige et en retard de paiement :

$$\frac{[700 + 2\,000 + 500]}{[18\,000 + 16\,000 + 12\,000]} \times 92 \text{ jours} = \mathbf{6{,}4\ jours}$$

Nous supposons que ces factures sont impayées uniquement à cause d'un litige. Bien entendu, ce calcul suppose de pouvoir isoler les factures en litige, soit grâce à l'outil informatique qui permet de les codifier, soit en isolant manuellement les principaux litiges.

Finalement, l'incidence des véritables retards se détermine à partir des factures échues qui ne sont pas codifiées en litige :

$$\frac{[4\,000 + 2\,300 + 2\,000 + 2\,500]}{[18\,000 + 16\,000 + 12\,000]} \times 92 \text{ jours} = \mathbf{21{,}6\ jours}$$

Finalement, nous vérifions que la somme de ces délais constitue bien le DMP global :

42 jours + 10 jours + 6,4 jours + 21,6 jours = 80 jours

Cette décomposition permet un meilleur diagnostic des variations d'un mois sur l'autre.

Le taux d'échu (overdues)

Le DMP ne constitue toutefois pas une mesure suffisante pour évaluer la performance du recouvrement. Un chargé de relance peut obtenir un bon DMP en concentrant ses efforts sur le recouvrement des factures récemment émises tout en négligeant les factures les plus anciennes. Pire encore, il peut aussi améliorer artificiellement le DMP en proposant un taux d'escompte généreux pour anticiper le paiement de factures sur des clients non risqués sans se préoccuper des factures les plus anciennes.

Illustration

> Les commerciaux grands comptes d'un grand groupe américain doivent demander l'accord formel du siège social pour octroyer un demi-point de remise supplémentaire. Dans le même temps, aucun contrôle n'est réalisé sur les escomptes pour paiement anticipé octroyés par les chargés de relance. Pour masquer une mauvaise performance, certains d'entre eux proposent parfois un taux d'escompte très « attractif » à certains clients ne représentant aucun risque de défaillance. Cette pratique se traduit bien évidemment par une perte de marge pour l'entreprise.

Le taux d'échu constitue donc une mesure de performance complémentaire du DMP. Il représente le poids des factures au-delà d'une certaine tranche d'échu par rapport au total de la balance client.

Exemple : Calcul du pourcentage des factures en retard de plus de 90 jours par rapport au total de la balance client :

$$\text{Retards} > \frac{90 \text{ jours}}{\text{Total Balance client}} = \%$$

Le taux d'échu à plus de 90 jours dans l'exemple ci-dessus est de :

$$\frac{3\ 000}{40\ 000} = 7{,}5\ \%$$

Le tableau de bord de la fonction crédit

Méthodologie du tableau de bord de gestion

Le tableau de bord est un ensemble d'indicateurs servant à maîtriser une activité[1]. Toute personne responsable d'une activité a en charge une mission dans l'intérêt de l'entreprise et se voit confier par son supérieur hiérarchique des objectifs. Elle maîtrise les activités « critiques » et dispose des ressources nécessaires (humaines, matérielles et financières) pour atteindre ces objectifs. Le tableau de bord de gestion a les fonctions suivantes :

- Il indique au responsable d'un service s'il est ou non en train d'atteindre ses objectifs.
- Il montre également sur quels leviers d'action (réalisation d'activités et utilisation de ressources) agir pour parvenir à l'objectif, s'il s'en était éloigné.

La maîtrise d'une activité s'exerce à deux niveaux, la performance et le pilotage :

- la performance fait référence à l'atteinte des objectifs ;
- le pilotage fait référence à la mise en œuvre de plans d'action ou moyens (réalisation d'activités et utilisation de ressources) permettant d'atteindre les objectifs.

Le principe est que l'on est jugé sur l'obtention des résultats et que l'on parvient au résultat attendu en mettant en œuvre des moyens, autrement dit en pilotant les activités et ressources. L'exemple ci-contre illustre la différence entre performance et pilotage.

1. L'expression « mise sous contrôle » est souvent employée, elle fait référence au terme anglais « *to control* » qui signifie la maîtrise d'une activité.

Un champion de tennis a pour objectif de gagner le plus de tournois possibles. Pour parvenir à ce but, il doit commencer par se concentrer sur certains plans d'action :

- effectuer un certain nombre d'heures d'entraînement chaque jour ;
- réaliser un certain nombre d'heures de culture physique, de course à pied ;
- demeurer en dessous d'un certain poids et pour cela respecter un régime alimentaire ;
- prendre des vitamines (autorisées) ;
- se coucher tôt…

Nul doute qu'il augmentera ses chances de gagner des tournois en se concentrant sur ces différents plans d'action.

Les caractéristiques d'un tableau de bord de gestion sont les suivantes :

- Il est construit « sur mesure » en fonction des missions spécifiques d'un responsable d'activité, de ses leviers d'action. Il est appelé à évoluer dans le temps. Il n'existe pas de tableau de bord standard.
- Il combine des indicateurs à la fois financiers et non financiers qui traduisent les différentes dimensions de la performance. La plupart des leviers d'action permettant d'améliorer la performance se rapportent à des indicateurs physiques : nombre de visites en clientèle, nombre de réponses à appels d'offres, indices de satisfaction client…
- Il se concentre sur un nombre limité d'indicateurs, ne dépassant généralement pas 7 définis à partir des activités « critiques » pour atteindre les résultats.

La figure 9.1 représente la démarche du tableau de bord.

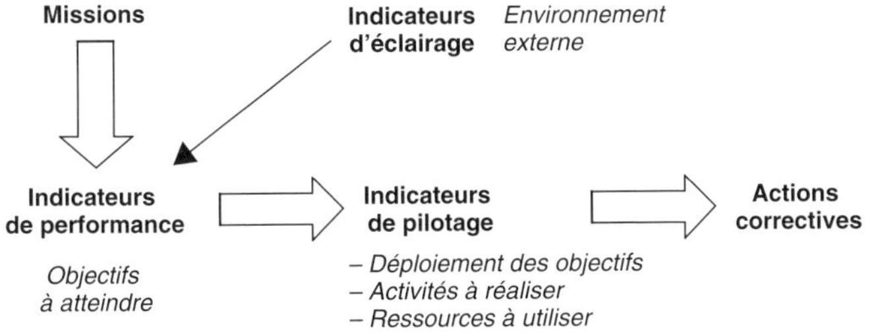

Figure 9.1 – La démarche du tableau de bord

La **mission** ne dit pas ce que la personne fait. Elle décrit les bénéfices attendus de l'action de la personne dans l'intérêt de l'entreprise : augmenter le chiffre d'affaires ou la marge, réduire le délai d'encaissement et le taux d'échu, maîtriser le risque client.

Les indicateurs de performance

Ce sont des indicateurs chiffrés sur lesquels le responsable hiérarchique fixe des objectifs. Les objectifs sont des résultats à atteindre : tel niveau de chiffre d'affaires (pour un commercial), tel délai d'encaissement ou taux d'échu. Ils servent à la communication hiérarchique :

- fixation ou négociation d'objectifs en début d'année ;
- suivi de leur réalisation en cours d'année ;
- finalement, récompense ou sanction en fin d'année.

Pour un objectif qualitatif, il convient de définir un indicateur chiffré pertinent. Si une des missions d'un responsable crédit est de développer la collaboration avec les vendeurs, cela pourra se traduire par les objectifs suivants : participer à un certain nombre de réunions commerciales, faire des visites conjointes en clientèle…

Les indicateurs de pilotage permettent le suivi de la réalisation des activités et de l'utilisation des ressources critiques qui ont une incidence forte sur la performance. Ils constituent la « boîte noire » du responsable de service dans laquelle le responsable hiérarchique n'a pas en principe à entrer. Ce dernier a en effet délégué une responsabilité et ne juge que sur l'atteinte des résultats. Ils ne sont utiles que s'ils permettent de mettre en œuvre des actions correctives visant l'atteinte des objectifs. Ils comprennent :

- **le déploiement des indicateurs de performance dans le cadre de la délégation de responsabilité.** Exemple : le responsable du recouvrement a un objectif sur le DMP d'ensemble de la société. Il va déléguer sa responsabilité auprès de ses collaborateurs, les différents chargés de relance et leur attribuer à chacun un objectif. Ce qui constitue un indicateur de pilotage pour le responsable du recouvrement devient des indicateurs de performance pour les chargés de relance ;
- **des indicateurs de ressource** : nombre de chargés de relance, budget de déplacement, d'enquêtes commerciales, d'avocats… ;

- **des indicateurs d'activité** : nombre de relances effectuées par chargé de relance, durée moyenne d'une relance téléphonique. Certains logiciels d'aide à la relance téléphonique procurent ce type de statistique. Il convient de sélectionner des indicateurs se rapportant aux activités « critiques » déterminantes pour l'atteinte des résultats attendus.

Le tableau de bord contient parfois des **indicateurs d'éclairage** permettant de comparer la performance du service à l'environnement externe. Le responsable du service n'a pas d'influence sur eux. Par exemple, pour un constructeur automobile, le nombre d'immatriculations permet d'évaluer sa performance par rapport à l'ensemble du marché. Au niveau de la fonction crédit, nous pouvons citer :

- les statistiques de défaillance d'entreprise ;
- la répartition du chiffre d'affaires de l'entreprise par classes de risque ou en fonction du délai de paiement négocié (c'est un indicateur interne à l'entreprise mais externe au service crédit et sur lequel ce dernier n'a pas en principe d'influence) ;
- le montant des factures en litige si aucune action sur les litiges n'est attendue de la fonction crédit.

Tableau 9.4 – Exemples d'indicateurs du tableau de bord de la fonction crédit

Mission	Indicateurs de performance	Indicateurs de pilotage	Exemples d'actions correctives
Maîtriser le risque Client	Montant de pertes[1] Montant des créances douteuses	% d'encours non assurés % d'encours non sécurisés (export) % dépassement des limites de crédit	Améliorer la gestion des encours Éviter les dépassements d'encours excessifs
Éviter d'entraver l'action commerciale	Montant des commandes bloquées pour cause crédit client		Résoudre par avance les situations de blocage par une gestion prévisionnelle de l'encours

	Nombre de comptes ouverts dans un délai supérieur à 48 heures[2]		
Gérer un fichier client fiable	Nombre de comptes doublons, nombre de courrier revenant NPAI[3]		
Renforcer la collaboration avec les commerciaux	Nombre de visites conjointes en clientèle, Participation à des réunions commerciales		
Accélérer les encaissements	Délai moyen de paiement (DMP)[4]	Déploiement du DMP par chargé de relance, agence commerciale, catégorie de client…	Motivation, formation des chargés de relance, recrutements, informatisation de la relance
		Nombre, montant, délai de résolution des litiges, par code. Incidence des litiges sur le DMP	Relance interne pour accélérer leur résolution Actions préventives
		Nombre de chargés de relance	Recrutements, intérims
		Nombre de relances effectuées par chargé de relance	Motivation
		% des chargés de relance ayant suivi une formation de relance téléphonique	Mettre en œuvre le plan de formation

		% de nouveaux clients acceptant de payer par LCR directe ou prélèvement[5]	Fournir des arguments aux commerciaux pour faire accepter ces modes de paiement
Éviter de laisser s'accumuler de vieilles créances	Taux d'échu	Déploiement de l'indicateur	Motivation
Maîtriser le coût de fonctionnement de la fonction crédit	Budget du service crédit	Coût de fonctionnement interne (productivité des chargés de relance) Coût des prestataires externes	
Maîtriser le budget d'escompte pour paiement anticipé	Budget à ne pas dépasser	Déploiement de l'indicateur	Optimiser le taux proposé sur les factures Audit du budget d'escompte

1. Le responsable crédit ne se voit généralement pas attribué d'objectif chiffré de montant de perte à ne pas dépasser.
2. Critère de performance important dans les activités où la réponse commerciale doit être rapide compte tenu de la concurrence, par exemple les entreprises de travail temporaire.
3. NPAI : n'habite plus à l'adresse indiquée.
   LCR : lettre de change relevée
4. La performance est également à apprécier de façon relative. Comparer son DMP à celui des concurrents permet de définir un gap potentiel d'amélioration et éviter de formuler des objectifs qui nous sortiraient du marché.
5. Avec une clientèle d'entreprises individuelles, il convient de privilégier un mode de paiement avec lequel le fournisseur prend l'initiative, prélèvement ou lettre de change magnétique. Le fournisseur pallie ainsi le manque de structure administrative de son client. Cet objectif est généralement attribué aux vendeurs qui sont formés à présenter les avantages de ces modes de paiement.

CHAPITRE 10

Sélectionner des projets d'investissements rentables

La pérennisation de la culture cash repose notamment sur la sélection de projets d'investissements rentables[1]. La mise en place d'une procédure de sélection a pour but d'apporter de la rationalité financière dans les choix d'investissement. Certes, des éléments non financiers sont également à prendre en compte : alignement avec la stratégie d'ensemble de l'entreprise, aspects sociaux ou environnementaux... Il n'en demeure pas moins que la performance et la pérennité de l'entreprise dépendent de la sélection de projets rentables.

Illustration

> Le patron d'une PME est un ingénieur avec une forte culture usine. Il désire acheter une machine de découpe laser « dernier cri » et savoure à l'avance le plaisir de l'avoir sur son site de production. Après beaucoup d'efforts, le directeur financier lui fait renoncer à cet investissement en lui démontrant que l'entreprise n'aura pas l'activité suffisante pour le rentabiliser. Il le convainc de garder cette activité sous-traitée car elle n'est pas dans le cœur de métier de l'entreprise.

1. Nous n'abordons dans ce chapitre que l'évaluation des projets à durée de vie définie. Le thème de la rentabilité des investissements est traitée de façon plus complète dans le livre *Réussir son business plan* de Michel Sion et David Brault, Dunod 2007.

Qu'est ce qu'investir ?

Investir consiste à effectuer un décaissement ou une série de décaissements aujourd'hui dans l'espoir de générer un excédent de trésorerie à l'avenir. Tout projet d'investissement comporte trois dimensions à des degrés divers :

- **Recherche de rentabilité** : la pérennité de l'entreprise repose sur sa capacité à mettre en œuvre des projets rentables même si, nous allons le voir, d'autres critères interviennent également dans le choix d'investissement.
- **Durée** : la rentabilité n'est pas le plus souvent immédiate, elle s'obtient dans la durée.
- **Risque** : tout projet d'investissement comporte un niveau plus ou moins élevé de risque. Ce risque porte à la fois sur la maîtrise opérationnelle du projet et sur la fiabilité des prévisions de revenus.

Les investissements peuvent se classer en plusieurs catégories, comportant des niveaux d'aléas variables.

Les investissements de renouvellement. La dépense d'investissement consiste à remplacer à l'identique un bien de production devenu hors d'usage. Le niveau de risque est *a priori* faible car l'activité est maîtrisée et le marché connu.

Les investissements de productivité. La dépense doit permettre de produire à un coût moins élevé. Le risque est également souvent assez faible dans la mesure toutefois où la technologie est maîtrisée. Les ingénieurs parviennent en effet le plus souvent à évaluer à l'avance les gains provenant d'un tel investissement. Attention toutefois aux faux investissements de productivité ! De tels investissements sont en effet parfois entrepris sans que les actions de réduction de coût qui justifiaient cet investissement soient mises en œuvre. Sans doute est-il préférable dans ce cas différer la dépense d'investissement.

Les investissements de capacité. L'investissement vise à augmenter la capacité de production. Le niveau de risque demeure faible si l'entreprise suit la croissance du marché, il devient plus élevé si elle précède cette croissance.

Les investissements de diversification. L'entreprise investit dans une activité nouvelle en soi ou nouvelle pour elle. C'est la catégorie de projet comportant le niveau d'aléa le plus élevé, compte tenu à la fois de la nécessité de maîtriser les opérations et de la capacité à réaliser des prévisions de revenus fiables. Pour une activité nouvelle, l'aléa principal réside habituellement dans l'évaluation de la taille du marché et de la part de marché. L'aléa concernant l'évaluation du coût initial de l'investissement peut également être très important (par exemple le coût du percement du tunnel sous la Manche, les coûts de recherche d'un nouveau médicament).

Les calculs de rentabilité concernent également des projets non marchands, par exemple, le regroupement de différents sites de fabrication. L'entreprise engage des coûts liés à la fermeture d'un site : licenciements, déménagement, démontage et réglage des machines, sur stockage pour compenser l'interruption de la production... Elle attend en retour des économies sur les charges de structure, une meilleure utilisation de la capacité de production, une réduction des stocks de matières premières et des encours de production. Il convient de chiffrer l'ensemble de ces éléments pour évaluer l'opportunité de ce projet sur un plan strictement financier. D'autres critères de décisions pourront ensuite être éventuellement pris en compte.

Valoriser les flux de trésorerie

Le principe clé est que **la rentabilité d'un projet s'évalue à partir de l'ensemble de ses flux de trésorerie**. Un projet d'investissement s'analyse comme un ou plusieurs décaissements suivis d'une série d'encaissements s'étalant sur un nombre d'années pouvant être important. Un projet est rentable si le cumul de ses flux de trésorerie est positif, autrement dit, s'il procure à l'entreprise un excédent de trésorerie.

Les caractéristiques des flux pris en compte pour évaluer la rentabilité

Seuls sont pris en compte les flux de trésorerie d'exploitation et d'investissement afin de mesurer la rentabilité économique « intrinsèque » du projet. Les flux de financement (flux relatifs aux emprunts et aux apports en capital) ne sont pas pris en compte lorsqu'il s'agit de mesurer la rentabilité économique. Nous verrons que le coût du financement est toutefois pris en compte à travers le processus d'actualisation. Le solde entre le flux de trésorerie d'exploitation et le flux de trésorerie d'investissement correspond au « flux de trésorerie disponible » défini au chapitre 5.

Ne sont pris en compte que les flux de trésorerie additionnels qui n'existeraient pas en l'absence du projet. Le calcul de rentabilité vise en effet à déterminer le montant de richesse créé spécifiquement par le projet. Par conséquent, les coûts préexistants, et notamment les coûts fixes ou de structure, ne sont pas pris en compte pour la détermination de l'investissement ni déduits des revenus des années ultérieures. Seuls les coûts additionnels le sont. De la même façon, lorsqu'un nouveau produit cannibalise des produits existants, seuls sont pris en compte les revenus différentiels. Ils sont égaux à la différence entre les revenus du nouveau produit et la perte des revenus sur les produits existants dont l'exploitation aurait pu continuer.

Tous les flux de trésorerie doivent être évalués après incidence de l'impôt sur les sociétés. L'évaluation du projet portant sur des flux de trésorerie et l'impôt sur les sociétés étant une charge réellement décaissée, nous en déduisons qu'il faut prendre en compte des flux après impôt, en positionnant cet impôt à la date où il est réellement décaissé.

Lorsque l'entreprise affecte au projet des ressources dont elle disposait préalablement, elle doit les valoriser par rapport à leur utilisation alternative. Prenons d'exemple d'une entreprise affectant à un projet un local industriel actuellement inoccupé dont elle est propriétaire. Certes, l'utilisation de ce local n'entraîne pas de décaissement supplémentaire, mais elle prive l'entreprise du revenu qu'elle obtiendrait par sa vente ou par sa location.

Le flux de trésorerie d'investissement (FTI)

Il se compose :

- des dépenses d'immobilisations relatives à l'investissement initial et aux investissements réalisés en cours de vie du projet, de capacité ou de renouvellement. Sont pris en compte les frais annexes liés à l'achat et à la mise en service de ces biens : frais de notaire, frais de transport, assurance sur transport, droits de douane et taxes non récupérables, frais d'installation, de réglage des matériels ;

- de l'ensemble des dépenses liées au projet comptabilisées en charge : frais d'étude, honoraires, campagne publicitaire de lancement, frais de recrutement, de formation.

Seuls les flux de trésorerie étant pris en compte, peu importe à première vue que les dépenses soient immobilisées ou comptabilisées en charge. Le mode de comptabilisation a toutefois une conséquence sur le crédit d'impôt. Pour les dépenses comptabilisées en charges, la réduction d'impôt est immédiate. Pour les immobilisations, cette réduction n'est obtenue sur que progressivement sur la durée d'amortissement.

Le flux de trésorerie d'exploitation (FTE)

Il équivaut à l'excédent brut d'exploitation (ou Ebitda) après impôt et diminué (ou augmenté) de la variation du besoin en fonds de roulement.

Flux de trésorerie d'exploitation = Excédent brut d'exploitation – Impôt ± var du BFR

L'excédent brut d'exploitation (EBE) est égal au chiffre d'affaires et à la production stockée diminués des consommations de matières, autres achats d'exploitation, frais de personnel et impôts et taxes. Calculé à partir de la totalité des produits d'exploitation encaissables et des charges d'exploitation décaissables, il constitue la mesure d'un excédent de trésorerie. Cet excédent de trésorerie n'est toutefois que « potentiel » car il ne tient pas compte des décalages de paiement client et fournisseur. La variation du BFR permet de passer d'un excédent de trésorerie potentiel à un excédent de trésorerie réel. Le BFR est un élément calculé à partir du bilan et donc statique. Sa variation est toutefois équivalente à un flux de trésorerie. À l'inverse d'une charge, le BFR ne représente pas une consommation définitive d'argent, il est normalement récupéré à la fin de la vie du projet (voir illustration à la fin de ce chapitre).

La valeur résiduelle du projet

Il existe fréquemment une valeur résiduelle, correspondant à un flux de trésorerie positif ou négatif à la fin du projet.

Exemples de valeur résiduelle positive :

- Prix de revente immobilisations net de l'impôt sur les plus-values éventuelles.
- Récupération du BFR : l'entreprise récupère l'argent immobilisé dans le cycle d'exploitation tout au long du projet : les stocks sont vendus et les clients paient.

Exemples de valeur résiduelle négative :

- Frais de démolition, dépollution du sous-sol d'un site industriel…

Comprendre la notion d'actualisation

La notion de valeur temps de l'argent

La valeur d'un flux de trésorerie diffère selon la date à laquelle il intervient. 1 000 € obtenus aujourd'hui valent davantage que 1 000 € obtenus dans un an. Ces 1 000 € obtenus aujourd'hui peuvent en effet être placés et représenter par exemple 1 050 € dans un an, s'ils ont été placés au taux de 5 %. Dans les calculs de rentabilité, la notion d'actualisation nous permet de comparer des flux intervenant à des dates très différentes. La notion d'actualisation étant assez abstraite, nous la définissons tout d'abord comme l'inverse de la capitalisation.

La capitalisation permet de calculer la valeur future d'un montant actuel.

Montant actuel	Capitalisation → $C_n = C_0 \times (1 + i)^n$	? Valeur future

Illustration

> Un montant de 1 000 € est placé sur 5 ans au taux de 5 % l'an. Les intérêts acquis à la fin de chaque année sont « capitalisés », ce qui signifie qu'ils sont réinvestis sur les périodes suivantes et portent ainsi intérêt sur les périodes suivantes (tableau 10.1). La valeur acquise (ou valeur future) au bout de 5 ans est de 1 276,6 = 1 000 × $(1,05)^5$.

Tableau 10.1 – Intérêts cumulés sur 5 ans

1	1 000,0	× 1,05 =	1 050,0
2	1 050,0	× 1,05 =	1 102,5
3	1 102,5	× 1,05 =	1 157,6
4	1 157,6	× 1,05 =	1 215,5
5	1 215,5	× 1,05 =	1 276,3

L'actualisation est l'inverse de la capitalisation, elle permet de calculer la valeur actuelle de flux futurs :

? Valeur actuelle	← Actualisation $C_0 = \dfrac{C_n}{(1+i)^n}$	Valeur future

En reprenant l'exemple précédent :

$$1\ 000 = 1\ 276{,}6\ /\ (1{,}05)^5$$

Nous verrons plus loin que le taux d'actualisation représente l'exigence de rentabilité sur un projet. Dès que la durée du projet excède trois années, il est indispensable de prendre en compte la valeur temps de l'argent en actualisant les flux futurs.

Les critères financiers de sélection d'investissement

Le délai de récupération (ou Pay-Back Period)

Il s'agit du critère le plus simple à mettre en œuvre. Il représente la durée d'exploitation nécessaire pour récupérer le montant de l'investissement initial. Si le projet génère des flux de trésorerie égaux d'une année sur l'autre, le délai de récupération s'obtient en divisant le coût de l'investissement par le revenu annuel.

Par exemple, un investissement de 100 génère un flux de trésorerie annuel de 40 pendant 4 ans. Le délai de récupération est de :

$$100 / 40 = 2{,}5 \text{ années}$$

Lorsque les flux de trésorerie diffèrent d'une année sur l'autre, on déduit progressivement du montant investi initialement les flux de trésorerie en partant de celui de la première année jusqu'à obtenir un cumul de flux égal à zéro. Exemple :

$-I_0$	Année 1	Année 2	Année 3	Année 4	Année 5
– 2 000	+ 600	+ 1 000	+ 1 200	+ 1 200	+ 1 200

Les flux cumulés sur les deux premières années se montent à 1 600 et celui de la troisième année est de 2 800. Le délai de récupération se situe donc au cours de la troisième année. La part de l'investissement restant à récupérer au début de la troisième année est de 400, soit un tiers du revenu prévu de cette année.

$$12 \text{ mois} \times 400 / 1\,200 = 4 \text{ mois}$$

Le délai de récupération est donc de 2 ans et 4 mois.

➤ Utilisations du critère

Le critère de rejet est le mode d'utilisation le plus fréquent. Le délai de récupération du projet est confronté à un **délai « couperet » défini par la procédure d'investissement**. Pour des projets de productivité industrielle, ce délai est fréquemment de l'ordre de 18 à 24 mois. Le comité de sélection des investissements n'acceptera d'examiner un projet que si son délai de récupération est inférieur ou égal à ce délai « couperet ».

Il sert également de critère pour sélectionner, entre deux projets concurrents, celui ayant le délai de récupération le plus court.

Le délai de récupération est davantage un critère d'évaluation du risque que de rentabilité. Il ne mesure pas la rentabilité d'ensemble du projet car il ne prend pas en compte les flux postérieurs à la date de récupération du montant investi. Certes, entre deux projets, celui qui est le plus rentable a de chances d'avoir le délai de récupération le plus court, mais ce n'est pas systématiquement le cas, comme le montre l'exemple ci-après.

Illustration

> Le projet A a un délai de récupération plus court que celui du produit B. Le projet B est toutefois plus rentable car il a une valeur actualisée nette (voir *infra*) supérieure à celle du projet A.

Tableau 10.2 – Délai de récupération de deux projets concurrents

							Van à 8 %
Projet A :	–2 000	800	1 000	800	400	200	663
Projet B :	–2000	400	600	800	1 400	1 400	1 502

Ce critère est le plus souvent utilisé pour des investissements de productivité industrielle ou administrative d'importance moyenne. Il est également parfois utilisé pour des projets portant sur un nouveau produit à durée de vie courte.

Le délai de récupération à partir des flux actualisés

Nous avons vu qu'au-delà de trois ans, il devient impératif de prendre en compte la notion de valeur temps de l'argent. Ce critère est identique au précédent à la seule différence qu'il se calcule à partir de flux actualisés. Il fréquemment utilisé pour évaluer le risque de projets de taille importante dont le délai de récupération est éloigné, en complément de critères de rentabilité (Van et Tri). Ainsi pour départager deux projets ayant une Van identique (critère de rentabilité), on pourra choisir celui ayant le délai de récupération le plus court.

Un projet présente les flux de trésorerie donnés dans le tableau 10.3.

Tableau 10.3 – Flux de trésorerie d'un projet

Années	0	1	2	3	4	5	6	7
Flux	– 4 000	– 1 583	– 256	2 500	3 617	3 700	3 700	3 700
Flux actualisés à 10 %		– 1 439	– 212	1 878	2 470	2 297	2 089	1 899
Flux actualisés et cumulés	– 4 000	– 5 439	– 5 651	– 3 773	– 1 303	995	3 083	4 982

Les flux de trésorerie sont d'abord actualisés année par année et ensuite cumulés. Le flux de trésorerie actualisé cumulé devient positif au cours de la cinquième année. Le délai de récupération actualisé est égal à quatre années et environ sept mois (12 mois × (1 303 / 2 297)). Calculé à partir des flux non actualisés, le délai de récupération est de trois ans et onze mois. Certaines entreprises distinguent le petit équilibre et le grand équilibre :

- Le petit équilibre correspond à la date à partir de laquelle le flux de trésorerie disponible devient positif. Pour des projets de taille importante, l'investissement initial s'étale en effet sur deux ou trois années. En outre, des pertes sont parfois réalisées au démarrage de l'exploitation.
- Le grand équilibre correspond quant à lui au délai de récupération actualisé.

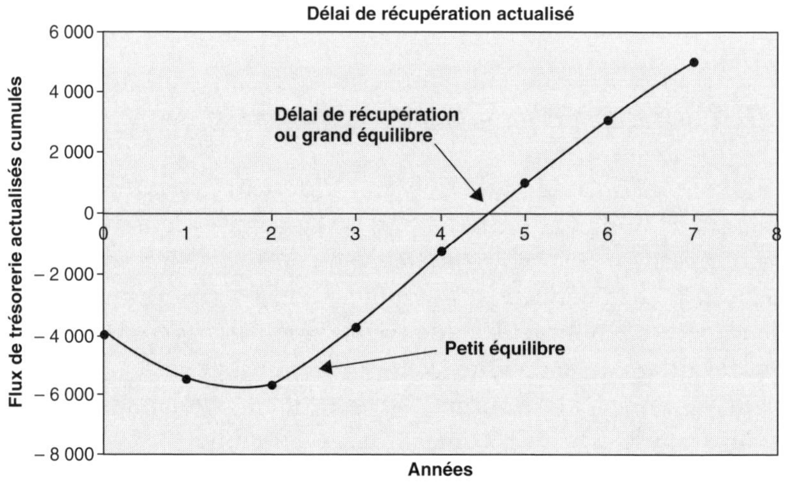

Figure 10.1 – Petit équilibre et grand équilibre

Le cumul des flux actualisés de l'ensemble du projet, qui est de 4 982 dans cet exemple correspond à la valeur actualisée nette du projet (figure 10.1).

La valeur actualisée nette (Van)

La valeur actualisée nette (Van) d'un projet est égale à la somme des flux de trésorerie d'investissement et d'exploitation actualisés au taux de rendement exigé par l'investisseur. Nous avons vu au chapitre 5 qu'il constitue un indicateur de création de valeur actionnariale plus que de rentabilité. Il représente le critère de décision fondamental, le but de toute décision d'investissement étant de maximiser la valeur créée. Ce montant de richesse créée par le projet dépend toutefois du choix du taux d'actualisation qui doit refléter son niveau de risque spécifique :

$$\text{Van} = -\,\text{FTI}_0 + \sum_{n=1}^{10} \frac{\text{FTE}_n - \text{FTI}_n}{(1+i)^n}$$

avec :

- FTE : flux de trésorerie d'exploitation ;
- FTI : flux de trésorerie d'investissement ;
- i : taux d'actualisation.

Illustration

Un projet d'investissement présente les flux prévisionnels futurs :

$-I_0$	Revenu_1	Revenu_2	Revenu_3	Revenu_4	Revenu_5
–1 000	+ 200	+ 300	+ 500	+ 450	+ 200

La Van est calculée au taux de 10 % (figure 10.2).

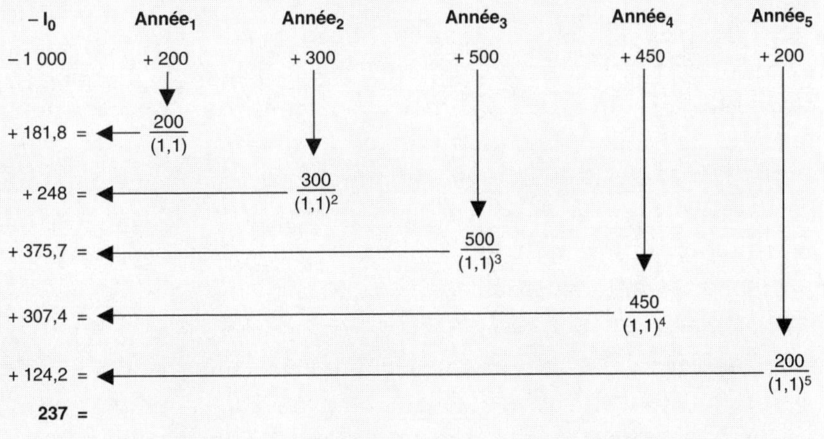

Figure 10.2 – Détermination de la valeur actualisée nette

La valeur actuelle (Va) des flux futurs actualisés au taux de 10 % est de 1 237.

La valeur actualisée nette (Van) est égale à la valeur actuelle des flux futurs moins l'investissement initial :

$$\text{Van} = -\,I_0 + \text{Va}$$

➤ Utilisation du critère de la Van

Il sert à la sélection d'un projet considéré individuellement : tout projet dont la Van est supérieure ou égale à zéro est financièrement intéressant pour l'entreprise. La Van est, rappelons-le, un indicateur de création de valeur. Lorsqu'elle est positive, elle représente le montant de richesse créée au-delà de l'attente de rentabilité des investisseurs.

Lorsque plusieurs projets sont en concurrence (projets mutuellement exclusifs), le projet ayant la Van la plus élevée doit *a priori* être préféré (l'objectif d'une décision d'investissement étant de maximiser la création de valeur). Cette affirmation doit toutefois être tempérée par la nécessité de prendre également en compte le montant de l'investissement initial afin d'évaluer les risques (voir *infra* l'indice de profitabilité).

➤ Quel taux d'actualisation choisir ?

Le taux d'actualisation reflète l'exigence de rentabilité que l'entreprise a vis-à-vis du projet. Il correspond normalement au coût du financement d'ensemble de l'entreprise (CMPC vu au chapitre 5) auquel se rajoute une prime de risque spécifique au projet. Le directeur financier définit le ou les taux d'actualisation et les communique ensuite aux responsables de projet pour qu'ils fassent leurs calculs de rentabilité. Le taux d'actualisation diffère toutefois souvent du coût moyen pondéré des capitaux pour deux raisons.

La première est l'existence d'un taux « normatif ». Lorsque le total des projets éligibles excède le budget d'investissement disponible (ce qui est fréquemment le cas), augmenter le taux d'actualisation consiste à rehausser la barre dans un but de sélection. Il convient toutefois de faire attention. En appliquant une prime de risque supérieure au niveau de risque du projet, on pénalise les projets à plus long terme.

Illustration

Tableau 10.4 – Deux projets à structure temporelle différente

		1	2	3	4	5	6	7	Van à 8 %	Van à 16 %
Projet A	–1 200	400	700	700	100	70	50	50		
Flux actualisés à 8 %	–1 200	370	600	556	74	48	32	29	508	
Flux actualisés à 16 %	–1 200	345	520	448	55	33	21	18		240
Projet B	–1 200	20	70	200	700	700	500	500		
Flux actualisés à 8 %	–1 200	19	60	159	515	476	315	292	635	
Flux actualisés à 16 %	–1 200	17	52	128	387	333	205	177		99

Supposons que les projets A et B représentent un niveau de risque identique justifiant un taux d'actualisation de 8 %. A a une Van supérieure à B et doit être préféré. Au taux de 16 %, la Van du projet B devient supérieure. Étant plus tardifs, les revenus du projet B sont davantage dépréciés par un taux d'actualisation plus élevé. Le projet B est donc injustement écarté par l'utilisation d'un taux normatif trop élevé.

La deuxième raison réside dans des taux « différenciés ». En pratique, l'entreprise entreprend une diversité de projets ayant des niveaux de risque différents. L'investissement de renouvellement concernant un produit mature sur lequel l'entreprise est leader est évidemment moins risqué qu'un investissement de diversification dans un nouveau métier, réalisé dans un pays politiquement risqué. Il est légitime d'exprimer une attente de rentabilité plus forte sur un projet plus risqué. La décision d'investissement est similaire à un pari sur l'avenir, le parieur a une exigence de rentabilité proportionnée au niveau de risque.

Illustration

Une PME a fait évaluer son coût moyen pondéré des capitaux qui est de 11 %. Ce taux correspond au niveau de risque moyen de l'activité de l'entreprise. Le directeur financier définit de façon pragmatique trois taux d'actualisation correspondant à des projets de risque faible, moyen et élevé :

- risque élevé : 8 % ;
- risque moyen : 11 % ;
- risque faible : 14 %.

Au comité de sélection des investissements, chaque responsable de projet doit argumenter du choix du taux d'actualisation. Il calcule de toute façon la valeur actualisée nette (Van) de son projet avec chacun de ces trois taux d'actualisation. Il ne sert en effet à rien de débattre sur le niveau de risque fort, moyen ou faible d'un projet si de toute façon sa Van est positive avec le taux d'actualisation correspondant à un risque élevé.

Le tableur « Excel » contient une fonction permettant de calculer la Van. Cette fonction a pour caractéristique d'actualiser la première cellule se situant dans la formule (C3 dans la figure 10.3). Le montant de l'investissement initial ne devant pas être actualisé, il convient de faire figurer la cellule le contenant en dehors de la formule. Il faut également veiller à respecter l'inversion des signes, le montant de l'investissement étant un décaissement, il convient de lui affecter un signe négatif.

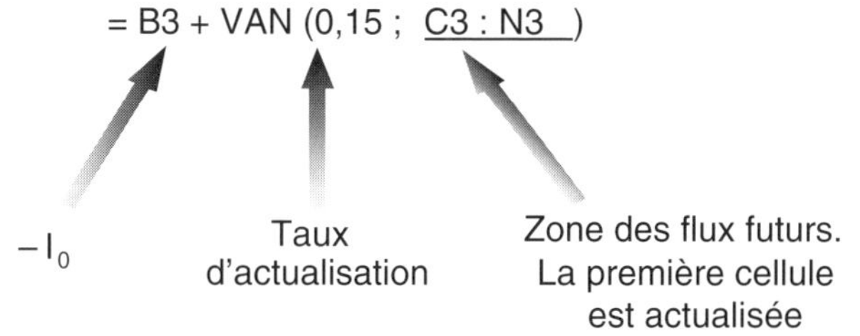

Figure 10.3 – Formule Excel pour le calcul de la Van

La Van permet également de valoriser les entreprises dans le cadre de la méthode des « *Discounted Cash Flows* » (DCF). Selon cette méthode, la valeur de l'entreprise est égale à la somme de ses flux de trésorerie disponibles actualisés au coût moyen pondéré des capitaux évalué en fonction du risque.

L'indice de profitabilité (I_p)

C'est un indicateur complémentaire d'évaluation d'un projet, utilisé conjointement avec la Van. Il est égal à la valeur actualisée nette (Van) du projet ramené au montant de l'investissement de départ (I_0), ce dernier pouvant sur certains projets s'étaler sur deux à trois années :

$$I_p = \frac{\text{Van}}{I_0}$$

Nous considérons dans l'exemple ci-dessous deux projets concurrents (mutuellement exclusifs). Nous avons vu précédemment qu'il convenait *a priori* de choisir le projet avec la Van la plus élevée, donc le projet A. Le montant de l'investissement initial est toutefois beaucoup plus élevé que celui du projet B, ce que traduit un indice de profitabilité beaucoup plus faible. Quel projet sélectionner ? Il n'existe pas de réponse unique. Toutefois, le bon sens nous fait probablement préférer B car le niveau de risque apparaît beaucoup plus faible (le montant de l'investissement initial étant représentatif d'un niveau de risque pris, tableau 10.5).

Tableau 10.5 – Comparaison de deux projets concurrents

	Projet A	Projet B
Van	2 000	500
I_0	2 millions	3 000
Van / I_0	0,01 %	20 %

➤ **Utilisation de l'indice de profitabilité**

Il constitue un critère de création de valeur complémentaire de celui de la Van permettant de comparer des projets de taille différente. Alors que la Van mesure uniquement le montant de valeur créée, l'I_p mesure le rapport entre cette valeur créée et l'investissement. Combiné avec la Van, il permet de faire un arbitrage « Risque / Rentabilité ».

Lorsque l'entreprise a un montant total de projets à Van positive supérieur à son budget d'investissement (ce qui est le cas le plus fréquent), on sélectionne les projets par indice de profitabilité décroissant. On maximise ainsi la Van générée dans les limites de ce budget.

Le taux de rendement interne (Tri)

Le Tri est le taux d'actualisation qui rend la Van égale à zéro.

Illustration

Reprenons l'exemple que nous avons utilisé pour illustrer la notion de Van. Nous avions calculé une Van de 237 en actualisant les flux au taux de 10 %. Le tableau 10.6 nous montre qu'au fur et à mesure que l'on augmente le taux d'actualisation, la Van diminue puis devient négative. Le Tri se situe entre 18 % et 20 %. L'utilisation de la fonction Tri d'un tableur ou d'une calculatrice financière nous donne un Tri de 18,4 %.

Tableau 10.6 – Évolution du Van avec le taux d'actualisation

Taux d'actualisation	8 %	10 %	12 %	14 %	16 %	18 %	20 %	22 %
Van	306	237	173	114	59	9	–38	–82

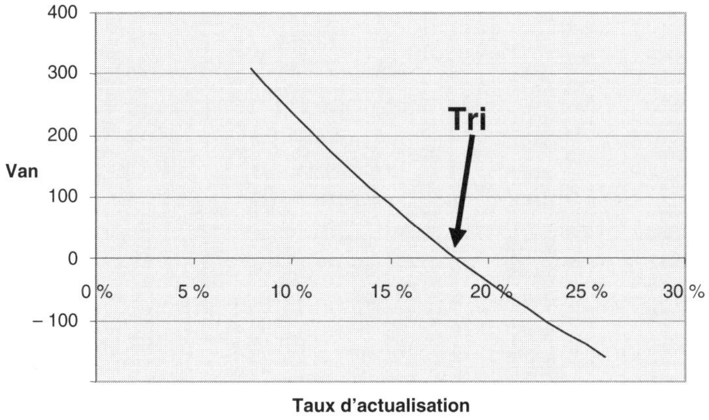

Figure 10.4 – Taux de rentabilité interne

➤ Utilisation du taux de rentabilité interne

En cas de sélection d'un projet considéré individuellement, tout projet dont le Tri est supérieur ou égal au taux d'actualisation retenu pour le calcul de la Van est financièrement intéressant. Cela signifie que le projet a une rentabilité prévisionnelle supérieure à la rentabilité attendue par l'entreprise. Le taux d'actualisation utilisé pour le calcul de la Van constitue un « taux couperet » en dessous duquel le projet doit être rejeté.

Lorsque plusieurs projets sont en concurrence : il faut sélectionner le projet dont le Tri est le plus élevé à condition toutefois que ces projets aient un niveau de risque équivalent.

Le tableur « Excel » contient également une fonction de calcul du Tri :

= tri (B3 : N3)

Cette formule englobe l'ensemble des flux de trésorerie du projet, le montant initial (cellule B3 dans l'exemple de la Van) et les flux futurs (C3 à N3). Notons que la fonction Tri affiche un message d'erreur lorsqu'elle ne rencontre pas au moins une inversion de signe dans l'ensemble de la zone de flux. La rentabilité mesure en effet le rapport entre un capital investi et les revenus qui découlent de cet investissement.

➤ Les critères de la Van et du Tri peuvent-ils donner des résultats contradictoires ?

Pour la sélection d'un projet pris isolément, la Van et le Tri apportent une réponse identique, mais sous une forme différente, un montant d'une part, un taux de l'autre. Un projet dont la Van est positive a nécessairement un Tri supérieur au taux de rentabilité attendu sur le projet et réciproquement. Le taux d'actualisation utilisé pour calculer la Van représentant la rentabilité attendue sur le projet.

Van > 0 ⇔ Tri > taux de rentabilité attendu sur le projet

En revanche, lorsque plusieurs projets sont en concurrence, ces deux critères peuvent induire un choix différent, notamment entre des projets de taille différente. Il convient dans ce cas de privilégier *a priori* le critère de la Van, le montant de richesse créée par un projet important plus que son taux de rendement. Ainsi, dans le tableau 10.7, le projet B doit être préféré bien que son Tri soit inférieur à celui du projet A. Lorsqu'un investisseur privilégie le critère du Tri, c'est souvent parce qu'il dispose d'un grand nombre d'opportunités d'investissement (par exemple, une société de capital risque). Il préfère alors investir dans un grand nombre de petits projets, pour maximiser la richesse créée globalement tout en répartissant les risques.

Tableau 10.7 – Arbitrage entre Tri et Van

	$-I_0$	Année 1	Année 2	Année 3	Année 4	Année 5	Tri	Van à 10 %
Projet A	–100	20	40	40	30	30	17 %	20,41
Projet B	–1 000	150	200	200	600	400	13 %	110,09

La figure 10.5 nous montre qu'un projet d'investissement peut être analysé financièrement sous différents angles complémentaires : notamment création de valeur ou rentabilité par rapport au risque.

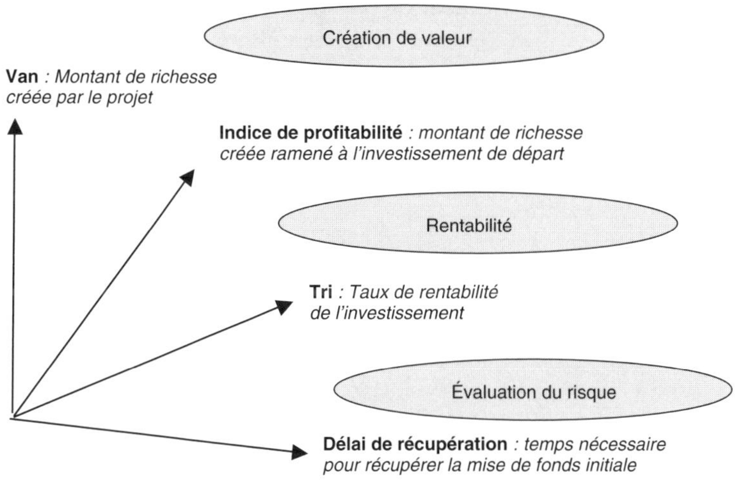

Figure 10.5 – Synthèse des critères financiers de sélection d'investissement

Illustration

Une entreprise envisage le lancement d'un nouveau produit dont la durée de vie prévue est de 5 ans.

Les immobilisations sont amorties sur cette durée. À $n + 5$, Le matériel a une valeur résiduelle nulle et le prix de revente estimé du véhicule est de 700.

Le taux d'actualisation est de 12 %.

Flux de trésorerie d'investissement :

- L'incidence sur l'impôt sur les sociétés des dépenses d'investissement comptabilisées en charges est immédiate. Celle relative aux dépenses en immobilisation est quant à elle étalée sur la durée d'amortissement.
- Le prix de cession de l'immobilisation est présenté net d'impôt sur la plus-value.

Tableau 10.8 – Calcul de rentabilité d'investissement d'un projet à durée définie

	Investissement	n	n+1	n+2	n+3	n+4	n+5
	Actif immobilisé						
–	Matériel (amorti sur 5 ans)	– 6 000					
–	Véhicules (amorti sur 5 ans)	– 4 000					
+	Cession du véhicule						700
–	Impôt sur la plus-value de cession (30 %)						– 210
	Dépenses comptabilisées en charge						
–	Études	– 300					
–	Recrutement et formation	– 500					
=	Total	– 800					
+	Réduction d'impôt lié aux charges (30 %)	240					
(1)	**Flux de trésorerie d'nvestissement (FTI)**	**– 10 560**					**490**
	Activité						
	Ventes		8 000	12 000	15 600	17 160	17 160
–	Charges d'exploitation décaissables		– 5 600	– 8 400	– 10 920	– 12 012	– 12 012
–	Dotation aux amortissements		– 2 000	– 2 000	– 2 000	– 2 000	– 2 000
=	Résultat d'exploitation		400	1 600	2 680	3 148	3 148
–	Impôt sur les sociétés (30 %)		– 120	– 480	– 804	– 944	– 944
=	Résultat après impôt		280	1 120	1 876	2 204	2 204
+	Dotation aux amortissements		2 000	2 000	2 000	2 000	2 000
=	**Excédent brut d'exploitation (ou Ebitda)**		**2 280**	**3 120**	**3 876**	**4 204**	**4 204**
–	Variation du BFR (20 jours de CA HT)		– 444	– 222	– 200	– 87	953
(2)	**Flux de trésorerie d'exploitation (FTE)**		**1 836**	**2 898**	**3 676**	**4 117**	**5 157**
	Flux de trésorerie disponibles (1) + (2)	– 10 560	1 836	2 898	3 676	4 117	5 647
	Flux de trésorerie disponibles actualisés	– 10 560	1 639	2 310	2 617	2 616	3 204
	Flux de trésorerie disponibles actualisés et cumulés	– 10 560	– 8 921	– 6 611	– 3 995	– 1 378	1 826

Délai de récupération non actualisé :	3 ans et 6 mois
Délai de récupération actualisé :	4 ans et 5 mois
Van (calculée à 12 %) :	1 826
Tri :	17,7 %

Flux de trésorerie d'exploitation :

- La dotation aux amortissements est tout d'abord déduite du résultat pour le calcul l'impôt. Une fois l'impôt calculé, elle est réintégrée car elle constitue une charge non décaissée. Seul demeure le crédit d'impôt lié à l'amortissement.

- Le BFR normatif représente 20 jours de CA HT. La variation du BFR de l'année $n + 1$ est égale à la totalité du BFR de cette année car l'entreprise part d'une activité nulle (8 000 × 20 / 360 = 444). Les années suivantes, la variation du BFR est calculée à partir de la variation des ventes. Ainsi, pour n+2, la variation est de 222, ([12 000 – 8 000] × 20 / 360). À $n + 5$, il est prévu que l'entreprise récupère la totalité du BFR (+953) car l'activité s'arrête. Cela signifie concrètement que la totalité des stocks sont vendus et que les clients paient.
- Les encaissements sont affectés du signe « + » et les décaissements du signe « – ». Le respect de cette convention de signe simple permet d'éviter bien des erreurs dans la construction et la lecture de ces documents.
- La rentabilité est calculée exclusivement à partir des flux de trésorerie d'exploitation et d'investissement, les flux du financement ne sont pas pris en compte. Le taux d'actualisation reflète toutefois le coût du financement de l'entreprise.

CHAPITRE 11

Gestion de trésorerie et culture cash

Le trésorier assure la gestion financière à court terme : maîtrise des encaissements et décaissements, gestion des soldes bancaires, décisions de financement ou placement à court terme, couverture du risque de change et éventuellement de taux. Une de ses missions est cruciale dans la culture cash, assurer la liquidité de l'entreprise, c'est-à-dire sa capacité à respecter à tout moment ses échéances. Cette mission repose notamment sur :

- des prévisions fiables permettant notamment d'anticiper sur la dégradation de la trésorerie,
- la négociation de lignes de crédit à court terme suffisantes. Une PME sera le plus souvent amenée à mettre en place des financements « causés » garantissant le prêteur contre le risque d'insolvabilité de l'emprunteur.

Ce chapitre se concentre sur des aspects essentiels de la gestion de trésorerie[1] pour la culture cash : élaboration des prévisions de trésorerie, diagnostic des situations de crise de trésorerie, sélection des financements causés par mobilisation des créances client. En outre, deux

1. Pour un ouvrage détaillé sur la gestion de trésorerie, lire *Gérer la trésorerie et la relation bancaire*, de Michel Sion, Éditions Dunod, 5e édition.

annexes figurent à la fin du livre : élaboration d'un budget annuel de trésorerie et d'une prévision glissante à plusieurs semaines.

Commençons par présenter brièvement l'étendue des missions du trésorier.

Les quatre missions du trésorier

Assurer la liquidité de l'entreprise

Le trésorier veille à ce que l'entreprise ait à tout moment les ressources suffisantes pour respecter ses échéances de paiement. Cette mission l'amène à réaliser les tâches suivantes :

- Réaliser un budget annuel de trésorerie pour évaluer le besoin de trésorerie de l'exercice suivant.
- Négocier les lignes de crédit CT avec ses partenaires banquiers à partir de ce budget.
- Éventuellement, faire confirmer ces lignes de crédit en contrepartie d'une commission d'engagement. À défaut, la banque peut réduire son engagement en cours d'année, en respectant seulement un préavis de 30 ou 60 jours.
- Réaliser une prévision glissante de trésorerie de 1 à 6 mois pour détecter le plus en amont les crises éventuelles de trésorerie.
- Surveiller l'évolution des indicateurs gestion du BFR dont la dégradation a des effets directs sur le solde de trésorerie pour susciter des actions correctives de la part des personnes concernées.
- Moduler les dates de paiement en fonction des possibilités de l'entreprise. Lorsque la trésorerie est tendue, le trésorier doit avoir le pouvoir de décaler de quelques jours la date effective de règlement.

Réduire le coût des services bancaires (hors marge sur emprunt ou placement)

Le trésorier mesure avant toute négociation les enjeux, c'est-à-dire l'économie résultant de l'amélioration des conditions : dates de valeur, commissions de compte ou d'opération. Cette étape préparatoire à la négociation nécessite l'inventaire des conditions actuelles (le catalogue des conditions bancaires), des flux et nombre d'opérations par support de paiement[1]. La dématérialisation et télétransmission des modes de paiement contribue également à réduire les coûts. Même se le trésorier ne négocie pas directement avec les banques (c'est souvent le rôle du directeur financier), il doit orienter les points à négocier.

Améliorer le résultat financier

La réduction des frais financiers (ou l'augmentation des produits financiers) repose sur de nombreux leviers externes et internes :

- la négociation des marges sur emprunt ou placement ;
- des prévisions de trésorerie glissantes fiables qui contribuent à réduire les erreurs de sur- ou sous-financement coûteuses en frais financiers. Dans les groupes, le regroupement des prévisions des différentes entités constitue une condition clé du succès de la centralisation de trésorerie (*cash pooling*). Elle se réalise en particulier grâce aux logiciels de trésorerie fonctionnant en réseau ou par l'envoi par intranet de fichiers sur tableur devant être remplies par ces entités ;
- la surveillance des indicateurs de gestion du BFR ;
- la gestion de trésorerie quotidienne en dates de valeur pour obtenir des soldes bancaires proches de zéro. Elle limite des erreurs qui dégradent le résultat financier : soldes créditeurs non rémunérés, découvert excessif facturé à un taux supérieur à celui de l'emprunt, erreurs d'équilibrage (constatation le même jour de soldes créditeurs non rémunérés et de soldes en découvert).

Gérer les risques liés à la fonction

Le trésorier d'une entreprise industrielle et commerciale doit principalement gérer les risques de change et de fraude. Les cours de change évoluent parfois de façon soudaine et imprévisible. Toute entreprise

1. Voir notamment, dans *Gérer la trésorerie et la relation bancaire*, la démarche du compte d'exploitation banque-entreprise.

ayant des flux financiers significatifs dans une devise volatile est donc tenue de gérer le risque de change pour garantir son taux de marge. Le tableau de suivi de la position de change sert à évaluer à tout moment la position nette par devise et à mettre en œuvre une procédure de couverture avalisée par la direction générale. Des procédures de contrôle interne et l'adoption de modes de paiement télétransmis validés par signature électronique ont pour but de réduire le risque de détournement de fonds.

Les prévisions de trésorerie

Nous avons vu au chapitre 2 qu'une prévision de trésorerie fiable était une condition de base pour mettre en œuvre un projet cash. Son rôle est essentiel car la plupart des décisions de trésorerie se prennent sur la base de soldes ou flux prévisionnels : emprunt, placement, couverture de change ou de taux, et surtout l'anticipation des difficultés de trésorerie. On distingue trois niveaux de prévision de trésorerie, chaque niveau ayant une utilité spécifique : le budget annuel de trésorerie, la prévision glissante à plusieurs semaines et les prévisions en dates de valeur à très court terme. Nous ne traitons ci-dessous que des deux premiers niveaux de prévision dont la maîtrise est essentielle pour la culture cash. Les prévisions à très court terme, 10 à 15 jours, s'intègrent quant à elles dans la gestion quotidienne en dates de valeur. Elles permettent au trésorier de prendre les décisions d'équilibrage inter-bancaires, financement ou placement à partir d'un solde intégrant des mouvements non encore inscrits sur le compte bancaire.

Le budget annuel de trésorerie (BAT)

Il permet de :

- vérifier la capacité de la trésorerie à absorber les actions prévues sur l'exercice suivant : augmentation du BFR, investissements autofinancés, remboursement des emprunts à LMT, dividendes ;
- négocier les lignes de crédit à court terme. Il justifie du besoin de financement auprès des prêteurs ;

- calculer les frais ou produits financiers à court terme prévisionnels et finaliser ainsi le processus budgétaire.

L'annexe 1 donne une illustration d'un budget annuel de trésorerie.

Le BAT constitue la partie à court terme du plan de financement (dont les flux sont annuel à 3 à 5 ans). Son horizon est annuel, les flux de trésorerie sont cumulés mensuellement ; il détermine le solde de trésorerie à la fin de chaque mois. La figure 11.1 nous montre qu'il résulte de la combinaison des budgets d'exploitation, d'investissement et de financement à LMT. Il vient en fin de chaîne du processus budgétaire car la trésorerie est la résultante de l'ensemble des flux.

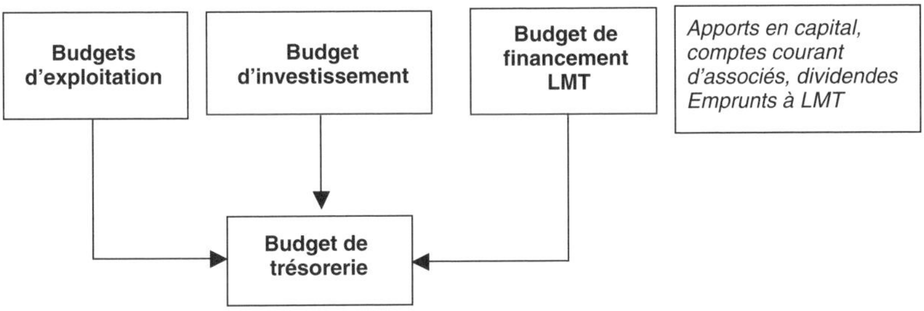

Figure 11.1 – Construction budget annuel de trésorerie

Sa construction requiert deux types de calculs préparatoires :

- la conversion des prévisions budgétaires de date comptable en date de flux ;
- le calcul du décaissement mensuel de TVA. La TVA étant sans incidence sur le résultat, elle ne figure pas dans les budgets d'exploitation et d'investissement.

Ainsi, pour l'exemple des ventes, il convient de passer de prévisions de ventes mensuelles HT à des prévisions d'encaissements TTC.

La conversion en date de flux nécessite :

- de connaître la date de paiement de flux significatifs payables à des échéances connues d'avance : paiement des acomptes d'IS, taxe professionnelle, cotisations Ursaff, loyers, primes d'assurance... Ainsi, l'IS se paie en quatre acomptes, et un solde dont les dates dépendent de la date d'arrêté comptable. Si la date d'arrêté est le 31/12/*n*, les acomptes sont dus le 15 mars, le 15 juin, le 15 septembre et le 15 décembre de l'année *n*+1 et le solde le 15 avril *n*+2 ;

- de définir une loi d'éclatement des encaissements client et paiements fournisseurs. Il ne s'agit pas de déterminer un délai d'encaissement moyen mais de procéder à un « éclatement » d'un chiffre d'affaires mensuel en différents mois d'encaissement.

Le trésorier définit cette loi à partir des délais effectivement constatés dans le passé et actualisés à partir d'une des méthodes suivantes :

- définition d'une loi statistique, le plus souvent par sondage, à partir des encaissements ou décaissements constatés dans le passé sur le chiffre d'affaire d'ensemble (tableau 11.1) ;
- définition d'un délai de paiement moyen par catégorie de clientèle, pays, produit ou prestation, si ces délais sont suffisamment homogènes. Ils sont égaux au délai standard appliqué à la catégorie augmenté d'un nombre moyen de jours de retard de paiement. La loi d'éclatement est ensuite définie à partir du mix des différentes catégories de clientèle pays ou produit.

Tableau 11.1 – Exemple de définition d'une loi statistique d'éclatement des encaissements

Ventes mois *M* : 10 000	**Encaissements**			
	M	*M*+1	*M*+2	*M*+3
	1 500	3 500	4 000	1 000
	15 %	35 %	40 %	10 %

Certains pièges sont à éviter pour reconstituer les flux de trésorerie à partir des données budgétaires, en voici certains :

- Éviter de prendre en compte des charges « abonnées ». Des charges de montant significatif payées à un moment déterminé sont lissées par douzième dans les budgets d'exploitation : taxe professionnelle, IS, loyers trimestriels, primes d'assurance… Cette démarche ne convient évidemment pas pour le BAT, il convient de supprimer ce lissage pour revenir à la date effective de flux.
- Éviter de calculer de la TVA sur le chiffre d'affaires à l'export.
- Définir les prévisions de décaissements fournisseur à partir des achats prévisionnels et non des consommations de matières premières ou marchandises. Les budgets d'exploitation intègrent en effet des prévi-

sions de consommation qui peuvent être significativement différentes en cas de fortes variations de stock.

Toutes les données budgétaires doivent être prises en compte. Il convient de modéliser la prévision de trésorerie en définissant le bon niveau d'agrégation des charges et en les regroupant en trois catégories :

- Les **charges « variables »** évoluant de façon proportionnelle au chiffre d'affaires : achats de matières premières ou marchandises, frais de transport, heures supplémentaires, intérim... Les isoler permet de simuler l'incidence d'une variation d'activité sur la trésorerie.
- Les **charges « paramétrables »** d'un montant suffisamment important pour être isolées au BAT. Elles ont un rythme de décaissement qui leur est propre et facilement identifiable : salaires et charges sociales, loyers, taxe professionnelle, acomptes d'IS, primes d'assurance...
- Les **charges « abonnables »** d'un montant unitaire moins important et dont on ne prévoit pas à l'avance le rythme de décaissement : frais de déplacement, honoraires courants... Elles sont cumulées et lissées par douzième sur l'ensemble de l'année.

La prévision glissante à plusieurs semaines

Cette prévision est dite « glissante » car le trésorier la fait progresser dans le temps et l'actualise en permanence. Elle se distingue du budget qui constitue une prévision figée construite généralement en fin d'année à partir des budgets validés par la direction générale. Certaines entreprises utilisent toutefois un outil de prévision unique, un budget glissant.

L'annexe 2 donne un exemple de plan glissant en expliquant sa démarche d'élaboration.

Utilité de la prévision glissante

Il s'agit d'un outil opérationnel utile pour :

- détecter par anticipation les crises de trésorerie pouvant menacer la liquidité de l'entreprise de façon à déclencher à temps un plan d'action correctives. Il est vital pour les entreprises ayant une trésorerie tendue ;

- prendre une décision de financement ou de placement (détermination de la durée et du montant). Une mauvaise décision de financement dégrade le résultat financier. Le sur-financement conduit à payer des frais financiers sur un montant non utilisé et le sous-financement génère un découvert facturé à un taux supérieur au taux d'emprunt. De la même façon un sur-placement provoque des agios de découvert et un sous-placement se traduit par un manque à gagner en produits financiers.

Le tableau de suivi de la position de change construit par devise constitue une prévision glissante spécifique permettant de mesurer son exposition au risque de change et d'ajuster ses décisions de couverture.

La prévision glissante calcule sur le solde bancaire prévisionnel, toutes banques confondues, la décision de financement devant permettre d'obtenir des soldes proches de zéro. Le budget annuel de trésorerie évalue quant à lui la position de trésorerie prévisionnelle car il a pour but d'évaluer le besoin de trésorerie.

Les « sept clés » pour construire le plan glissant

Sa construction ne repose pas sur une méthode aussi homogène que celle du BAT, ses caractéristiques variant beaucoup d'une entreprise à l'autre. Nous avons défini sept « clés » sur lesquelles le trésorier doit faire des choix.

➤ Définir l'horizon

Lorsque la trésorerie est modérément emprunteuse ou excédentaire, l'horizon de la prévision se limite généralement à un mois. Cet horizon est rallongé à 3 ou 6 mois, voire devient un budget annuel glissant lorsque l'entreprise est fortement emprunteuse. Il s'agit de détecter le plus en amont possible toute dégradation. Il en va de même pour une trésorerie largement excédentaire. Seul une prévision permet de placer à un horizon de 3 ou 6 mois pour obtenir des taux d'intérêts supérieurs au taux au jour le jour (jouer la courbe des taux).

➤ Le choix du support

Les entreprises disposant d'un logiciel de trésorerie utilisent généralement celui-ci pour le plan glissant. Elles peuvent ainsi inscrire d'avance certains mouvements bien maîtrisés en date de valeur : salaires, échéances fournisseur au 10, TVA, charges sociales... Elles utilisent autrement un tableur. Les logiciels de trésorerie permettent d'exporter les données du plan glissant vers un fichier de tableur de façon à les présenter de façon plus attrayante dans le reporting à la direction générale ou financière.

➤ L'intervalle de cumul des flux

Sur un logiciel de trésorerie, la prévision combine :

- des mouvements bien identifiés qui sont directement inscrits en date de valeur (salaires, taxes, paiement des fournisseurs par billet à ordre au 10 du mois...) ;
- des mouvements quotidiens qui sont cumulés sur un intervalle hebdomadaire ou décadaire (virements ou chèques reçus des clients...). Il serait en effet fastidieux de réaliser des prévisions quotidiennes pour ces mouvements sur un intervalle de 2 ou 3 mois.

Sur un tableur, l'ensemble des flux sont cumulés sur un intervalle hebdomadaire ou décadaire.

➤ Le choix d'un compte pour positionner les prévisions

Lorsque les prévisions sont réalisées sur le logiciel de trésorerie et que les banques sont spécialisées par mouvement, elles sont directement affectées au bon compte bancaire. Dans le cas contraire, elles sont inscrites sur une « banque fictive » dont le solde est fusionné avec celui des autres comptes pour déterminer le solde prévisionnel global de l'entreprise. Les prévisions sur tableur sont rarement réalisées par banque.

➤ Aller à la pêche aux informations

Le trésorier peut combiner différentes approches pour alimenter son plan glissant :

- construire les prévisions à partir de l'historique des flux disponibles dans le logiciel de trésorerie et les actualiser selon l'évolution de l'activité. Il s'agit souvent d'une première approche ;
- solliciter de façon régulière les personnes disposant de l'information qui permet d'actualiser les prévisions, cette approche venant en complément de la première. La figure 11.2 nous montre qu'une prévision glissante combine des informations de natures différentes, comptables et extra-comptable :

– une information à statut « réel », des opérations déjà comptabilisées par exemple des factures d'achat ou de vente. Le flux est alors positionné à sa date d'échéance prévue ;
– une information à statut « engagé », des engagements (achats ou vente) correspondant à des commandes déjà passées mais non encore livrées. Il s'agit d'abord de prévoir la date de livraison puis la date de règlement. Cette information pourra être disponible auprès de l'ADV ;
– une information à statut « prévisionnel », correspondant à des commandes non encore passées le plus souvent émises par les commerciaux ou services achats. Elles peuvent être obtenues auprès du contrôle de gestion.

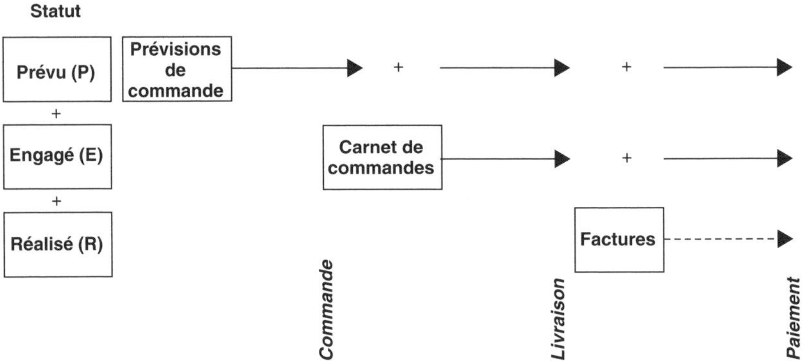

Figure 11.2 – Les différentes sources d'information d'une prévision glissante

Le trésorier doit aller pêcher les informations là où elles sont disponibles, auprès des services commerciaux, des achats, de la production, de la paye, des comptables… Il privilégie un mode de collecte des données le plus simple possible. Le contact direct est le meilleur moyen de motiver ses interlocuteurs à fournir une information fiable. L'envoi par intranet d'un fichier est source de gain de temps à condition que les destinataires sachent comment le remplir. Dans un groupe, les filiales communiquent leurs prévisions au siège :

- en les intégrant directement sur un logiciel de trésorerie fonctionnant en réseau. Le trésorier groupe consolide ensuite l'ensemble des positions de trésorerie des filiales pour prendre ses décisions de financement ou placement ;

- en remplissant un fichier (tableur) conçu par le siège.

➤ Personnaliser les prévisions

Il est préférable de présenter de façon distincte des mouvements significatifs susceptibles de varier fortement afin d'ajuster plus facilement ses prévisions et ses décisions.

Illustrations

> Un client représente une part importante du chiffre d'affaires alors que ses habitudes de paiement sont imprévisibles.
> En cas de baisse de sa part de marché, une entreprise vendant des produits de grande consommation déclenche parfois de façon soudaine des actions promotionnelles. Le trésorier est alors mis devant le fait accompli.

L'annexe 2 illustre la personnalisation des prévisions.

➤ Utiliser des codes de nature budgétaire

Toute saisie d'un mouvement sur logiciel de trésorerie suppose l'utilisation d'un code de support de paiement (chèque au débit, virement reçu...). Il est également possible d'ajouter au mouvement un code de nature budgétaire (encaissements client France, paiement TVA...) pour faciliter la comparaison entre réalisations et prévisions et ajuster les prévisions futures. Les prévisions réalisées sur tableur sont généralement construites exclusivement à partir de codes de nature budgétaire. Certains trésoriers fusionnent le code de nature budgétaire avec le code support de paiement (par exemple, virfou pour virement fournisseur).

Actualisation de la prévision glissante

L'analyse des écarts entre les flux réels avec les prévisions de la période écoulée conduit le trésorier à actualiser les prévisions des périodes futures. On distingue trois types d'écart :

- L'**écart définitif** : sa constatation conduit à ne pas modifier la prévision des périodes suivantes. Exemple : il y a peu de chances que le retard dans les ventes de crème à bronzer réalisées en été soit rattrapé en automne et en hiver.

- L'**écart rattrapable** : il conduit à modifier la prévision de la période suivante. Exemple : relancé par téléphone, un client indique qu'il paiera dans la décade suivante la facture qu'il aurait dû payer cette semaine.
- L'**écart systématique** : l'analyse de la situation conduit à modifier les prévisions de l'ensemble des périodes suivantes. Exemple : une croissance des ventes plus forte que prévue sur les trois premiers mois de l'année conduit, après consultation de la force de vente, à augmenter les prévisions d'encaissement sur l'horizon du plan.

Anticiper les crises de trésorerie

Le bilan fonctionnel

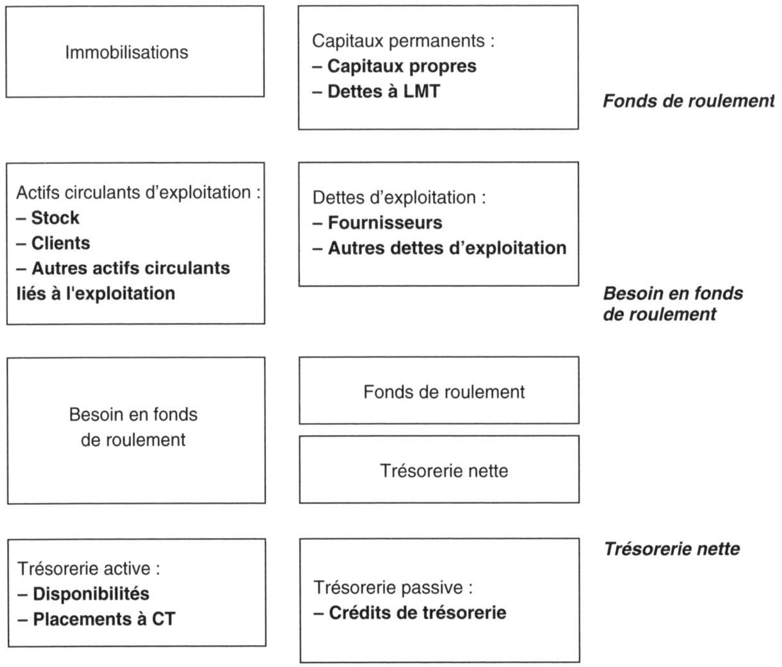

Figure 11.3 – Le bilan fonctionnel

Le trésorier détecte une dégradation de trésorerie dans sa gestion au jour le jour sans pouvoir toujours en expliquer la raison. Le bilan fonctionnel présenté à la figure 11.3 permet de remonter aux causes de cette dégradation. Il identifie trois grands agrégats : fonds de roulement, besoin en fonds de roulement et trésorerie nette :

Fonds de roulement – Besoin en fonds de roulement = Trésorerie nette

➤ Le fonds de roulement (FR)

Il se détermine par différence entre les capitaux permanents (capitaux propres et dettes à LMT) et les actifs immobilisés, autrement dit par différence entre les ressources stables et les emplois stables. La loi d'équilibre financier minimum impose que les emplois stables soient intégralement financés par des ressources stables, autrement dit que le fonds de roulement soit positif. Un fonds de roulement positif et élevé est le signe d'une politique financière prudente, et constitue un gage (mais non une garantie) de la pérennité de l'entreprise pour deux raisons :

- Il représente la part des ressources stables de l'entreprise disponible pour financer les actifs courants d'exploitation (clients et stocks). Il est dangereux de financer une part trop importante de ses actifs courants par des crédits de trésorerie car ils constituent une ressource « précaire ». À l'inverse, l'entreprise n'a pas d'obligation de remboursement des capitaux propres vis-à-vis des actionnaires. Concernant les emprunts à LMT, la banque doit respecter un échéancier de remboursement et ne peut exiger un remboursement immédiat.
- Il constitue pour un matelas financier pour l'avenir : il permet d'absorber des pertes éventuelles tout en garantissant le financement des emplois LT par des ressources LT. Il constitue également une marge de manœuvre pour autofinancer de futurs investissements tout en préservant les équilibres financiers fondamentaux :

Capitaux permanents = Capitaux propres + Dettes à LMT
Fonds de roulement = Capitaux permanents – Actif immobilisé

➤ Le besoin en fonds de roulement d'exploitation (BFR E)

Il représente le besoin de financement du cycle d'exploitation : l'entreprise est contrainte de payer ses fournisseurs avant de recevoir l'encaissement de ses clients. Pour pouvoir fabriquer et vendre, l'entreprise doit accepter d'immobiliser des capitaux dans des actifs circulants d'exploitation : constituer un stock, faire crédit à ses clients... Le cycle d'exploitation procure cependant également des ressources : le crédit des fournisseurs, les acomptes reçus des clients, les dettes fiscales et sociales... figurant en dettes d'exploitation. Le BFR est égal aux actifs circulants d'exploitation diminués des dettes d'exploitation (figure 11.4).

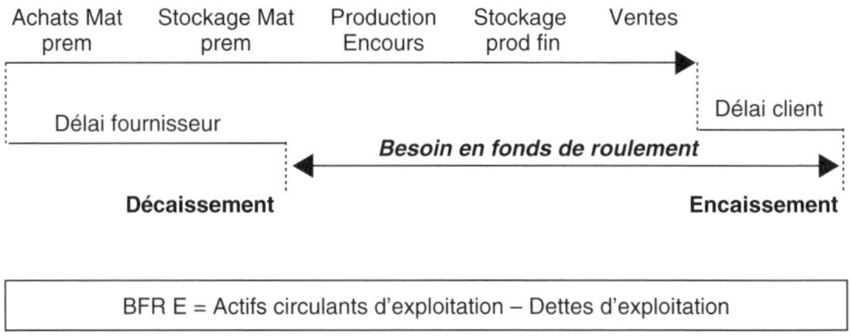

Figure 11.4 – Le besoin en fonds de roulement d'exploitation

Il est fréquemment exprimé en jours de chiffre d'affaires

$$\frac{\text{Besoin en fonds de roulement} \times 360}{\text{Chiffre d'affaires HT}} = \text{Nombre de jours}$$

L'objectif de l'entreprise est bien entendu de minimiser cette immobilisation de capitaux par la maîtrise des encaissements client, de la gestion du stock, de la négociation d'acomptes client... afin de préserver sa trésorerie, d'améliorer son résultat financier et de diminuer les capitaux investis.

➤ Le cas particulier des activités à BFR négatif

Dans certaines activités, le cycle d'exploitation génère un excédent de trésorerie car l'encaissement des clients précède le paiement des fournisseurs et des autres charges d'exploitation : grande distribution, abonnements ou contrats de maintenance facturés terme à échoir, produits ou service à cycle de production long financés par les acomptes clients...

➤ **La trésorerie nette**

Elle se définit de deux façons :

- par différence entre le FR et le BFR (calcul vertical). Elle constitue une « résultante » assurant l'égalité entre le total des emplois et ressources :

FR – BFR = Trésorerie Nette

- par différence (positive ou négative) entre trésorerie active et la trésorerie passive.

  La trésorerie active est composée des montants non affectés à l'investissement ou au financement de l'exploitation. Elle comprend les disponibilités et des titres de placement dont l'échéance est inférieure à une année et qui peuvent aisément être converties en liquidités.

  La trésorerie passive comprend les encours de crédit CT, y compris les crédits de mobilisation des créances client ne figurant pas au bilan comptable.

  Une trésorerie nette négative indique que l'entreprise a un besoin de financement à CT. Une trésorerie nette positive signifie que l'entreprise dispose d'un excédent net de trésorerie.

Trésorerie nette = Trésorerie active – Trésorerie passive

La position de trésorerie vient en « bout de chaîne » dans l'équilibre financier d'ensemble. La variation de trésorerie est la résultante de l'ensemble des flux monétaires de la période. Toute dégradation de la trésorerie ne peut s'expliquer qu'en remontant au fonds de roulement et au BFR.

L'analyse dynamique du bilan fonctionnel

À ce stade, nous pouvons passer d'un équilibre statique à une analyse dynamique en examinant les variations des agrégats du bilan fonctionnel.

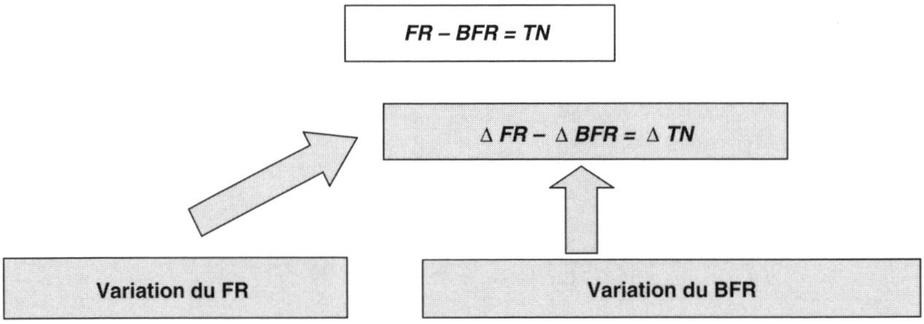

Amélioration	**Dégradation**	
		Croissance du chiffre d'affaires : à délais d'écoulement constants, une augmentation de 20 % des ventes entraîne une augmentation de 20 % du BFR, en montant.
Apport en capital	Dividendes, rachat d'actions	**Gestion du BFR** : à chiffre d'affaires constant, une amélioration ou une dégradation des délais d'écoulement du cycle d'exploitation affecte le BFR exprimé en montant.
Nouveaux emprunts à LMT	Remboursement des emprunts LMT	**Externalisation d'une activité** : elle améliore habituellement le BFR. Le fournisseur finance fréquemment le stock. L'entreprise bénéficie d'un crédit fournisseur au lieu de payer les salaires en fin de mois.
Marge brute d'autofinancement	Pertes	
Cession d'immobilisations	Investissements	

Figure 11.5 – Dynamique du bilan fonctionnel

Les cinq crises de trésorerie

La variation de la trésorerie est la résultante de l'ensemble des flux de trésorerie. Le modèle du bilan fonctionnel (FR, BFR, TN) permet d'identifier cinq grandes causes de crises de trésorerie :

- trois provenant d'une augmentation du besoin en fonds de roulement ;
- deux provenant d'une diminution du fonds de roulement.

Dans la réalité, diverses causes de crises de trésorerie peuvent évidemment se combiner.

➤ Cas 1 : Crise de croissance

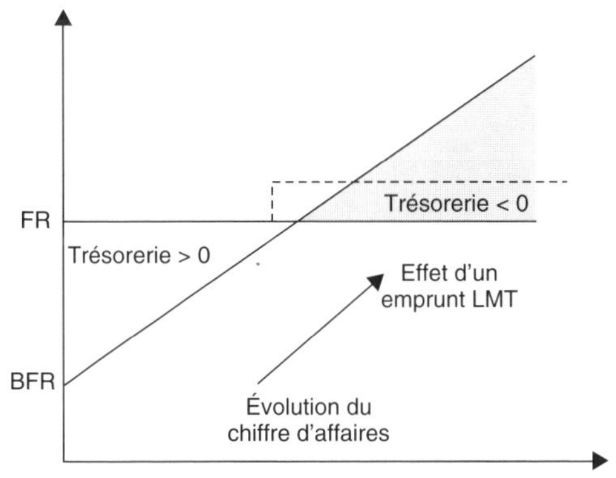

Figure 11.6 – Crise de croissance

L'augmentation rapide du chiffre d'affaires entraîne une augmentation proportionnelle du besoin en fonds de roulement exprimé en montant. Exprimé en jours de CA HT, il demeure égal, voire il augmente également, une croissance rapide s'accompagnant assez souvent d'une certaine désorganisation dans la gestion des flux d'exploitation. La croissance n'est pas un mal en soi, il faut avoir les moyens de la financer. Les effets de cette crise sont plus graves encore s'il s'agit d'une croissance sans profitabilité.

Principales pistes d'action

Renforcer les capitaux permanents (fonds de roulement) pour mieux financer le BFR : faire un apport en capital ou en comptes courants d'associés, réduire les dividendes versés, financer les investissements par emprunt à LMT au lieu de les autofinancer ; négocier un crédit MT de restructuration du fonds de roulement (crédit MT ne venant pas financer un investissement en immobilisations mais qui contribue à financer une partie du cycle d'exploitation dans une période de forte croissance ou après des pertes), céder des immobilisations (*lease back*).

Changer d'objectif commercial : privilégier la marge au volume. Une croissance moins rapide limite la croissance du BFR, une marge plus élevée contribue à renforcer le fonds de roulement. Cette politique commerciale doit évidemment être cohérente avec l'état du marché.

Mieux gérer le besoin en fonds de roulement.

Négocier un contrat d'affacturage. Dans le cadre des crédits bancaires CT classiques, le banquier n'augmente pas nécessairement l'encours en cas d'augmentation des ventes. Avec l'affacturage, le factor définit une ligne de crédit non sur l'emprunteur mais sur chacun des débiteurs cédés. À condition de vendre à une clientèle suffisamment large et solvable, l'entreprise en croissance augmente sa capacité de financement à CT.

➤ Cas 2 : Crise de gestion du BFR

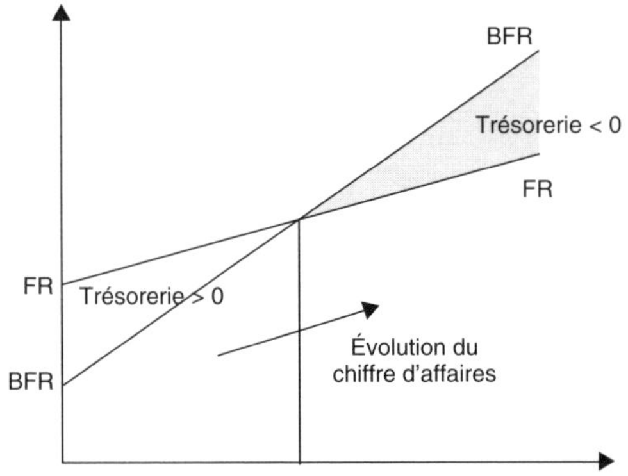

Figure 11.7 – Crise de gestion du besoin en fonds de roulement

Le besoin en fonds de roulement augmente plus vite que le chiffre d'affaires : allongement des délais clients, litiges, baisse des acomptes client, allongement du délai d'écoulement des stocks, réduction du crédit fournisseur…

Le BFR, exprimé en montant et en jours de ventes hors taxes augmente.

Principales pistes d'action

Il s'agit bien entendu d'identifier les causes de dégradation du BFR et de mettre en œuvre un plan d'action corrective pour revenir à une situation normale. Il convient ensuite de mettre en place une procédure et des indicateurs de suivi des postes du BFR.

➤ Cas 3 : Baisse conjoncturelle d'activité

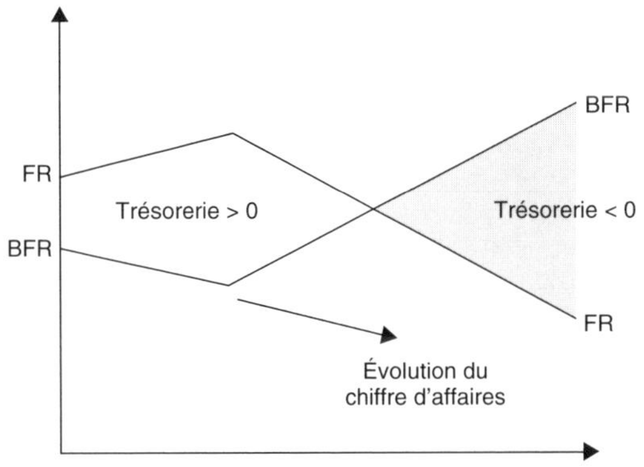

Figure 11.8 – Baisse conjoncturelle d'activité

Une baisse du chiffre d'affaires entraîne une augmentation du stock. C'est le cas de l'entreprise industrielle qui n'a pas anticipé la baisse des ventes, son stock augmente car elle vend moins et continue à produire autant. Il en va de même pour l'entreprise de négoce qui n'a pas écoulé son stock lorsqu'elle doit payer ses fournisseurs.

Principales pistes d'action

La crise est « conjoncturelle » car au bout de quelques semaines l'entreprise aura normalement retrouvé un niveau de stock normal parce que :

- le chiffre d'affaires aura de nouveau augmenté ;
- l'entreprise aura réduit sa production ou soldé les articles en surstock.

➤ Cas 4 : Erreur de financement

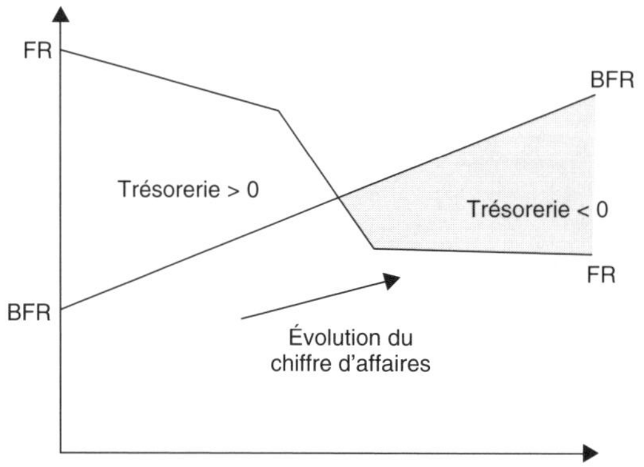

Figure 11.9 – Erreur de financement

L'entreprise autofinance de façon excessive ses investissements, ce qui se traduit par une dégradation du fonds de roulement. Cette erreur de financement provient :

- d'une insuffisance d'emprunts à LMT pour financer les investissements ;
- d'une durée de remboursement des emprunts à LMT est trop courte par rapport à la capacité de remboursement de l'entreprise (capacité d'autofinancement) ;
- de versements de dividendes trop importants.

Principales pistes d'action

Il faut fiabiliser le plan de financement et restructurer le fonds de roulement :

- par apport de capitaux propres ou comptes courant d'associés ;
- par emprunt à moyen ou long terme. L'entreprise négocie avec sa banque la mise en place « *a posteriori* » d'un crédit à moyen terme, du découvert en prêt à moyen terme ;
- par cession d'immobilisations

➤ Cas 5 : Perte de profitabilité

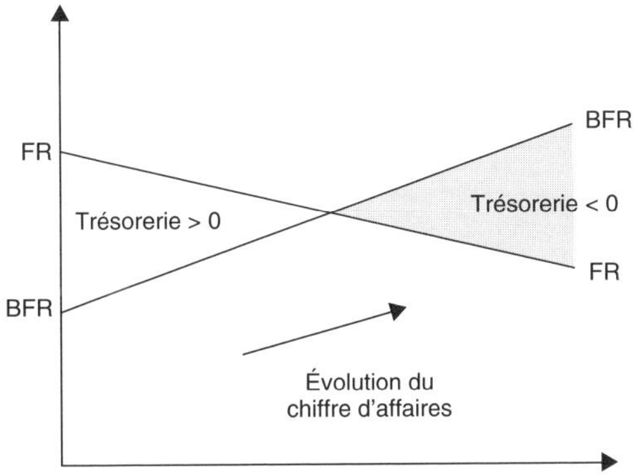

Figure 11.10 – Perte de profitabilité

Les pertes viennent réduire les capitaux propres et le Fonds de Roulement. Comme les charges excédent les produits, les décaissements sont supérieurs aux encaissements et la trésorerie se dégrade. Nous ne faisons que constater les conséquences des pertes sur la trésorerie.

Principales pistes d'action

Il faut reconstituer les fonds propres par un nouvel apport en capital et restaurer au préalable la confiance des actionnaires en revenant aux profits.

Les crédits de trésorerie « sécurisés »

L'escompte

C'est l'opération par laquelle l'entreprise cède à sa banque des effets de commerce non échus relative à des créances commerciales pour obtenir un financement en contrepartie. Juridiquement, l'escompte repose sur un endossement de l'effet qui en transfère la propriété à la banque. Le remboursement est réalisé par le paiement du débiteur cédé à l'échéance. C'est le crédit le plus sécurisé pour la banque qui a un **double recours** :

- Ce financement est, sauf clause contraire, « **avec recours** » ce qui signifie que la banque a un recours contre l'emprunteur si le client ne paie pas à l'échéance. En pratique, elle débite son compte dès l'échéance.
- Elle est également protégée par le principe d'« **inopposabilité des exceptions** ». La banque propriétaire de l'effet peut obliger le débiteur cédé à payer, même si la créance est litigieuse. Une fois endossé en faveur de la banque, l'effet devient en effet un engagement de payer autonome déconnecté de la prestation commerciale.

La dématérialisation des paiements condamne toutefois à terme ce financement car il repose nécessairement sur la remise d'un effet accepté par le débiteur cédé.

Le financement Loi Dailly

Issu de la loi n° 81-1 du 2 janvier 1981, ce crédit a été créé pour faciliter le crédit aux entreprises en assurant une base de mobilisation des créances client plus large que celle de l'escompte. L'entreprise peut mobiliser tout type de créance «professionnelle » et pas seulement commerciale :

- La créance est mobilisable quelque soit le mode de paiement du client, virement ou chèque. L'entreprise mobilise en effet le plus souvent une facture client.
- Les factures sont mobilisables dès leur émission sur des clients privés ou publics, français ou étrangers.
- Créances « en germe » : l'entreprise peut céder à la banque un bon de commande alors que la production et la livraison n'ont pas encore été effectuées, la banque finance progressivement la commande. La banque accepte dans ce cas un risque plus élevé car elle n'est pas sûre que la livraison aura effectivement lieu ;
- Une créance professionnelle peut-être ponctuelle non commerciale : une subvention obtenue mais non versée, un crédit de TVA, une indemnité d'assurance due mais non réglée…

Sauf clause contraire, le financement est également « avec recours ». Le créancier remet à sa banque un bordereau listant les créances, cette remise équivalant au nantissement ou à la cession des créances. Il existe trois degrés dans l'utilisation de ce financement en fonction de la confiance de la banque envers l'emprunteur :

- **Le Dailly « simple »**. Le débiteur cédé n'est pas notifié et paie donc son fournisseur qui doit remettre à la banque l'encaissement des créances cédées. L'absence de notification laisse la porte ouverte à des cas de fraude. Ainsi, un emprunteur ayant des difficultés de trésorerie pourra être tenté de mobiliser plusieurs fois une même facture auprès de ses différentes banques, leur faisant ainsi perdre toute garantie, voire de mobiliser de fausses factures (cavalerie). Les banques se prémunissent parfois contre le risque de « multi-mobilisation » en centralisant la gestion des créances cédées auprès de l'une d'elles.
- **Le Dailly « notifié »**. Dès la cession, la banque envoie au débiteur une notification de la cession de créance lui enjoignant de la payer directement. La notification limite le risque de multi-mobilisation et procure à la banque un encaissement direct. Le débiteur cédé demeure libre de ne pas payer en cas de litige car il n'a rien accepté. Il risque toutefois de payer une seconde fois la banque si par erreur il avait payé son fournisseur après la notification en vertu de l'adage : « qui paie mal, paie deux fois ». La notification a deux inconvénients :
  - elle est lourde à gérer pour la banque qui facture une commission de notification venant augmenter le coût du financement ;
  - elle peut développer une image de marque négative du fournisseur auprès de son client, la notification étant souvent assimilée à l'existence d'une situation financière dégradée.
- **Le Dailly « accepté »**. Son utilisation est rarissime. La banque demande l'acceptation du débiteur ce qui retire à celui-ci toute possibilité de refus de payer si un litige survenait entretemps (effet similaire à l'escompte : inopposabilité des exceptions). Sauf accord particulier, il n'a donc pas intérêt à la donner.

L'escompte de virements commerciaux mobilisables (VCOM)

Certaines entreprises paient leurs fournisseurs par virement commercial mobilisable ou virement à échéance. La banque du client envoie aux fournisseurs une lettre leur indiquant la réception d'un virement à une date future. En fonction des accords passés avec son client, la banque propose aux fournisseurs un paiement anticipé moyennant le paiement d'intérêts. Cette opération prend la forme d'une cession Dailly auprès de la banque du client, elle n'a donc pas pour effet de supprimer le risque d'insolvabilité du client jusqu'à l'échéance.

L'affacturage (ou factoring)

Cette opération de crédit fait intervenir un établissement de crédit spécialisé, le « factor » qui est le plus souvent une filiale de banque. L'entreprise (appelée adhérent) s'engage à céder au factor l'intégralité de ses créances client, sauf dérogations préalablement négociées (figure 11.11). L'affacturage regroupe trois services distincts :

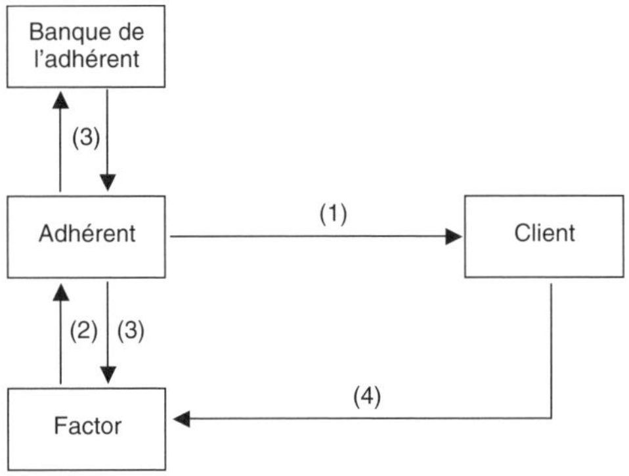

1. L'adhérent facture ses clients. Il mentionne sur chaque facture l'obligation pour le client de payer directement le factor (tampon libératoire).
2. Il cède ses factures au factor en remettant un bordereau nommé « quittance subrogative ».
3. L'adhérent peut se financer selon deux modalités. Il demande au factor un virement sur la base des créances cédées ou il escompte un billet à ordre émis par le factor auprès de sa banque. Compte tenu de l'absence de risque d'impayé, le banquier propose habituellement un taux plus faible que celui des autres crédits.
4. À l'échéance, le client ne se libère de sa dette qu'en payant directement auprès du factor.

Figure 11.11 – L'affacturage

- L'externalisation du recouvrement amiable. Certaines entreprises font le choix de l'affacturage pour quelques années, le temps nécessaire pour améliorer les habitudes de paiement de leurs clients. Si le factor identifie un litige lors de l'action de relance, il transfère la facture à l'adhérent pour sa résolution en débitant son compte.

- La garantie du poste client. L'affacturage est le plus souvent « sans recours ». Le factor fixe un plafond de crédit pour chaque débiteur cédé.
- Le financement du poste client. Le factor ne finance les factures cédées que dans la limite du plafond de crédit défini par débiteur cédé. Autrement dit, il ne prend aucun risque de crédit sur l'adhérent lui-même. Ainsi, si l'adhérent cède une créance de 300 sur un client avec un plafond de crédit de 100, le factor ne fera une avance de trésorerie que de 100.

Le contrat prévoit deux principaux modes de rémunération :

- La commission d'affacturage rémunère l'activité de relance et la garantie du poste client. Elle correspond à un pourcentage appliqué sur le montant TTC des créances cédées (entre 0,3 et 1,8 %). Son taux varie en fonction des facteurs suivants : niveau de risque du portefeuille, qualité de la facturation (fréquence des avoirs), montant moyen des factures cédées (la rémunération est calculée sur les montants alors que le travail de relance est proportionnel au nombre de factures).
- La commission de financement rémunère la mise à disposition anticipée des fonds. Son taux est souvent comparable à celui appliqué par les banques sur les crédits de trésorerie.

L'adhérent est également tenu d'immobiliser un dépôt de garantie auprès du factor sur lequel s'imputent les avoirs émis sur des factures préalablement financées. Ce dépôt peut être rémunéré par le factor.

L'affacturage apporte souvent une réserve de financement supérieure à celle des crédits bancaires CT. Le factor fixe un plafond de crédit par débiteur cédé et non un plafond de crédit unique sur l'emprunteur. L'entreprise en crise de croissance pourra emprunter davantage avec l'affacturage à condition d'avoir une clientèle solvable et diversifiée.

La titrisation de créances commerciales

Elle consiste à céder des actifs (en l'occurrence des créances clients) à un établissement de crédit pour se financer. L'emprunteur cède, généralement une fois par mois, un ensemble de créances client à un fonds commun de créances (FCC) créé pour cette occasion par une banque. Le FCC refinance les créances en émettant par l'intermédiaire d'une société financière des billets de trésorerie sur le marché monétaire (d'où le terme de titrisation).

L'entreprise constitue un « surdimensionnement » dans le FCC qui représente un dépôt de garantie sur lequel s'imputent les créances passées en perte. Ce dépôt est défini en pourcentage de l'encours par une société de notation dont l'intervention est obligatoire, le FCC faisant appel public à l'épargne. Certains montages substituent un contrat d'assurance crédit au surdimensionnement. Le montage définit des critères visant à réduire le risque de crédit (indice de concentration sur un même client, cotation Banque de France minimale...). La gestion de ce financement nécessite une forte collaboration entre le trésorier du groupe gérant le contrat et les filiales détentrices des créances mobilisables. L'emprunteur recouvre lui-même les créances cédées et en reverse le montant au FCC. Toutefois, la banque peut à tout moment notifier les débiteurs cédés pour qu'ils la paient directement.

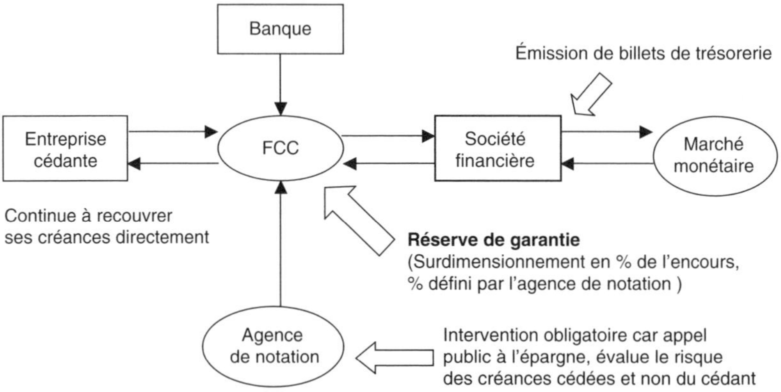

Figure 11.12 – Titrisation de créances commerciales

La titrisation procure une réserve de financement importante ainsi qu'un coût de financement attractif en raison de l'accès direct au marché monétaire.

D'autres actifs peuvent également être titrisés (stocks, matériel, encours de crédit bancaires...).

CHAPITRE 12

Prévoir le financement à LMT

L'horizon du plan de financement pluri-annuel (3 à 5 ans) dépasse sensiblement la durée de mise en œuvre d'un projet cash (6 mois). Les décisions de financement à LMT sont toutefois très dépendantes des résultats de ce projet. Au cours du projet cash, le directeur financier est amené à évaluer le besoin de financement à LMT d'ensemble de l'entreprise.

L'enchaînement incontournable des prévisions financières à LMT

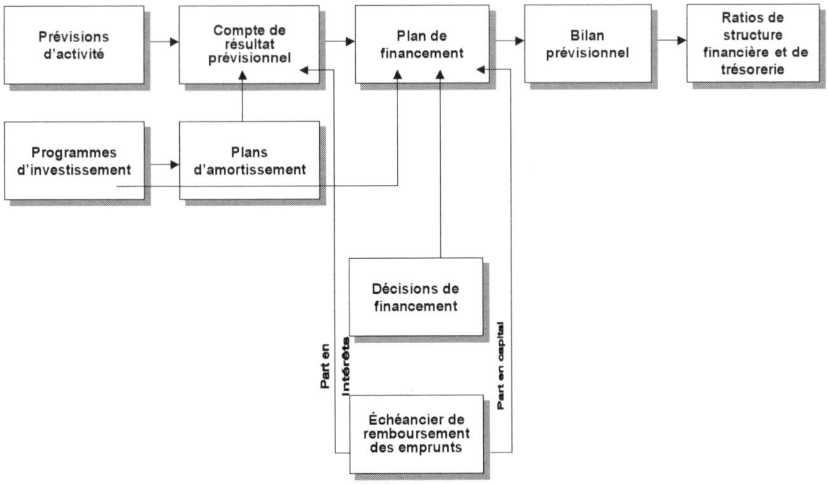

Figure 12.1 – Besoin de financement à LMT de l'entreprise

Cet enchaînement est « incontournable » car, nous allons le voir, chaque état dépend du précédent.

Le compte de résultat constitue le premier état prévisionnel, élaboré à partir des prévisions d'activité. Les différents niveaux de marge permettent d'évaluer la profitabilité des ventes. Il débouche sur le calcul de la marge brute d'autofinancement (MBA), qui est une ressource alimentant le plan de financement. Le compte de résultat se situe donc nécessairement en amont du plan de financement.

Le plan de financement retrace les flux de trésorerie (ressources et emplois) de chaque année de la prévision. Il explique le passage du bilan d'ouverture à celui de fin d'année. Les décisions de financement permettant de garder une trésorerie équilibrée sont élaborées à partir de ce tableau : apports en capital et en comptes courant d'associés, dividendes, emprunts à long et moyen terme.

Le bilan prévisionnel est utile pour deux raisons :

- Il constitue une étape de contrôle indispensable pour détecter d'éventuelles erreurs dans la construction du plan de financement. Ainsi, une inversion de signe d'un flux de trésorerie conduit à une position de trésorerie erronée et donc à un bilan déséquilibré.
- Il est un préalable au calcul des ratios. La plupart des ratios utilisés pour évaluer les décisions de financement sont en effet calculés à partir de postes du bilan.

Les ratios financiers permettent de s'assurer que les décisions financières inscrites dans le plan de financement sont cohérentes avec les normes bancaires en matière d'endettement et la politique financière voulue par les actionnaires.

Cet enchaînement incontournable constitue évidemment un ensemble en interdépendance. Les décisions de financement inscrites dans le plan de financement se prennent par rapport à leur incidence sur les équilibres financiers du bilan et les ratios.

Grâce à sa souplesse, le tableur constitue l'outil idéal pour bâtir cet enchaînement.

COMPTE DE RÉSULTAT PRÉVISIONNEL			
	n+1	*n*+2	*n*+3…
Résultat d'exploitation			
– Frais fin LT pré-existants			
– Frais fin LT sur nouveaux emprunts			
± Produits ou frais fin CT			
– IS			
= Résultat net			
+ Dotation aux amortissements			
= **Capacité d'autofinancement** (CAF)			

FLUX DE TRÉSORERIE PRÉVISIONNELS			
	n+1	*n*+2	*n*+3…
Flux de trésorerie de l'activité			
+ Capacité d'autofinancement (CAF)			
– Variation du BFR			
= **Flux de trésorerie de l'activité** (A)			
Flux de trésorerie lié à l'investissement			
– Acquisition d'immobilisations			
+ Cessions d'immobilisations			
= **Flux de trésorerie de l'investissement** (B)			
Flux de trésorerie lié au financement			
+ Augmentation de capital			
+ Comptes courants d'associés			
+ Nouveaux emprunts LMT			
– Remboursement des emprunts LMT			
– Versement de dividendes			
= **Flux de trésorerie du financement** (C)			

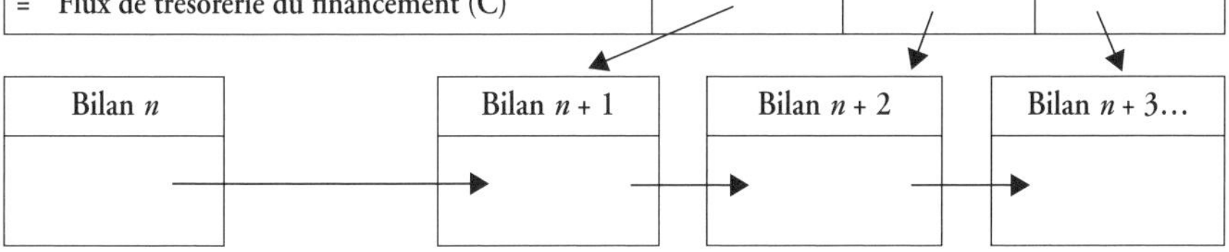

Figure 12.2 – Équilibres financiers du bilan

Les sept ratios clés pour évaluer le financement d'un projet

Ils permettent d'évaluer les décisions de financement par rapport aux normes d'endettement bancaires et aux objectifs des actionnaires.

Les ratios de structure

Ils mesurent la structure financière à LMT d'une entreprise.

➤ L'autonomie financière

$$\frac{\text{Capitaux propres}}{\text{Total du passif}} > 20 \text{ ou } 25\ \%$$

Ce ratio mesure le degré d'implication des actionnaires dans le financement de l'entreprise. Les banques souhaitent habituellement que les capitaux propres (capital et réserves) représentent au moins 20 à 25 % du total des ressources de l'entreprise.

➤ La composition des capitaux permanents

$$\frac{\text{Emprunts LMT}}{\text{Capitaux propres}} < 1$$

Les banques acceptent théoriquement de prêter à LMT un montant n'excédant pas les capitaux propres (un euro d'emprunt pour un euro de capitaux propres). À l'instar des règles comptables internationales, il convient de considérer les contrats de location financement (crédit bail, locations financières…) comme des emprunts à LMT à part entière en les réintégrant au bilan. Cette norme est toutefois fréquemment dépassée dans les secteurs d'activité fortement « capitalistiques ». Ainsi, les imprimeurs financent fréquemment leur matériel par crédit-bail et ont de fait un endettement à LMT bien supérieur à celui de leurs capitaux propres.

Ces deux premiers ratios nous procurent des points de repère utiles. Ils ont toutefois l'inconvénient d'être statiques car uniquement calculés à partir de postes de bilan. Ils ne répondent pas à la question essentielle que se pose un banquier : l'entreprise sera-t-elle en mesure de rembourser ses emprunts grâce aux flux de trésorerie générés par son activité ? C'est le ratio suivant qui apporte une réponse à cette question.

➤ La capacité dynamique de remboursement

$$\frac{\text{Emprunts à LMT}}{\text{Marge brute d'autofinancement}} < 3 \text{ ou } 4 \text{ ans}$$

Selon la norme habituelle, l'encours d'emprunts à LMT ne doit pas excéder 3 ou 4 fois la marge brute d'autofinancement (MBA), définie au chapitre 5. Le résultat est exprimé en nombre d'années car la MBA est un flux de trésorerie annuel. Le ratio est dit « dynamique » car il comprend une notion de flux, à l'inverse des deux ratios précédents.

Comment expliquer cette norme ? L'hypothèse sous-jacente est qu'une entreprise s'endette en moyenne sur une durée de 6 à 8 ans et qu'elle ne doit pas consacrer plus de la moitié de sa MBA au remboursement de la part en capital des emprunts à LMT. La MBA a en effet d'autres affectations tout aussi importantes telles que le paiement des dividendes ou l'autofinancement d'une partie des nouveaux investissements et de la croissance du BFR. Connaître l'hypothèse qui sous-tend la norme est utile pour adapter celle-ci lorsque les investissements sont réalisés sur des durées très longues. Ainsi, si un projet nécessite un emprunt sur 20 ans, ce ratio ne doit pas excéder 10 années au début de la période d'emprunt. C'est le ratio de structure le plus important. L'entreprise peut augmenter son endettement à LMT tant que sa profitabilité en garantit le remboursement.

➤ Le ratio d'endettement net ou « gearing »

$$\frac{\text{Endettement net}}{\text{Capitaux propres}}$$

L'endettement net est égal à la somme des emprunts LMT et CT, déduction faite d'éventuels excédents de trésorerie.

Tableau 12.1 – Exemple d'endettement

	***n* + 1**	***n* + 2**
Emprunts à LMT	7 000	6 000
Crédits de trésorerie	2 000	4 000
Disponibilités et placements de trésorerie	– 1 000	– 500
Endettement net	**8 000**	**9 500**

L'exemple du tableau 12.1 nous montre le cas d'une entreprise dont la dette à long et moyen terme a diminué mais dont l'endettement net augmente à cause de l'augmentation des crédits CT.

Ce ratio est plus particulièrement pertinent pour évaluer la structure d'entreprises empruntant directement sur les marchés financiers et pour lesquels la distinction entre emprunts LMT et CT s'estompe. Il tend à remplacer le ratio de composition des capitaux permanents. Pour les groupes cotés en bourse, la norme est généralement inférieure à 1, elle est modulée en fonction :

- du caractère ou non cyclique de l'activité. L'endettement financier génère en effet des charges fixes (frais financiers) qui augmentent la vulnérabilité de l'entreprise en période de baisse d'activité. Les analystes financiers admettent donc un niveau d'endettement (ou un levier) plus élevé pour les secteurs dont l'activité est assez stable (agroalimentaire, services aux personnes… ;
- de l'intensité capitalistique (importance des investissements à financer) et de l'importance du BFR…

Pour les entreprises empruntant de façon classique selon la logique d'adossement, l'endettement net permet de faire la synthèse de l'endettement, mais il ne se substitue pas aux autres ratios de structure et de trésorerie.

Les ratios de trésorerie

➤ Le degré de couverture du BFR par le fonds de roulement

$$\frac{\text{Fonds de roulement (FR)}}{\text{Besoin en fonds de roulement (BFR)}} > 50\ \%$$

Une politique financière prudente consiste à couvrir une part importante du besoin de financement du cycle d'exploitation (ou BFR) par des ressources stables, autrement dit par le fonds de roulement. La part du BFR non financée par le fonds de roulement est financée par des crédits de trésorerie qui le plus souvent constituent une ressource précaire, la banque pouvant les réduire ou supprimer à tout moment. Précisons que ce ratio n'est pertinent que lorsque l'entreprise emprunte selon la logique traditionnelle d'adossement (les investissements en immobilisations étant financés par des emprunts à LMT et le cycle d'exploitation étant financé par des crédits à CT).

➤ **Le pourcentage de mobilisation des créances client**

Il concerne particulièrement les PME qui souvent doivent apporter une garantie aux banques, la garantie la plus fréquemment utilisée étant la mobilisation d'une créance client. Une norme maximale de 60% repose sur le fait que :

- les banques ne vont pas accepter de financer toutes les créances de l'entreprise, certains débiteurs leur paraissant trop peu solvables pour constituer une garantie ;
- il convient de conserver une marge de manœuvre :

$$\frac{\text{Crédits de trésorerie}}{\text{Créances client}} < 60\ \%$$

Le ratio d'endettement

$$\frac{\text{Frais financiers}}{\text{Excédent brut d'exploitation (Ebitda)}}$$

L'importance de ce ratio a été démontrée par une étude de la Banque de France qui a mené en 1986 une analyse « discriminante » à partir de deux échantillons, des entreprises saines et d'autres en difficulté financières ou défaillantes.

L'analyse cherchait à définir les ratios qui deux ou trois ans avant la défaillance indiquaient déjà des résultats différents entre les deux échantillons. C'est ce ratio qui s'est révélé être le plus discriminant et donc avoir le plus fort pouvoir prédictif de défaillance à l'horizon de deux ou trois années. Un ratio trop élevé signale le risque pour l'entreprise d'être aspirée par la spirale infernale du sur-endettement la conduisant progressivement à la cessation des paiements. Un résultat faible empêche l'autofinancement et conduit à emprunter davantage, l'augmentation des frais financiers minore à son tour le résultat. L'entreprise s'asphyxie ainsi progressivement. Selon l'analyse menée en 1986, un ratio inférieur à 30 % était le signe d'une probabilité de défaillance faible et un ratio supérieur à 50 %, une probabilité de défaillance statistiquement élevée. Compte tenu de la faiblesse actuelle des taux d'intérêts par rapport à ceux de 1986, les banquiers ont toutefois une exigence plus forte. Les banquiers estiment empiriquement que ce ratio est satisfaisant jusque 20 à 25 % et devient alarmant à partir de 40 %.

Le ratio de rentabilité financière

Les ratios précédents permettent d'évaluer la capacité d'emprunt. Ce ratio, que nous avons déjà présenté au chapitre 5, concerne plus particulièrement les actionnaires qui souhaitent maximiser la rentabilité de leur investissement. Il mesure la rentabilité des capitaux propres confiés à l'entreprise et pas nécessairement la rentabilité réelle pour l'investisseur. L'actionnaire actuel a pu en effet acquérir l'entreprise pour un prix supérieur à la valeur comptable des capitaux propres (cas le plus fréquent). Il constitue en outre une mesure comptable de la rentabilité dont nous avons vu les limites au chapitre 5 :

$$\frac{\text{Résultat net}}{\text{Capitaux propres}} = \text{Rentabilité financière}$$

ANNEXE 1

Démarche d'élaboration du budget annuel de trésorerie (BAT)

L'entreprise Cassis a une double activité de distribution de micro-ordinateurs et de services informatiques (infogérance). Le passage des mouvements de date comptable en dates de flux et le calcul du décaissement de TVA sont réalisés dans des tableaux préparatoires pour alléger la présentation du BAT.

Les ventes mensuelles sont égales au chiffre d'affaires annuel multiplié par le coefficient de saisonnalité. Les délais d'encaissements sont les suivants :

- Ventes de matériel : 40 % des ventes payées à 30 jours et 60 % des ventes à 60 jours.
- Ventes de service : 100 % des ventes payables à 30 jours.

Les charges variables regroupent :

- les achats de matériel ; leur montant annuel est défini par rapport à un taux de marge commerciale de 17 % sur les ventes de matériel ;

- les frais d'intérim et de sous-traitance calculés en pourcentage des ventes de service.

  Ces charges sont respectivement payées à 60 et 30 jours.

Les charges paramétrables sont positionnées en fonction de leur date de décaissement effective. Elles sont réparties entre celles soumises ou non à la TVA.

Les charges abonnables sont réparties par douzième sur l'ensemble de l'année.

Le tableau de TVA (calculé sur les débits) révèle un crédit de TVA important en septembre qui met deux mois à se résorber. Il provient de la faiblesse des ventes et de l'importance des achats de matériel en août. Sur tableur, la fonction conditionnelle « = Si » permet un report automatique des crédits de TVA.

Le BAT reprend la trésorerie initiale de –2000 et l'ensemble des flux calculés précédemment, il débouche sur un premier solde de trésorerie fin de mois, avant financement. Les frais ou produits financiers sont calculés sur la position de trésorerie moyenne :

$$[\text{Trésorerie début de mois} + 1/2 \text{ variation mensuelle}] \times \text{Taux}$$

Ils sont intégrés à la position de trésorerie fin de mois après financement qui devient la position de trésorerie du début du mois suivant.

L'analyse du BAT nous montre que la trésorerie de fin d'année est similaire à celle au 1er janvier en dépit de fortes variations saisonnières dues à la saisonnalité des ventes. La forte dégradation de trésorerie en octobre résulte de la faiblesse des ventes par rapport aux achats en août.

ENCAISSEMENTS

	Nov	Déc	Janv	Févr	Mars	Avril	Mai	Juin	Juill	Août	Sept	Oct	Nov	Déc	TOTAL
Ventes matériel			8,70 %	8,70 %	7,80 %	9,00 %	9,00 %	6,50 %	4,00 %	1,00 %	11,30 %	12,00 %	12,00 %	12,00 %	100,00 %
Ventes HT	17 770	18 400	15 486	11 926	13 884	16 020	16 020	11 570	7 120	1 780	20 114	21 360	21 360	21 360	178 000
TVA collectée (20 %)	3 554	3 680	3 097	2 385	2 777	3 204	3 204	2 314	1 424	356	4 023	4 272	4 272	4 272	35 600
Ventes Mat TTC	21 324	22 080	18 583	14 311	16 661	19 224	19 224	13 884	8 544	2 136	24 137	25 632	25 632	25 632	213 600
Encaissements à 30 jours (40 %)			8 832	8 832	7 433	5 724	6 664	7 690	7 690	5 554	3 418	854	9 655	10 253	82 598
Encaissements à 60 jours (60 %)			12 794	13 248	11 150	8 587	9 996	11 534	11 534	8 330	5 126	1 282	14 482	15 379	123 444
Ventes Service			10,50 %	8,00 %	9,80 %	9,50 %	8,00 %	7,00 %	2,30 %	1,40 %	10,00 %	9,50 %	11,00 %	13,00 %	100,00 %
Ventes HT		6 400	5 670	4 320	5 292	5 130	4 320	3 780	1 242	756	5 400	5 130	5 940	7 020	54 000
TVA collectée (20 %)		1 280	1 134	864	1 058	1 026	864	756	248	151	1 080	1 026	1 188	1 404	10 800
Ventes services TTC		7 680	6 804	5 184	6 350	6 156	5 184	4 536	1 490	907	6 480	6 156	7 128	8 424	64 800
Encaissements à 30 J Fdm			7 680	6 804	5 184	6 350	6 156	5 184	4 536	1 490	907	6 480	6 156	7 128	64 056
Total Encaissements			**29 306**	**28 884**	**23 767**	**20 662**	**22 817**	**24 408**	**23 760**	**15 374**	**9 451**	**8 616**	**30 293**	**32 760**	**270 098**

CHARGES VARIABLES

	Nov	Déc	Janv	Févr	Mars	Avril	Mai	Juin	Juill	Août	Sept	Oct	Nov	Déc	TOTAL
Achats matériel HT (1)	16 700	12 853	9 899	11 524	13 297	13 297	9 603	5 910	1 477	16 695	17 729	17 729	17 729	14 200	149 087
TVA déductible (20 %)	3 340	2 571	1 980	2 305	2 659	2 659	1 921	1 182	295	3 339	3 546	3 546	3 546	2 840	29 817
Achats Mat TTC	20 040	15 424	11 878	13 878	15 956	15 956	11 524	7 092	1 773	20 034	21 275	21 275	21 275	17 040	178 904
Décaissements à 60 jours			20 040	15 424	11 878	13 828	15 956	15 956	11 524	7 092	1 773	20 034	21 275	21 275	176 053
Intérim, sous trait HT (2)		1 234	1 418	1 080	1 323	1 283	1 080	945	311	189	1 350	1 283	1 485	1 755	13 500
TVA déductible (20 %)		254	292	222	273	264	222	195	64	39	278	264	306	362	2 781
Intérim, sous trait TTC		1 488	1 710	1 302	1 596	1 547	1 302	1 140	374	228	1 628	1 547	1 791	2 117	16 281
Décaissements à 30 jours			1 488	1 710	1 302	1 596	1 547	1 302	1 140	374	228	1 628	1 547	1 791	15 653
Total décaissements			**21 528**	**17 134**	**13 181**	**15 424**	**17 503**	**17 258**	**12 663**	**7 466**	**2 001**	**21 662**	**22 821**	**23 065**	**191 706**

(1)- Taux Marge : 17 %
(2)- En % des ventes de services 25,00 %

CHARGES PARAMÉTRABLES

	Déc	Janv	Févr	Mars	Avril	Mai	Juin	Juill	Août	Sept	Oct	Nov	Déc	TOTAL
Non soumises à TVA														
Frais de personnel	1 850	2 154	2 154	2 154	2 154	2 154	4 308	2 154	2 154	2 154	2 154	2 154	2 154	28 000
Charges sociales		944	1 098	1 098	1 098	1 098	1 098	2 197	1 098	1 098	1 098	1 098	1 098	14 125
IS				30	15		30			30			30	135
Taxe professionnelle														
Soumises à TVA														
Loyers immeubles		550			550			550			550			2 200
Loyers matériel		425			425						425			1 700
Assurances										350				850
Total HT		975	0	0	975	0	0	975	0	350	975	0	0	4 750
TVA déductible		201	0	0	201	0	0	201	0	72	201	0	0	979
Montant TTC		1 176	0	0	1 176	0	0	1 176	0	422	1 176	0	0	5 729
Total décaissements TTC		5 248	3 252	3 282	5 418	3 252	5 516	6 502	3 252	3 704	5 403	3 252	3 302	51 989

CHARGES ABONNABLES (énergie, publicité, déplacements, missions, réceptions)

	Déc	Janv	Févr	Mars	Avril	Mai	Juin	Juill	Août	Sept	Oct	Nov	Déc	TOTAL
Montant HT	78	83	83	83	83	83	83	83	83	83	83	83	83	1 000
TVA déductible	16	17	17	17	17	17	17	17	17	17	17	17	17	206
Décaissements à 30 jours		101	101	101	101	101	101	101	101	101	101	101	101	1 206

FLUX HORS EXPLOITATION : investissements et financement LMT

	Janv	Févr	Mars	Avril	Mai	Juin	Juill	Août	Sept	Oct	Nov	Déc	TOTAL
Invest matériel HT				– 5 200					– 5 000				– 10 200
TVA déductible				– 1 071					– 1 030				– 2 101
Décaissements TTC				– 6 271					– 6 030				– 12 0301
Emprunt LMT souscrit				2 700					2 000				4 700
Dividendes versés									– 7 000				– 7 000
Remboursement emprunt LT	– 57	– 57	– 57	– 72	– 72	– 72	– 72	– 72	– 112	– 112	– 112	– 112	– 980
Décaissements TTC	– 57	– 57	– 57	– 3 643	– 72	– 72	– 72	– 72	– 11 142	– 112	– 112	– 112	– 15 581

DÉCAISSEMENT DE TVA

	Déc	Janv	Févr	Mars	Avril	Mai	Juin	Juill	Août	Sept	Oct	Nov	Déc
TVA collectée $M-1$		4 960	4 231	3 249	3 835	4 230	4 068	3 070	1 672	507	5 103	5 298	5 460
TVA collectée $M-1$ sur charges variables		– 2 825	– 2 272	– 2 527	– 2 932	– 2 924	– 2 173	– 1 377	– 359	– 3 378	– 3 824	– 3 810	– 3 852
TVA collectée $M-1$ sur charges paramétrables		0	– 201	0	0	– 201	0	0	– 201	0	– 72	– 201	0
TVA collectée $M-1$ sur charges abonnables		– 16	– 17	– 17	– 17	– 17	– 17	– 17	– 17	– 17	– 17	– 17	– 17
TVA collectée $M-1$ sur investissement		0	0	0	0	– 1 071	0	0	0	0	– 1 030	0	0
Total de TVA déductible		– 2 841	– 2 490	– 2 544	– 2 949	– 4 213	– 2 160	– 1 394	– 577	– 3 395	– 4 943	– 4 028	– 3 869
Report		0	0	0	0	0	0	0	0	0	– 2 888	– 2 728	– 1 458
TVA théorique		2 119	1 741	705	886	17	1 908	1 676	1 095	– 2 888	– 2 728	– 1 458	133
TVA décaissée		**2 119**	**1 741**	**705**	**886**	**17**	**1 908**	**1 676**	**1 095**	**0**	**0**	**0**	**133**

BUDGET DE TRÉSORERIE

	Janv	Févr	Mars	Avril	Mai	Juin	Juill	Août	Sept	Oct	Nov	Déc	TOTAL
Trésorerie début de mois	– 2 000	– 1 756	4 848	11 313	6 529	8 422	8 000	10 773	14 198	6 732	– 11 942	– 7 985	
+ encaissements	29 306	28 884	23 767	20 662	22 817	24 408	23 760	15 374	9 451	8 616	30 293	32 760	270 098
– Charges variables	– 21 528	– 17 134	– 13 181	– 15 424	– 17 503	– 17 258	– 12 663	– 7 466	– 2 001	– 21 662	– 22 821	– 23 065	– 191 706
– Charges paramétrables	– 5 248	– 3 252	– 3 282	– 5 418	– 3 252	– 5 516	– 6 502	– 3 252	– 3 704	– 5 403	– 3 252	– 3 302	– 51 386
– Charges abonnables	– 101	– 101	– 101	– 101	– 101	– 101	– 101	– 101	– 101	– 101	– 101	– 101	– 1 206
– Flux hors exploitation	– 57	– 57	– 57	– 3 643	– 72	– 72	– 72	– 72	– 11 142	– 112	– 112	– 112	– 15 581
– décaissement TVA	– 2 119	– 1 741	– 705	– 886	– 17	– 1 908	– 1 676	– 1 095	0	0	0	– 133	– 10 281
= Variation de trésorerie	**253**	**6 599**	**6 442**	**– 4810**	**1 872**	**– 447**	**2 746**	**3 389**	**– 7497**	**– 18 661**	**4 007**	**6 047**	**– 61**
Trésorerie fin de mois avant Financement	**– 1 747**	**4 843**	**11 290**	**6 503**	**8 401**	**7 976**	**10 746**	**14 162**	**6 701**	**– 11 929**	**– 7 936**	**– 1 939**	
Produits financiers à 3,5 %	0	5	24	26	22	24	27	36	30	0	0	0	194
frais financiers à 6 %	– 9	0	0	0	0	0	0	0	0	– 13	– 50	– 25	– 97
Décaissements TTC	**– 1 756**	**4 848**	**11 313**	**6 529**	**8 422**	**8 000**	**10 773**	**14 198**	**6 732**	**– 11 942**	**– 7 985**	**– 1 964**	

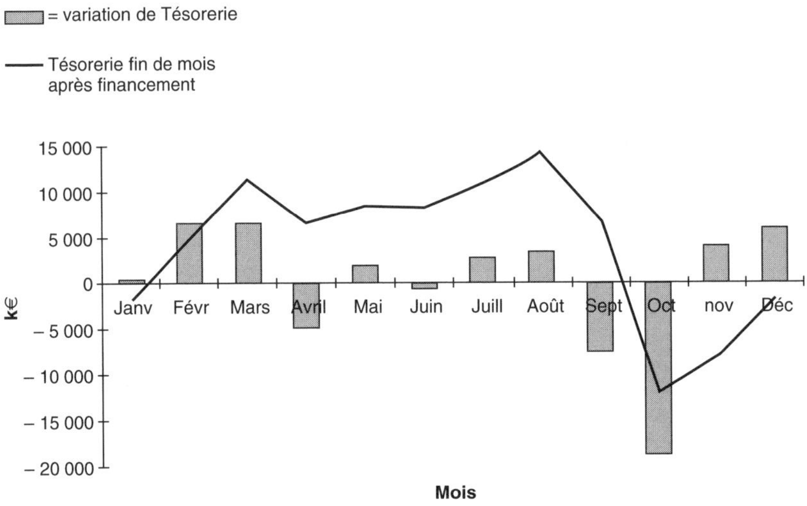

Figure 1 – Budget annuel de trésorerie

ANNEXE 2

Démarche d'élaboration d'une prévision glissante de trésorerie

EXTRAIT DE LA PRÉVISION DE TRÉSORERIE GLISSANTE À 3 MOIS

	Position initiale	10-avr	20-avr	30-avr	10-mai	20-mai	31-mai	10-juin
SOLDE INITIAL COMPTE BANCAIRE		– 35	– 1 212	– 2 219	– 3 389	– 4 563	– 4 511	– 4 619
ENCAISSEMENTS								
Clients Ambard		70			87			85
Autres clients privés France				142			150	
Clients administratifs				34		50		
Clients Allemagne		47	45	43	45	54	54	54
TOTAL DES ENCAISSEMENTS		117	45	219	132	104	204	139
DÉCAISSEMENTS								
Fournisseur Richie				42			45	
Publicité, actions promotionnelles				30			35	
Énergie		25			25			25
Autres paiements fournisseurs				60			70	
Salaires, URSAFF, caisses de retraite		67		150	70		155	72
TVA et autres impôts			52			52		
Loyers de crédit bail, rembt emprunts LMT		10		7	11		7	10
Divers (dividendes)								
TOTAL DES DÉCAISSEMENTS		102	52	289	106	52	312	107
SOLDE AVANT DÉCISION DE TRÉSORERIE		– 20	– 1 219	– 2 289	– 3 363	– 4 511	– 4 619	– 4 587
DÉCISIONS DE TRÉSORERIE								
Achat (–) Vente (+) de SICAV		8						
Achats CDN (certificats de dépôt négiociables)								
Échéance CDN								
Mise en place de crédits de trésorerie								
Remboursement de crédits de trésorerie		1 200	1 000	1 100	1 200			
SOLDE APRÈS DÉCISION DE TRÉSORERIE	– 35	– 1 212	– 2 219	– 3 389	– 4 563	– 4 511	– 4 619	– 4 587
Position de trésorerie nette								
Encours de Crédits de trésorerie	4 500	3 300	2 300	1 200	0	0	0	0
Solde bancaire	– 35	– 1 212	– 2 219	– 3 389	– 4 563	– 4 511	– 4 619	– 4 587
Encours de Sicav	6	0	0	0	0	0	0	0
Encours de CDN	0	0	0	0	0	0	0	0
POSITION TRÉSORERIE NETTE	– 4 527	– 4 512	– 4 519	– 4 589	– 4 563	– 4 511	– 4 619	– 4 587
Total des lignes de crédit	7 000	7 000	7 000	7 000	7 000	7 000	7 000	7 000
Limite crédits de trésorerie	5 500	5 500	5 500	5 500	5 500	5 500	5 500	5 500
Limite découvert	1 500	1 500	1 500	1 500	1 500	1 500	1 500	1 500
Trésorerie disponible								
Crédits de trésorerier	1 000	2 200	3 200	4 300	5 500	5 500	5 500	5 500
Découvert	1 465	288	– 719	– 1 889	– 3 063	– 3 011	– 3 119	– 3 087
Soldes créditeurs	0	0	0	0	0	0	0	0
Sicav & CDN	8	0	0	0	0	0	0	0
Cumul de la trésorerie disponbile	2 473	2 488	2 481	2 411	2 437	2 489	2 381	2 713
En % des lignes de crédit	35 %	36 %	35 %	34 %	35 %	36 %	34 %	34 %

La collecte des données

Le trésorier réalise une première prévision à partir d'une extraction des flux de trésorerie de l'année précédente du logiciel de trésorerie vers le tableur. Il sélectionne pour cela les flux par code budgétaire, il les actualise ensuite en tenant compte de la croissance actuelle de l'activité et d'informations recueillies dans l'entreprise. Tout au long de l'année, il actualise ces prévisions grâce à des contacts constants avec différents interlocuteurs :

- les trois chargés de recouvrement (Client privés France et administration, clients Allemagne) qui lui communiquent leurs prévisions d'encaissement réactualisées et commentées au moins une fois par semaine par intranet ;
- les chefs des ventes qui communiquent leur carnet de commande et les prévisions de vente permettant d'affiner les prévisions d'encaissement plus éloignées dans le temps ;
- le responsable de la paie ;
- le responsable des achats ;
- le responsable de la comptabilité fournisseur ;
- l'assistante marketing qui, après avoir été sensibilisée, communique désormais les prévisions de campagne publicitaire ainsi que les actions promotionnelles de dernière minute ;
- le responsable de la production qui communique une tendance concernant la dépense d'énergie d'un montant important et fluctuant.

Le cadre de prévision

Les prévisions sont établies toutes banques confondues sur tableur qui est un outil souple qui se prête à la simulation. L'horizon de la prévision est de 3 mois en raison du fort besoin de trésorerie de l'entreprise. Les flux sont cumulés par décade. Les mouvements sont entrés exclusivement par code de nature budgétaire.

- Les flux commerciaux (encaissements clients, paiements fournisseurs, salaires...) sont présentés séparément de ceux relatifs aux décisions de trésorerie (emprunts et placements à CT).
- La personnalisation des flux commerciaux facilite leur actualisation :
  - les prévisions d'encaissements sont présentées distinctement par canal de clientèle (clients privés France et Allemagne, administrations). En outre, un client important dont les habitudes de règlement sont irrégulières (Ambard) fait l'objet d'une rubrique spécifique ;
  - les flux de montant élevé soumis à un aléa important sont individualisés (publicité, énergie).
- Le solde avant décision correspond au solde initial des comptes bancaires augmenté ou diminué du solde des flux commerciaux. Le solde initial du compte bancaire intègre quant à lui les flux relatifs aux décisions de trésorerie des périodes antérieures.
- Le plan présente des informations utiles pour gérer la liquidité de l'entreprise (sa capacité à respecter toutes ses échéances) :
  - les encours de financement et placements (pas uniquement les flux relatifs à ces opérations) ;
  - les lignes de financement à court terme négociées ainsi que leur degré de disponibilité (en montant et en pourcentage des lignes de crédit négociées).

Utilisation de la prévision

Avant de prendre une décision d'emprunt, le trésorier intègre dans le plan glissant la position de trésorerie cumulée du jour qui se trouve dans le logiciel de trésorerie. Ce dernier ne contient que les flux réels (déjà reconnus par la banque) ainsi que des prévisions à 10 jours, en date de valeur et par banques. Une fois la décision de financement prise à partir du plan glissant (durée et montant), il l'intègre dans le logiciel de trésorerie.

51406 – (I) – (2) – OSB 100° – STY – VCT

Achevé d'imprimer sur les presses de
SNEL Grafics sa
Z.I. des Hauts-Sarts - Zone 3
Rue Fond des Fourches 21 – B-4041 Vottem (Herstal)
Tél +32(0)4 344 65 60 - Fax +32(0)4 289 99 61
mars 2008 – 44154

Dépôt légal : avril 2008
Imprimé en Belgique